中国网络法治三十年

中央网络安全和信息化委员会办公室

人民出版社

编写说明

自 1994 年全功能接入国际互联网以来，我国高度重视网络法治建设，持续推进网络空间法治化，积极探索既符合国际通行做法，又有中国特色的依法治网之路。党的十八大以来，在习近平新时代中国特色社会主义思想指引下，我国将依法治网作为全面依法治国和网络强国建设的重要内容，网络法治建设取得历史性成就。

为全面回顾我国网络法治建设 30 年的发展历程、理念原则、经验启示和实践成效，科学展望网络法治的美好愿景，我们组织编撰了《中国网络法治三十年》报告。报告分为正文和附录两个部分，正文介绍了我国网络法治总体情况、各个发展阶段的网络法治实践情况，并对新时代新征程网络法治建设的蓝图作出展望。附录收录了中央和国家机关有关单位网络法治工作情况和中国网络法治三十年大事记。

作为一部网络法治 30 年的全景式报告，希望能够全面展现中国网络法治建设情况，为全球互联网发展治理贡献中国的法治智慧和法治方案。

中央网络安全和信息化委员会办公室
2024 年 6 月

目　录

引　言 ……………………………………………………………… 1

第一章　中国网络法治总体情况 ……………………………… 6

　第一节　坚定不移走中国特色依法治网之路 ……………… 7

　　一、互联网跨越式发展提供丰沃实践土壤 ……………… 7

　　二、互联网管理领导体制日趋完善 ……………………… 9

　　三、依法治网理念逐步深化 ……………………………… 10

　第二节　在探索中形成网络法律体系 ……………………… 11

　　一、着力完善网络权益保障制度 ………………………… 12

　　二、不断丰富网络发展促进制度 ………………………… 14

　　三、建立健全网络信息内容建设与管理制度 …………… 15

　　四、持续优化网络安全保护制度 ………………………… 18

　　五、统筹构建涉外网络法律制度 ………………………… 20

　第三节　不断深化网络法治实施 …………………………… 22

　　一、创新网络法治实施机制模式 ………………………… 22

二、纵深推进网络执法实践 …………………………… 24

三、有力捍卫网络空间公平正义 ………………………… 25

第四节 全面提升网络法治意识和素养 ………………… 27

一、广泛开展网络法治宣传 ……………………………… 27

二、不断深化网络法治研究 ……………………………… 29

三、大力加强网络法治人才培养 ………………………… 30

第五节 持续推进网络法治国际交流合作 ……………… 31

一、不断深化网络空间国际合作理念 …………………… 31

二、积极推动全球网络法治规则建设 …………………… 32

三、深入开展网络法治国际交流合作 …………………… 34

第六节 网络法治建设的经验和启示 …………………… 35

一、坚持加强党对网络法治工作的全面领导 ………… 35

二、坚持以人民为中心的发展思想 ……………………… 36

三、坚持服务保障经济社会发展 ………………………… 37

四、坚持依法治网和以德润网相结合 …………………… 37

五、坚持系统谋划体系推进 ……………………………… 38

六、坚持传承创新开放合作 ……………………………… 39

第二章 网络法治建设拉开帷幕（1994—1999 年）………… 40

第一节 互联网发展扬帆起航 …………………………… 40

一、互联网时代开启 ……………………………………… 41

二、基础设施建设和互联网服务起步 …………………… 42

第二节 依法治网方向探索确立 ………………………… 45

一、贯彻依法治国基本方略 ……………………………… 45

二、统筹推进互联网管理 ·············· 46

三、相关机构参与网络治理 ·············· 49

第三节　网络法律制度开始建立 ·············· 50

一、明确网络设施设备相关管理制度 ·············· 51

二、规定计算机软件保护和信息系统安全制度 ········ 52

三、构建网络信息内容管理相关制度 ·············· 56

四、建立计算机犯罪相关刑事法律制度 ·············· 57

第四节　网络执法和司法活动逐步开展 ·············· 58

一、着重保护网络知识产权 ·············· 59

二、依法打击网络违法犯罪活动 ·············· 60

三、积极探索司法信息化建设 ·············· 61

第五节　网络法治宣传教育与法学研究逐渐兴起 ·········· 62

一、网络法治宣传教育初步开展 ·············· 62

二、网络相关法学研究开始萌芽 ·············· 63

第三章　网络法治建设加快推进（2000—2011 年）········ 65

第一节　互联网发展进入快车道 ·············· 66

一、基础设施日益完善 ·············· 66

二、互联网技术加快创新 ·············· 68

三、互联网产业快速壮大 ·············· 69

四、互联网应用迅猛发展 ·············· 71

第二节　积极贯彻落实依法治国基本方略 ·············· 73

一、提出网络法治建设要求 ·············· 74

二、完善互联网管理领导体制机制 ·············· 75

三、多主体参与网络治理 …………………………… 77

第三节　网络法律制度逐步完善 …………………………… 79

一、加快完善网络安全法律制度 ………………… 80

二、持续健全电信业务管理制度 ………………… 81

三、初步确立互联网信息服务管理制度 ………… 86

四、探索建立信息化发展制度 …………………… 91

五、逐步深化网络权益保护制度 ………………… 95

六、不断完善网络犯罪惩治制度 ………………… 96

第四节　网络执法深入开展 …………………………… 98

一、探索创新网络执法机制 ……………………… 99

二、积极开展网络执法活动 ……………………… 101

第五节　网络司法持续推进 …………………………… 108

一、推进司法工作信息化 ………………………… 108

二、加强网络权益司法保护 ……………………… 109

第六节　网络法治宣传教育创新开展 ……………………… 112

一、创新网络法治宣传教育形式 ………………… 112

二、拓展网络法治宣传教育内容和对象 ………… 113

第七节　网络法治研究逐渐兴起 …………………………… 115

一、网络法治研究机构和学术刊物开始涌现 …… 115

二、网络法治研讨活动广泛开展 ………………… 116

三、网络法学研究领域不断拓展 ………………… 117

第八节　网络法治国际交流合作积极推进 ………………… 118

一、参与网络领域国际规则建设 ………………… 118

二、加强对话交流与务实合作 …………………… 119

第四章　网络法治建设高质量发展（2012—2024 年）　…… 121

第一节　互联网向高质量发展迈进　………………… 122

一、基础设施规模不断壮大　……………… 122

二、关键核心技术创新突破　……………… 125

三、互联网产业蓬勃发展　………………… 128

四、互联网全面赋能经济社会发展　……… 130

第二节　锚定依法治网之路勇毅前行　……………… 132

一、推进网络法治建设的强大思想武器和科学
行动指南　……………………………… 132

二、互联网管理领导体制日益健全　……… 140

三、社会各方面力量积极参与网络治理　… 142

第三节　网络法律体系基本形成　…………………… 145

一、建立健全网络安全和信息化基础制度　… 146

二、深入构建网络运行安全制度　………… 148

三、建立完善数据安全和个人信息保护制度　… 151

四、持续健全网络信息内容建设与管理制度　……… 157

五、加快完善信息化发展制度　…………… 164

六、不断健全网络市场运行管理制度　…… 167

七、着力丰富网络权益保障制度　………… 171

八、系统构建网络刑事法律制度　………… 176

九、稳步健全涉外网络法律制度　………… 179

第四节　严格规范公正文明网络执法全面推进　…… 180

一、健全规范网络执法机制　……………… 181

二、全面保护个人信息权益　……………… 184

三、切实保障网络安全 ……………………… 185

四、积极营造清朗网络空间 ……………………… 186

五、持续规范网络市场秩序 ……………………… 187

六、稳步推进网络出版和网络版权执法 ……… 189

七、深入打击网络违法犯罪活动 ……………… 191

第五节　网络司法全面推进 ……………………… 192

一、全面深化网络空间司法建设 ……………… 192

二、切实加强网络权益司法保护 ……………… 196

第六节　网络法治宣传教育迈上新台阶 ……… 201

一、拓展"互联网+普法"模式 ………………… 202

二、着力宣传网络法律法规 …………………… 204

三、加强重点对象网络法治宣传 ……………… 205

第七节　网络法治研究繁荣发展 ……………… 207

一、网络法治研究机构发展壮大 ……………… 207

二、网络法治研究期刊不断丰富 ……………… 209

三、网络法治人才培养持续加强 ……………… 210

四、网络法治研究领域不断拓展 ……………… 211

第八节　网络法治国际交流合作开拓新局面 … 213

一、积极推进网络领域国际规则建设 ………… 214

二、广泛开展网络法治国际交流合作 ………… 216

三、努力搭建网络法治国际交流平台 ………… 218

第五章　中国网络法治未来展望 ……………… 220

一、网络法治建设面临新形势新任务 ………… 221

二、中国特色网络法治体系更加完善 …………… 223

三、以网络空间法治化助力中国式现代化 ………… 225

四、以中国网络法治建设推动构建人类数字文明

和法治文明新形态 …………………………… 227

附录一　中央和国家机关有关单位网络法治工作情况 ……… 231

中央网信办（国家网信办）网络法治工作 ……… 233

中央依法治国办网络法治工作 ………………… 243

教育部门网络法治工作 ………………………… 249

工业和信息化部门网络法治工作 ……………… 255

公安机关网络法治工作 ………………………… 263

司法行政机关网络法治工作 …………………… 271

文化和旅游部门网络法治工作 ………………… 278

市场监管部门网络法治工作 …………………… 283

广播电视部门网络法治工作 …………………… 293

新闻出版（版权）部门网络法治工作 ………… 301

审判机关网络法治工作 ………………………… 310

检察机关网络法治工作 ………………………… 320

附录二　中国网络法治三十年大事记 ……………… 333

后　记 …………………………………………… 369

引　言

　　互联网是人类智慧的结晶和人类文明发展的重要成果，深刻影响着世界经济、政治、文化和社会的发展。习近平总书记指出："互联网快速发展的影响范围之广、程度之深是其他科技成果所难以比拟的。互联网发展给生产力和生产关系带来的变革是前所未有的，给世界政治经济格局带来的深刻调整是前所未有的，给国家主权和国家安全带来的冲击是前所未有的，给不同文化和价值观念交流交融交锋产生的影响也是前所未有的。"发展好治理好互联网，让互联网更好造福人类，是世界各国共同的追求，运用法治观念、法治思维和法治手段推动互联网发展治理，日益成为全球普遍共识。

　　2024年是我国全功能接入国际互联网30周年，也是我国网络法治建设起步30周年。30年的互联网发展历程，也是我国持续推进依法治网、推动互联网在法治轨道上健康运行的历程。特别是党的十八大以来，习近平总书记围绕依法治网这一时代课题，将"坚持依法管网、依法办网、依法上网"明确为网络安全和信息化工作的重要原则之一，为做好新时代新征程网络法治工作指明了方向。我国努力构建完备的网络法律规范体系、高效的网络法治实施体系、严密的网络法治监督体系、有力的网络法治保障体系，网络法治建设取得历史性成就。网络立法、网络执法、网络司法、网络法治宣传教育、网络法治研究、网络法治国际交流合作一体推进，走出了一条既符合国际通行做法，又有中国特色的依法治网之路。

古语有云，三十而立。我们认为，以一部全景式报告体系化展现中国网络法治建设成就，系统总结宝贵经验与科学方法，科学展望未来方向和光辉前景，对推进全面依法治国和网络强国建设具有重要的历史和时代意义。回顾30年网络法治发展历程，不仅有助于总结我国网络法治建设的成就经验，厘清网络法治工作的历史脉络，也将增强坚定不移走中国特色社会主义法治道路的信心，把握网络法治建设的历史方位，找准网络法治建设的发展方向，推动开拓新时代网络法治工作的新局面。

全景展现我国网络法治建设历史性成就。我国网络法治建设随着互联网发展经历了从无到有、由点及面、由面到体的发展过程。在这一进程中，网络法律体系基本形成，为网络强国建设提供了坚实的制度保障；严格规范公正文明的网络执法深入开展，网络空间秩序和生态持续优化；网络时代司法需求得到及时回应，网络空间主体权益得到充分保障；网络法治宣传教育的内容、形式、手段不断创新，法治理念深入人心；网络法治研究全面推进，网络法治理论支撑和人才保障更加有力；网络法治国际交流合作日益密切，为全球互联网治理贡献了中国智慧和中国方案。在良法善治护航之下，我国互联网对经济社会发展起到重要的驱动引领作用，信息领域核心技术不断突破，数字经济蓬勃发展，网络惠民便民红利充分释放，网络安全保障体系和能力持续提升，网络空间更加清朗，网络空间命运共同体建设持续推进，网络强国建设迈上新台阶。

系统总结我国网络法治建设的宝贵经验与科学方法。我国网络法治建设 30 年的历程，凝聚着中国共产党领导网络法治建设的经验和智慧，也彰显了我国厉行法治、奉法强国的坚定决心和坚定不移走中国特色依法治网之路的磅礴伟力。我国立足不同时期互联网发展的时代背景和历史方位，持续深化对网络法治建设规律的认识。继往开来，有必要系统总结 30 年来我国在网络法治建设过程中形成的理念原则和宝贵经验，充分提炼网络法治建设的科学方法，推动网络法治体系不断完善、行稳致远。

科学展望我国网络法治的未来方向和光辉前景。党的二十大科学谋划了未来一个时期党和国家事业发展的目标任务和大政方针，擘画了全面建设社会主义现代化国家、以中国式现代化全面推进中华民族伟大复兴的宏伟蓝图。我国正处在实现中华民族伟大复兴的关键时期，世界百年未有之大变局加速演进，改革发展稳定任务艰巨繁重，高水平对外开放深入推进，更需要利用好、发展好、治理好互联网，发挥法治固根本、稳预期、利长远的作用。依托 30 年网络法治建设历程和经验，我们能够站在历史的肩膀上，展望中国网络法治建设的未来方向和光辉前景，全面深入持续推进网络空间法治化进程。

本报告分为正文和附录两个部分，体系化展现我国网络法治 30 年的发展脉络、重大意义、丰富内涵和实践成果。正文立足我国网络法治建设不同发展阶段的特征规律，分为五章。第一章是对我国网络法治建设成就的总体性回顾，系统呈现了我国网络法治建设的主要成果和经验启示。第二章介绍我国网络法治起步阶段（1994—1999 年），回顾在网络基础设施和产业发展之初，探索确立依法治网方向的历史足迹。第三章介绍我国网络法治加快推进阶段（2000—2011 年），阐述适应互联网技术产业迅猛发展态势，积极营造有利于互联网发展的法治环境历程。第四章介绍我国网络法治高质量发展阶段（2012—2024 年），全面总结党的十八大以来我国推进网络空间法治化的情况。第五章科学分析网络法治建设面临的新机遇新挑战，深入领会党中央关于全面依法治国和网络强国建设的新部署新要求，描绘网络法治建设的新蓝图新愿景。附录一聚焦中央和国家机关有关单位网络法治建设情况，选取长期以来致力于网络法治工作的中央网信办（国家网信办）、中央依法治国办、教育部门、工业和信息化部门、公安机关、司法行政机关、文化和旅游部门、市场监管部门、广播电视部门、新闻出版（版权）部门、审判机关、检察机关等，全面介绍网络法治建设相关工作情况。附录二以大事记的形式，全面收录了我国全功能接入国际互联网以来在网络相关技术产业发展和网络法治建设等方面具有里程碑意义的事件。

希望通过本报告的编撰发布，在以下方面有所裨益。第一，为深入学习贯彻习近平法治思想和习近平总书记关于网络强国的重要思想，理解我国网络法治建设的基本理念、基本内容和基本要求提供指导。第二，为我国互联网发展与法治建设的相关工作者提供系统认识我国网络法治建设重大成就与历史经验的窗口，为进一步加强和改进工作提供借鉴。第三，为致力于网络法治建设的教育和研究人员提供教研素材，促进提升广大人民群众的法治意识和法治素养。第四，帮助国际社会深入了解我国网络法治建设的主要情况，促进网络法治国际交流与合作。

推进依法治网是全面依法治国的必然要求，网络法治是网络强国建设的重要保障。站在中国网络法治 30 年的历史起点上，我们将继续以习近平新时代中国特色社会主义思想特别是习近平法治思想和习近平总书记关于网络强国的重要思想为指引，筑法治之基、行法治之力、积法治之势，更好地造福国家和人民，为全面建设社会主义现代化国家、推进中华民族伟大复兴、增进全人类福祉作出新的更大贡献！

第 一 章

中国网络法治总体情况

1994年4月20日，我国通过一条64K的国际专线，实现了与国际互联网的全功能连接，成为接入国际互联网的正式成员，开启了中国的互联网时代。30年来，我国立足基本国情，紧扣时代脉搏，积极借鉴吸收世界各国互联网发展的经验做法，我国互联网从无到有、从小到大、由大渐强，成为举世瞩目的网络大国，并向着网络强国阔步迈进。在推进互联网发展的同时，我国坚持依法治网，高度重视网络法治①建设。特别是党的十八大以来，将依法治网纳入全面依法治国工作布局和网络强国建设全局，实现了网络法治由起步阶段向加快推进阶段并进一步向高质量发展阶段的跃升，

---

① 我国全功能接入国际互联网以来，随着技术产业发展，相关政策法规中存在"因特网""国际互联网""国际互联网络""互联网""互联网络"等多个概念表述，为便于体系化理解，本报告在主体脉络上主要使用"互联网"和"网络"概念，并在具体内容中按照史实记述。同时，为全面系统展现30年网络法治建设全貌，并充分考虑我国社会主义法治内涵的历史沿革，本报告在主体脉络上主要使用"网络法治"表述并按照网络立法、网络执法、网络司法、网络法治宣传教育、网络法治研究、网络法治国际交流合作等各个版块划分，在网络法治不同发展阶段按照史实记述。

走出了中国特色依法治网之路，网络法治建设取得历史性成就。

第一节　坚定不移走中国特色依法治网之路

30 年来，我国互联网实现跨越式发展，走过了波澜壮阔的发展历程，在对经济社会产生深远影响的同时，也对法治建设提出了新的课题。我国顺应全球信息化发展大势，不断深化对依法治网的规律性认识，在探索中发展、在发展中创新，走出了一条中国特色依法治网之路。

一、互联网跨越式发展提供丰沃实践土壤

自全功能接入国际互联网以来，在改革开放和社会主义现代化建设的历史进程中，我国互联网实现了跨越式发展，在网络法治的起步、加快推进、高质量发展等各阶段，都为网络法治建设提供了坚实的实践基础。

网络法治起步阶段（1994—1999 年）。这一阶段，国家将基础设施建设摆在国民经济发展的重要位置，着力推进网络基础设施建设、发展网络技术，支持产业发展成长。我国"八纵八横"光纤通信骨干网正式建成，不仅实现了全国省会城市通信网络全覆盖，而且在网络规模和技术水平上赶上甚至超越部分发达国家，为我国信息技术产业快速发展及应用夯实了基础，网络设施建设向前迈进了一大步，中国互联网成为全球信息高速公路的重要组成部分。

网络法治加快推进阶段（2000—2011年）。这一阶段，随着计算机数量逐年增加、上网资费逐渐降低，用户上网日益普遍，在宽带接入支撑下，我国互联网业务从第一代互联网（Web1.0）向第二代互联网（Web2.0）过渡，门户网站、论坛、搜索、音视频、即时通信等业务纷纷涌现。我国大力推进国民经济和社会信息化发展进程，开始大规模宽带网络建设，互联网行业迎来了长足发展。中国互联网络信息中心（CNNIC）发布的《第22次中国互联网络发展状况统计报告》显示，截至2008年6月底，我国网民数量达到2.53亿，跃居世界第一。

网络法治高质量发展阶段（2012—2024年①）。这一阶段，我国从网络大国向网络强国迈进。核心技术持续攻关突破，移动通信技术实现了从"3G突破""4G同步"到"5G引领"的历史性跨越，第五代移动通信技术（5G）标准必要专利占比全球第一。重点领域单点技术突破，迅速拓展为体系化产业优势。陆续颁发第四代数字蜂窝移动通信业务和第五代数字蜂窝移动通信业务经营许可，建成全球规模最大、技术最先进的5G网络。手机网络各项指标增长速度全面超越传统网络，手机超越台式电脑成为第一大上网终端。大数据、云计算、物联网、区块链、5G、人工智能等新兴技术推动移动互联网日益与传统行业领域相互渗透、逐渐融合，各种依托移动终端设备的新行业新业态不断丰富发展。截至2023年12月，我国网民

---

① 本报告所称"网络法治高质量发展阶段"的截止时间为2024年4月20日。在报告中，主要统计数据截至2023年12月31日，对有关网络法治重大事件的汇总和梳理截至2024年4月20日。

规模达 10.92 亿，互联网普及率达 77.5%，[①] 形成了全球瞩目的数字社会。数字经济成为稳增长促转型的重要引擎，2022 年数字经济规模达 50.2 万亿元，稳居世界第二，一批互联网企业跻身世界前列。

二、互联网管理领导体制日趋完善

我国先后成立国务院信息化工作领导小组、国家信息化工作领导小组，以促进信息化建设发展为重点目标任务，组织协调信息化建设工作，推进互联网规范发展。国家相关部门依据职责开展基础设施建设管理、计算机信息网络国际联网管理、计算机信息系统安全管理、互联网信息内容管理等工作。

为深入推进信息化建设，加强和改进互联网管理，我国重新组建国家信息化领导小组，进一步加强对推进信息化建设和国家信息安全工作的领导，成立国务院信息化工作办公室，优化互联网管理和协调配合的体制机制。明确网络信息内容管理协调主管部门和机制，完善网络安全管理职责分工，基本建立互联网行业管理体系，初步形成"分工负责、齐抓共管"的互联网管理格局。

党的十八大以来，以习近平同志为核心的党中央改革和完善互联网管理领导体制机制，着力加强党中央对网信工作的集中统一领导，成立中央网络安全和信息化领导小组。党的十九大后，为进一步加强党中央对网信工作的集中统一领导，强化决策和统筹协调职责，党中央将中央网络安全和信息化领导小组改为中央网络安全和

① 中国互联网络信息中心（CNNIC）：《第 53 次中国互联网络发展状况统计报告》，2024 年 3 月 22 日。

信息化委员会，同时优化中央网络安全和信息化委员会办公室职责，进一步确立网信工作顶层设计和总体架构，理顺管理领导体制机制。

三、依法治网理念逐步深化

法治是现代国家治理的基本方式，也是互联网治理不可或缺的手段，运用法治观念、法治思维和法治手段推动互联网发展治理逐步成为全球普遍共识。30 年来，特别是党的十八大以来，我国坚持把依法治网作为基础性手段，将依法治网纳入全面依法治国工作布局，积极探索既符合国际通行做法，又有中国特色的依法治网之路，不断深化网络法治建设的理念认识。

探索明确依法治网的方针政策。党中央高度重视互联网发展治理，围绕运用法律手段保障和促进信息网络健康发展、世界网络技术发展和我国网络文化建设与管理、建设中国特色社会主义法治体系等主题，开展多次集体学习，凝聚依法治网思想共识。党中央、国务院召开系列重要会议，出台顶层设计文件，就促进互联网健康发展、网络安全和信息化工作、网络综合治理体系建设等作出重大决策部署，明确互联网发展治理特别是依法治网相关的重要方针政策。

推动将依法治网纳入全面依法治国工作布局。党的十八大以来，以习近平同志为核心的党中央在领导全面依法治国和建设网络强国的伟大实践中，提出一系列原创性的新理念新思想新战略，形成了习近平法治思想和习近平总书记关于网络强国的重要思想。习近平总书记围绕依法治网这一重大时代课题，多次作出重要论述、提出明确要求，强调互联网"这块'新疆域'不是'法外之地'，同样要讲法治，同样要维护国家主权、安全、发展利益"，"加强重点领域、新兴领域、涉外领域立法，统筹推进国内法治和涉外法治，以良法促进发展、保障善治"，"要把依法治网作为基础性手段，继续加快制定完善互联网领域法律法规，推动依法管网、依法办网、依法上网，确保互联网在法治轨道上健康运行"。2023 年 7 月，习近平总书记对网络安全和信息化工作作出重要指示，鲜明提出网信工作的使命任务，将"坚持依法管网、依法办网、依法上网"明确为"十个坚持"重要原则之一，为做好新时代新征程网络法治工作指明了方向。

第二节　在探索中形成网络法律体系

法律是治国之重器，网络立法作为夯基垒台、固本强基的工作，是依法治网的基础和前提。30 年来，我国深刻认识互联网发展规律，准确把握面临的风险挑战，坚持科学立法、民主立法、依法立法，大力推进网络法律制度建设，持续夯实网络空间法制基础，网络立法的系统性、整体性、协同性、时效性不断增强。在这一过程中，我国制定出台网络领域立法 150 余部，基本形成了以宪法为根本，以法律、行政法规、部门规章和地方性法规、地方政府规章为依托，以传统立法为基础，以网络内容建设与管理、网络安全和信息化等网络专门立法为主干的网络法律体系，为网络强国建设提供了坚实的制度保障。

一、着力完善网络权益保障制度

法治的根基在人民。我国在推进网络立法过程中，始终坚持人民主体地位，恪守以民为本、立法为民理念，充分体现人民利益、反映人民愿望、维护人民权益、增进人民福祉，着力凝聚最广大人民智慧和力量。

保障公民通信自由和通信秘密。公民通信自由和通信秘密是我国宪法赋予公民的基本权利。《中华人民共和国宪法》（以下简称《宪法》）明确公民的通信自由和通信秘密受法律保护。《计算机信息网络国际联网安全保护管理办法》进一步落实《宪法》对通信自由和通信秘密基本权利的保护。《中华人民共和国无线电管理条例》（以下简称《无线电管理条例》）、《中华人民共和国电信条例》（以下简称《电信条例》）等规定电信用户依法使用电信的自由和通信秘密受法律保护，实现对通信秘密的有力保障。

保护公民使用网络的权利。依法保障不同地区和不同群体充分使用网络、缩小数字鸿沟，是我国网络立法的重要出发点。30 年来，我国通过多层次立法，促进网络接入普及，提升网络服务水平，为社会提供安全、便利的网络服务。注重特殊群体网络保护，修订制定《中华人民共和国未成年人保护法》（以下简称《未成年人保护法》）、《未成年人网络保护条例》，明确未成年人网络保护制度要求，系统构建未成年人网络保护体系。出台《中华人民共和国妇女权益保障法》（以下简称《妇女权益保障法》）、《中华人民共和国无障碍环境建设法》（以下简称《无障碍环境建设法》）等，强化对妇女、残疾人、老年人等特殊群体的网络保护。制定

《互联网信息服务算法推荐管理规定》（国家互联网信息办公室、中华人民共和国工业和信息化部、中华人民共和国公安部、国家市场监督管理总局令第 9 号）、《关于维护新就业形态劳动者劳动保障权益的指导意见》（人社部发〔2021〕56 号）等，保障新就业形态劳动者合法权益。

加强个人信息保护。随着信息化与经济社会持续深度融合，个人信息保护成为全球共同面对的课题。30 年来，特别是 21 世纪以来，我国在宪法规定公民人格尊严不受侵犯的基础上，通过民法、刑法和相关专门立法，构建个人信息权益全链条保护的法律屏障。在《中华人民共和国民法典》（以下简称《民法典》）人格权编明确了隐私权和个人信息保护要求。通过《中华人民共和国刑法修正案（九）》（以下简称《刑法修正案（九）》），设立侵犯公民个人信息罪，在刑法中强化个人信息保护。出台《全国人民代表大会常务委员会关于加强网络信息保护的决定》、《中华人民共和国网络安全法》（以下简称《网络安全法》），完善个人信息保护规则。出台《中华人民共和国个人信息保护法》（以下简称《个人信息保护法》），明确个人信息保护原则和个人信息处理规则，赋予个人多项权利，构建了个人信息保护制度体系。此外，不断健全电信和互联网用户个人信息保护、儿童个人信息网络保护、寄递服务用户个人信息安全管理等制度。

维护网络空间财产安全。网络已成为人们生产生活的新空间，我国持续加大立法保护力度，遏制利用网络侵犯公民人身和财产权益的行为。出台《民法典》，规定数据、网络虚拟财产保护要求，明确对利用网络侵害他人财产权益行为应当承担民事责任。出台

《中华人民共和国电子商务法》（以下简称《电子商务法》），规定电子商务经营者销售的商品或者提供的服务应当符合保障人身、财产安全的要求。出台《中华人民共和国反电信网络诈骗法》（以下简称《反电信网络诈骗法》），为打击电信网络诈骗活动提供有力法律支撑，切实维护人民群众的财产权益。

二、不断丰富网络发展促进制度

发展是党执政兴国的第一要务，是解决我国一切问题的基础和关键。我国坚持网络安全与信息化发展并重，坚持以法治方式引领、规范和保障互联网健康有序发展。

明确网络发展方针原则。《中共中央关于全面深化改革若干重大问题的决定》提出，"坚持积极利用、科学发展、依法管理、确保安全的方针，加大依法管理网络力度，加快完善互联网管理领导体制，确保国家网络和信息安全"。《网络安全法》确立网络安全和信息化发展并重原则，以专章规定网络安全支持与促进制度。《中华人民共和国数据安全法》（以下简称《数据安全法》）提出国家统筹发展和安全，坚持以数据开发利用和产业发展促进数据安全，以数据安全保障数据开发利用和产业发展。

完善基础设施与基础资源利用制度。互联网基础资源建设是推动行业发展的重要基石。从全功能接入国际互联网伊始，我国高度重视完善基础设施与基础资源发展制度。《电信条例》明确国家对无线电频率、卫星轨道位置、电信网码号等电信资源统一规划、集中管理、合理分配，实行有偿使用制度，并明确电信基础设施建设的基本制度和要求。《互联网域名管理办法》（中华人民共和国工业和信息化部令第 43 号)、《互联网 IP 地址备案管理办法》(中华人民共和国信息产业部令第 34 号)、《电信网码号资源管理办法》(中华人民共和国信息产业部令第 28 号) 等对网络基础资源管理作出具体规定。

明晰数字市场运行制度。适应和保障电子商务的发展,我国制定《中华人民共和国电子签名法》(以下简称《电子签名法》),确立电子签名的法律效力,规定电子签名的安全保障措施。出台《电子商务法》,全面规范电子商务经营行为,明确电子商务平台经营者和平台内经营者责任,切实保障电子商务主体权益,维护市场秩序。《民法典》完善了电子合同的订立、履行等规则。修订《中华人民共和国消费者权益保护法》(以下简称《消费者权益保护法》)、《中华人民共和国反垄断法》(以下简称《反垄断法》)、《中华人民共和国反不正当竞争法》(以下简称《反不正当竞争法》),明确网络领域消费者权益保护、反垄断和反不正当竞争等制度。此外,我国还根据数字经济新业态新模式发展实践,丰富"小快灵"立法,对网络预约出租汽车经营服务、网络直播、网络支付、在线旅游、网络招聘等活动进行规范,为创造数字经济良好发展环境提供制度保障。

三、建立健全网络信息内容建设与管理制度

网络空间是亿万民众共同的精神家园。30 年来,我国本着对社会负责、对人民负责的态度,依法加强网络空间治理,培育积极健康、向上向善的网络文化,建立健全网络信息内容建设与管理制度,为人民群众营造风清气正的网络空间。

　　明确网络内容建设与管理基本要求。面对网络信息治理这一世界性难题，我国坚持网络内容建设与管理并重，完善基础制度规范。出台《全国人民代表大会常务委员会关于加强网络信息保护的决定》，明确网络服务提供者网络信息管理要求，规定网络身份管理制度。出台《网络安全法》，提出国家倡导诚实守信、健康文明的网络行为，推动传播社会主义核心价值观，明确网络信息安全制度。制定《互联网信息服务管理办法》，明确互联网信息服务概念范围、分类管理制度和互联网信息服务提供者的信息安全义务。

　　规范网络信息传播秩序。互联网信息服务逐渐成为人民群众生产生活的重要途径，人民群众对权威准确、丰富多彩、便捷高效网络信息服务的需要日益增长。我国建立健全互联网信息服务管理法律制度，制定修订《互联网新闻信息服务管理规定》（中华人民共和国国务院新闻办公室、中华人民共和国信息产业部令第 37 号，国家互联网信息办公室令第 1 号）、《互联网视听节目服务管理规定》（国家广播电影电视总局、中华人民共和国信息产业部令第 56 号，中华人民共和国国家新闻出版广电总局令第 3 号）、《互联网文化管理暂行规定》（中华人民共和国文化部令第 27 号，中华人民共和国文化部令第 32 号，中华人民共和国文化部令第 51 号，中华人民共和国文化部令第 57 号）、《网络出版服务管理规定》（中华人民共和国国家新闻出版广电总局、中华人民共和国工业和信息化部令第 5 号）、《区块链信息服务管理规定》（国家互联网信息办公室令第 3 号）、《互联网宗教信息服务管理办法》（国家宗教事务局、国家互联网信息办公室、中华人民共和国工业和信息化部、中华人民共和国公安部、中华人民共和国国家安全部令第 17 号）、

《互联网信息服务算法推荐管理规定》、《互联网信息服务深度合成管理规定》（国家互联网信息办公室、中华人民共和国工业和信息化部、中华人民共和国公安部令第 12 号）、《生成式人工智能服务管理暂行办法》（国家互联网信息办公室、中华人民共和国国家发展和改革委员会、中华人民共和国教育部、中华人民共和国科学技术部、中华人民共和国工业和信息化部、中华人民共和国公安部、国家广播电视总局令第 15 号）等部门规章，明确互联网信息服务重点领域的发展和管理制度，促进新技术新应用新业态信息服务健康发展。

营造良好网络生态。网络空间天朗气清、生态良好，符合人民利益。我国加强网络信息内容规范，建立健全网络综合治理法律规范。出台《中华人民共和国反恐怖主义法》（以下简称《反恐怖主义法》），明确防止传播含有恐怖主义、极端主义内容的信息，规定处置措施和机制。出台《中华人民共和国英雄烈士保护法》（以下简称《英雄烈士保护法》），提出传承和弘扬英雄烈士精神，明确英雄烈士网络保护制度。出台《中华人民共和国爱国主义教育法》（以下简称《爱国主义教育法》），要求网络信息服务提供者应当加强网络爱国主义教育内容建设，明确违法行为惩治措施。制定《网络信息内容生态治理规定》（国家互联网信息办公室令第 5 号），明确网络信息内容的分类管理要求，系统规定网络信息内容生产者、服务平台、服务使用者以及行业组织等在网络生态治理中的责任义务。此外，我国制定即时通信工具、搜索引擎、直播、微博客、移动互联网应用程序、弹窗信息推送等系列管理规定，构建网络信息内容生态治理制度体系。

四、持续优化网络安全保护制度

没有网络安全就没有国家安全，就没有经济社会稳定运行，广大人民群众利益也难以得到有效保障。30 年来，我国系统构建网络安全法律制度体系，增强网络安全防御能力，有效应对网络安全风险。

建立健全基础制度。网络安全形势伴随技术产业发展动态变化，我国网络安全法律制度也适应不同互联网发展阶段与时俱进。《中华人民共和国刑法》（以下简称《刑法》）修订，增加非法侵入计算机信息系统罪、破坏计算机信息系统罪，填补了我国计算机犯罪罪名的立法空白。出台《全国人民代表大会常务委员会关于维护互联网安全的决定》，将互联网安全划分为互联网运行安全和互联网信息安全，确立民事责任、行政责任和刑事责任三位一体的网络安全责任体系框架。制定《中华人民共和国计算机信息系统安全保护条例》（以下简称《计算机信息系统安全保护条例》），确立计算机信息系统安全保护制度和安全监督制度。随着网络和信息技术迅猛发展，网络安全形势更加严峻复杂，我国坚持系统观念，出台《中华人民共和国国家安全法》（以下简称《国家安全法》）、《网络安全法》等，提出国家建设网络与信息安全保障体系，明确网络运行安全、网络信息安全、监测预警与应急处置等基本制度。出台刑法修正案，增设非法获取计算机信息系统数据、非法控制计算机信息系统罪、拒不履行信息网络安全管理义务罪、非法利用信息网络罪、帮助信息网络犯罪活动罪等，有力打击网络犯罪。此外，制定修订《网络安全审查办法》（国家互联网信息办公室、中华人民共和国国家发展和改革委员会、中华人民共和国工业和信息化部、中华人民共和国公安部、中华人民共和国国家安全部、中华人民共和国财政部、中华人民共和国商务部、中国人民银行、国家市场监督管理总局、国家广播电视总局、国家保密局、国家密码管理局令第 6 号，国家互联网信息办公室、中华人民共和国国家发展和改革委员会、中华人民共和国工业和信息化部、中华人民共和国公安部、中华人民共和国国家安全部、中华人民共和国财政部、中华人民共和国商务部、中国人民银行、国家市场监督管理总局、国家广播电视总局、中国证券监督管理委员会、国家保密局、国家密码管理局令第 8 号）、《云计算服务安全评估办法》（国家互联网信息办公室、国家发展和改革委员会、工业和信息化部、财政部公告 2019 年第 2 号）、《网络产品安全漏洞管理规定》（工信部联网安〔2021〕66 号）等，明确网络安全审查、云计算服务安全评估、网络产品安全漏洞管理等具体制度。

保障关键信息基础设施安全。关键信息基础设施是经济社会运行的神经中枢，是网络安全的重中之重。我国制定修订《网络安全法》、《中华人民共和国反间谍法》（以下简称《反间谍法》），明确在网络安全等级保护制度基础上对关键信息基础设施实行重点保护，建立健全关键信息基础设施安全保护基础制度，为提升关键信息基础设施安全保护能力提供法律依据。制定《关键信息基础设施安全保护条例》，明确关键信息基础设施范围和保护工作原则目标、认定机制、保障和促进措施以及运营者网络安全保护责任义务。制定《公路水路关键信息基础设施安全保护管理办法》（中华人民共和国交通运输部令 2023 年第 4 号）、《铁路关键信息基础设施安全保护管理办法》（中华人民共和国交通运输部令 2023 年第 20 号）等，明确重点领域关键信息基础设施保护制度。

加强数据安全保护。各类数据迅猛增长、海量聚集，数据安全逐渐成为事关国家安全与经济社会发展的重大问题。我国坚持以安全保发展、以发展促安全。出台《数据安全法》，明确建立健全数据分类分级保护、风险监测预警和应急处置、数据安全审查等制度，对支持促进数据安全与发展的措施、推进政务数据安全与开放等作出规定。制定《汽车数据安全管理若干规定（试行）》（国家互联网信息办公室、中华人民共和国国家发展和改革委员会、中华人民共和国工业和信息化部、中华人民共和国公安部、中华人民共和国交通运输部令第 7 号）、《数据出境安全评估办法》（国家互联网信息办公室令第 11 号）、《促进和规范数据跨境流动规定》（国家互联网信息办公室令第 16 号）、《工业和信息化领域数据安全管理办法（试行）》（工信部网安〔2022〕166 号）等，明确汽车数据处理活动规范、数据出境安全管理、工业和信息化领域数据安全管理等制度。

五、统筹构建涉外网络法律制度

30 年来，我国始终坚持互联网领域的改革开放，坚持尊重网络主权原则，广泛借鉴世界各国网络立法先进经验，吸收国外成熟做法，把中国互联网发展置于国际互联网发展的大背景下谋划，不断完善涉外网络法律制度。

保障网络领域高水平对外开放。我国坚定不移地实行对外开放，按照加入世界贸易组织承诺逐步放开我国互联网市场。出台

《中华人民共和国外商投资法》（以下简称《外商投资法》）、《中华人民共和国外商投资法实施条例》（以下简称《外商投资法实施条例》），完善外商投资准入前国民待遇加负面清单管理制度，稳步扩大互联网领域对外开放。出台《电子商务法》，规定国家促进跨境电子商务发展，有利于我国对外贸易优化升级，形成对外开放新体制。此外，制定修订《中华人民共和国著作权法》（以下简称《著作权法》）、《计算机软件保护条例》、《实施国际著作权条约的规定》等，保护外国作品著作权人等的合法权益。

依法促进国际合作。出台《网络安全法》，明确国家积极开展网络空间治理、网络技术研发和标准制定、打击网络违法犯罪等方面的国际交流与合作，推动构建和平、安全、开放、合作的网络空间。出台《数据安全法》，明确国家积极开展数据安全治理、数据开发利用等领域的国际交流与合作，参与数据安全相关国际规则和标准的制定。出台《个人信息保护法》，明确中华人民共和国缔结或者参加的国际条约、协定对向中华人民共和国境外提供个人信息的条件等有规定的，可以按照其规定执行。出台《反电信网络诈骗法》，明确加强国际执法司法合作，与有关国家、地区、国际组织建立打击跨境电信网络诈骗的有效合作机制。

坚决维护国家主权、**安全**、**发展利益**。我国注重协调推进国内治理和国际治理，通过相关立法明确规定域外适用情形。出台《网络安全法》，明确境外的机构、组织、个人从事攻击、侵入、干扰、破坏等危害中华人民共和国的关键信息基础设施活动造成严重后果的，依法追究法律责任。出台《数据安全法》，明确在中华人民共和国境外开展数据处理活动，损害中华人民共和国国家安全、公共利益或者公民、组织合法权益的，依法追究法律责任。出台《个人信息保护法》，对从事侵害我国公民个人信息权益等活动的境外组织、个人，以及在个人信息保护方面对我国采取不合理措施的国家和地区，规定了可以采取的相应措施。

第三节　不断深化网络法治实施

法律的生命力在于实施，法律的权威也在于实施。30年来，我国不断完善网络法治实施机制模式，坚持严格规范公正文明网络执法，深入推进网络司法，切实保障人民群众合法权益，努力构建高效的网络法治实施体系，维护社会公共利益，捍卫网络空间公平正义。

一、创新网络法治实施机制模式

30年来，我国积极适应网络时代法治实施实践变化，不断推进网络执法体制机制改革创新，探索网络司法规则，创新网络司法模式，切实提升网络法治实施效能。

完善网络执法体制机制。我国适应网络执法领域主体多元、法律关系复杂、线上线下融合等特点，深入推进网络执法体制机制改革。加强网络领域行政执法统筹协调，探索推进网络领域综合执法和联合执法，持续提升行政执法质效。制定网信、工业和信息化、广播电视、市场监管等领域的行政执法程序规定，规范网络执法程序，提高网络执法的科学化、规范化、标准化水平。持续完善网络执法监督检查工作体系，建立健全网络裁量权基准、网络重大执法决定法制审核等制度，认真落实行政执法责任制和责任追究制度。优化网络执法与刑事司法衔接机制，推进信息共享机制化、案件移送标准和程序规范化。加快制定不同层级行政执法装备配备标准。积极开展执法人员能力建设，打造高素质网络执法队伍，持续推进严格规范公正文明执法。

探索网络司法规则。我国积极顺应互联网发展趋势，充分发挥网络司法优势，助力完善网络空间治理规则，及时研究应对网络空间新型法律关系，从审理网络著作权等一般性互联网纠纷，逐步发展到审理涉及新技术新业态、数据治理、网络平台服务、网络市场秩序等互联网特点突出的案件，明确法律适用规则，统一裁判标准。制定在线诉讼、在线调解、在线运行规则，细化电子数据证据规则，制发涉网司法解释，规范网络犯罪案件办理程序，网络司法程序规则体系逐步建立，为网络司法工作提供了规则引领和制度保障。

完善网络司法模式。我国审判机关从开辟网上立案、远程立案模式和建设"数字法庭"，到积极推行大数据、云计算、人工智能、区块链等现代科技在诉讼服务、审判执行、司法管理等领域的深度应用，先行先试构建中国特色的网络司法模式。开创性地设立杭州、北京、广州互联网法院，探索实行"网上案件网上审理"。各地司法机关因地制宜，结合当地互联网产业发展情况和网络纠纷特点，探索具有地域特色的新型互联网审判机制。深入推进数字检察工作，坚持大数据赋能法律监督，系统整合各类办案数据，积极探索构建大数据法律监督模型和平台，努力推动个案办理式监督和类案治理式监督相结合，不断深化法律监督实效。

二、纵深推进网络执法实践

严格执法是依法治网的关键环节。30 年来，我国持续深化网络执法实践，全面推进严格规范公正文明执法，持续加大关系人民群众切身利益的重点领域执法力度，全面保护人民群众合法权益、维护社会公共利益。

探索开展网络执法活动。网络法治起步阶段，网络基础设施安全威胁加剧，利用计算机网络进行的违法犯罪案件增多，破坏网络基础设施、计算机软件盗版等违法犯罪行为开始出现。公安机关等相关部门依法查处对网络基础设施实施的攻击、窃密以及利用网络实施"制黄贩黄"等违法行为，有力维护网络安全和社会秩序。著作权行政管理部门和工商行政管理部门依法查处计算机软件盗版行为，为科技事业和技术市场发展营造良好环境。

逐步拓展网络执法领域。网络法治加快推进阶段，随着计算机数量逐步增加、用户上网日益普遍和网络信息服务迅猛发展，侵犯网络知识产权、侵害未成年人合法权益、危害网络运行安全、传播违法违规信息以及扰乱网络市场秩序等问题日益凸显。我国聚焦网络音视频等重点领域开展执法，加强网络知识产权保护。规范管理未成年人上网场所和网络游戏市场，保障未成年人网络权益。持续整治网络恶意程序、网络淫秽色情、垃圾邮件和垃圾短信、网络违禁品交易、网上非法广告等违法活动，维护网络运行安全，规范网络传播秩序和市场秩序。

深入推进严格规范公正文明网络执法。网络法治高质量发展阶段，我国移动互联网迅猛发展，新技术新应用新业态不断涌现，网民数量显著增长。我国聚焦关系人民群众切身利益、社会公共利益以及国家安全等重点领域和新兴领域，深入开展网络执法活动，保障网络空间规范有序。加大个人信息保护执法力度，持续开展移动互联网应用程序（App）违法违规收集使用个人信息等专项治理，依法查处有关行业领域系列重大案件。加强网络基础资源、重要网络系统、网络数据等领域执法，有效防范化解安全风险。深入推进"清朗""净网""护苗"等系列专项行动，加大对人民群众反映强烈的网络淫秽色情、虚假信息、网络暴力、算法滥用、未成年人沉迷网络等问题的治理力度。规范网络市场秩序，加强网络交易监管执法，持续整治网络销售假冒伪劣商品、网络违法广告等突出问题，依法制止平台经济领域的垄断和不正当竞争行为。构建知识产权保护社会共治新格局，推动平台建立知识产权保护合作机制，常态化组织开展打击网络侵权盗版的"剑网"专项行动、重点市场版权专项整治等执法活动，依法查处网络商标侵权、假冒专利违法行为，持续加强网络知识产权保护。

三、有力捍卫网络空间公平正义

30年来，我国坚持网络法治为民理念，主动回应网络时代司法需求，依法解决新型网络纠纷，打击网络犯罪，保障网络空间主体合法权益，努力让人民群众在每一个网络司法案件中感受到公平正义。

逐步推进涉网司法活动。网络法治起步阶段，审判机关重视运用司法手段保护知识产权，依法审理知识产权、技术合同等纠纷案件。适应审判工作需要，北京、广东、上海、海南、福建、深圳等地法院相继设立知识产权审判庭，建设专业化审判队伍，审理系列典型计算机软件侵权、网上作品侵权等网络知识产权案件，保护中外知识产权权利人合法权益。加强通信基础设施保护，依法惩治盗窃、破坏通信基础设施类犯罪活动，审理破坏计算机信息系统犯罪案件等典型案件，形成有力司法震慑。同时，探索推进司法信息化工作，开展全国法院计算机信息网络系统、检察信息系统建设，加强司法机关计算机信息网络管理，积极提高办案质量和办案效率。

不断强化网络权益司法保护。网络法治加快推进阶段，非法获取、泄露以及倒卖公民个人电子信息、侵犯知识产权活动增加，传统犯罪与网络犯罪结合趋势日益明显。我国审判机关探索涉网民商事疑难复杂案件的法律适用，依法审理"人肉搜索"等侵犯公民个人信息、隐私权和名誉权等案件，逐渐形成的审判规则为相关立法提供重要参考。审理互联网电视等网络知识产权纠纷典型案件，陆续制定计算机网络著作权纠纷相关司法解释。依法惩治新型网络犯罪，开展打击淫秽色情网站、打击利用手机短信及网络进行诈骗、整治网络赌博等专项整治行动，严肃惩处传播淫秽色情违法信息、网络赌博等违法犯罪活动。出台审理扰乱电信市场管理秩序案件相关司法解释，明确相关网络犯罪的行为方式和量刑标准等。

全面推进网络司法建设。网络法治高质量发展阶段，我国适应新时代网络司法需求，全面深化网络空间合法权益司法保护，推动网络司法取得显著进展。保障平台经济健康有序发展，通过司法裁判、公益诉讼等解决网络平台纠纷、界定网络平台责任。审理网络直播、电商平台、网络租车等新模式新业态案件，明晰网络平台经营者、平台内经营者和消费者等相关主体权利义务，加强对外卖骑手、快递小哥、网约车司机等新业态劳动者合法权益保护。遏制网络领域不正当竞争行为，审理"二选一"等不正当竞争纠纷典型案件，细化网络不正当竞争行为的认定标准和规则。全面加强公民网络空间民事权益保护，强化网上侵害人格权行为规制，发出全国首例人格权侵害禁令，制定人脸识别等司法解释，审理侵害国家功勋人物和英雄烈士名誉权等案件。依法对侵犯公民个人信息的重点网络平台提起民事公益诉讼，督促网络平台企业合法合规收集使用数据。聚焦网络违法犯罪新形势新特点，强力打击网络黑客、网络水军、网络暴力、网络谣言、电信网络诈骗等人民群众反映强烈的违法犯罪，切实提升人民群众安全感。

第四节　全面提升网络法治意识和素养

网络法治宣传教育是推进网络空间法治化的长期基础性工作。30 年来，网络法治宣传不断深化，网络法治理论研究和教育深入开展，尊法学法守法用法日益成为网络空间广泛共识和基本准则，社会主义法治精神在网络空间得到全面彰显。

一、广泛开展网络法治宣传

我国坚持网络法治宣传与互联网发展、法治社会建设同频共振、同向发力，积极创新内容形式和渠道手段，推动网络法律法规宣传普及与立法、执法、司法实践有机融合，不断提升全社会网络法治意识和素养。

网络法治宣传逐渐兴起。网络法治起步阶段，互联网作为新生事物的积极作用初步显现，网络法治宣传在传统法制宣传教育中逐渐起步。中央宣传部、司法部制定《关于在公民中开展法制宣传教育的第三个五年规划》，明确要求从推进与维护社会稳定有关法律知识教育、抓好社会主义市场经济法律知识普及等方面进行广泛宣传。逐步开展打击计算机犯罪、维护计算机网络系统安全、保护网络知识产权等法律法规知识宣传普及，推动早期接触互联网的群体树立网络安全和法治意识。

网络法治宣传形式内容不断丰富。网络法治加快推进阶段，互联网在法治宣传中的作用进一步凸显。我国加强网络法制信息发布和新闻报道，建立专门普法网站，探索通过网络开展立法征求意见、宣传网络法律知识。有关媒体、网站纷纷开设法制专题专栏，不断拓展网络法制宣传教育阵地，丰富法制宣传形式。深入普及互联网信息服务管理、电信业务管理、网络版权保护等网络法律法规，积极倡导抵制恶意软件、反网络病毒等行业自律规范，更加注重培育法治文化、塑造法治理念，学法守法用法的社会氛围日渐浓厚。

网络法治宣传质效全面提升。网络法治高质量发展阶段，互联网日益成为法治宣传主渠道、主阵地，我国网络法治宣传全面深化。拓展"互联网+普法"新模式，丰富网络法治宣传载体形式，建强网络法治宣传矩阵，广泛应用全媒体传播模式。持续深化宪法宣传周、民法典宣传月、国家网络安全宣传周等主题宣传，创新开展全国法治动漫微视频作品征集、"全国网络普法行"、"全国网信普法进校园"、"全国网信普法进网站"、"全国网信普法进机关、进企业"等品牌活动，实现"键对键"和"面对面"普法深度融合。推进网络法治宣传融入网络立法全过程，持续强化法治实施环节以案释法。着眼领导干部、青少年、互联网企业从业人员等重点群体开展精准普法，引领带动全社会增强网络法治意识。

二、不断深化网络法治研究

实践没有止境，理论创新也没有止境。我国面对网络法治实践中的重大理论问题和人才需求，形成了理论与实践相结合、制度与发展相适应的教育研究、人才培养机制，为网络法治建设提供了智力支持和人才保障。

网络法治研究机构持续发展壮大。为应对网络领域新问题新挑战，中国法学会设立信息法学研究会，北京大学、中国政法大学、西安交通大学、中国信息通信研究院等设立网络法治研究机构，研究探索网络法治前沿课题，成为开展网络法治学术研究与交流的重要平台。党的十八大以来，网络法治研究进一步繁荣发展，中国法学会将信息法学研究会调整为网络与信息法学研究会，中国人民大学、中国政法大学、清华大学等高校以及部分互联网企业设立了网络法治研究机构百余个，形成了涵盖政府机构、高等院校、企业行业等多层次、全方位的网络法治研究智库体系。

网络法治研究刊物日益丰富。研究刊物是开展网络法治研究交流的重要载体，也是反映互联网发展治理研究和前沿动态的重要窗口。面对信息化建设和互联网发展带来的新课题，我国网络法治学术探索逐步展开，相关专著开始出现，研究刊物应运而生，《网络法律评论》《信息网络安全》《互联网天地》等学术期刊相继创刊。

党的十八大以来,《网络信息法学研究》《中国网信》《数字法治》等网络法治相关专业期刊不断涌现,汇集发布国内外理论性、前瞻性、创新性研究成果。同时,《法学研究》《中国法学》等法学核心期刊将网络法治作为重点选题方向,围绕系列理论和实践问题展开研讨争鸣。

网络法治研究内容全面拓展。网络法治起步阶段,随着网络设施建设和互联网业务发展,我国法学研究开始关注网络设施安全、电子商务、网络犯罪等互联网发展的新兴问题。网络法治加快推进阶段,法学研究重点开始转向互联网行业监管、互联网信息服务以及网络安全领域,重点领域涌现出一批整体性的研究成果。网络法治高质量发展阶段,我国网络法治研究持续深化,网络法治新型智库建设、人才培养不断加强,立足中国实际的网络法治研究丰富发展,逐步迈向全面繁荣。

三、大力加强网络法治人才培养

网络法治人才培养是网络法治建设的重要组成部分。我国高度重视网络法治人才教育,培养出一大批兼具法律专业知识和技术背景的复合型人才,着力解决教学科研和法治实践的人才需求,为网络强国建设提供有力法治人才支撑。

学科和专业建设取得显著进展。明确网络法治相关学科专业要求,丰富学科专业内涵,纳入网络法学、网络诉讼法、个人信息保护法等相关方向。推进网络法治相关学科设置,正式将"网络与信息法学"列为法学二级学科,引导多所高校自主设置网络法学、网络空间安全执法技术、网络与信息法学等二级学科点与交叉学科点。

网络法治课程和教材持续涌现。丰富中小学课程体系，推动开设信息科技、信息技术等课程，着力培养学生法治观念、信息素养。支持高校开展网络法学相关课程教学，推动开设法律与人工智能、网络法学等专业课程。推进网络法治教材建设，网络法学、计算法学、数据法学、个人信息保护等领域的专门教材不断丰富，为网络法治人才的培养奠定良好基础。

第五节　持续推进网络法治国际交流合作

开放是当代中国的鲜明标识。随着新一轮科技革命和产业变革加速推进，互联网让世界变成了"地球村"，国际社会越来越成为你中有我、我中有你的命运共同体。30年来，我国顺应全球信息时代发展潮流和人类社会发展大势，参与和推动网络法治国际交流合作，促进全球共同分享互联网发展的机遇和成果，携手构建网络空间命运共同体。

一、不断深化网络空间国际合作理念

互联互通是网络空间的基本属性，共享共治是互联网发展的共同愿景。我国把推进互联网发展治理置于改革开放和国际互联网发展的大背景下谋划，不断深化理念主张，引领网络法治国际交流合作。

宣介阐释网络空间命运共同体理念主张。习近平总书记把握世界发展大势，创造性地提出推进全球互联网治理体系变革的"四

项原则"① 和构建网络空间命运共同体的"五点主张"②。我国坚持以习近平总书记关于构建网络空间命运共同体的理念主张为指引，发布《携手构建网络空间命运共同体》白皮书，介绍新时代中国互联网发展和治理理念与实践，分享中国推动构建网络空间命运共同体的积极成果，展望网络空间国际合作前景，深化网络空间国际交流合作。

不断丰富网络空间国际交流合作理念。发布《网络空间国际合作战略》，就推动网络空间国际交流合作提出全面系统的中国主张。适应全球互联网治理形势，发布《中国关于联合国成立 75 周年立场文件》，提出共同建立和平、安全、开放、合作、有序的网络空间。发布《全球数据安全倡议》《全球安全倡议概念文件》，呼吁各国维护全球数据和供应链安全，推动数字经济发展，提出深化信息安全领域国际合作，共同应对各类网络威胁。发布《全球人工智能治理倡议》，提出通过对话与合作凝聚共识，构建开放、公正、有效的治理机制，促进人工智能技术造福于人类，推动构建人类命运共同体。

二、积极推动全球网络法治规则建设

我国坚定维护国际公平正义，坚定维护以国际法为基础的国际秩序，主动参与网络空间国际规则制定，推动全球互联网治理体系

---

① 推进全球互联网治理体系变革的"四项原则"：尊重网络主权、维护和平安全、促进开放合作、构建良好秩序。

② 构建网络空间命运共同体的"五点主张"：加快全球网络基础设施建设，促进互联互通；打造网上文化交流共享平台，促进交流互鉴；推动网络经济创新发展，促进共同繁荣；保障网络安全，促进有序发展；构建互联网治理体系，促进公平正义。

更加公正合理，切实以国际良法促进全球善治。

支持发挥联合国（UN）在网络空间国际治理中的主渠道作用。我国主张发挥联合国在国际互联网治理中的作用，助推联合国制定网络安全文化等宣言文件，助力创造全球网络安全文化。拓宽与联合国专门机构的网络事务合作，支持联合国国际贸易法委员会制定《联合国国际贸易法委员会电子商务示范法》《联合国国际贸易法委员会电子签名示范法》《联合国国际合同使用电子通信公约》等，参与联合国教科文组织（UNESCO）《人工智能伦理问题建议书》等规则建设。深入参与联合国信息安全政府专家组（UN GGE）、开放式工作组进程，推动达成网络空间负责任国家行为框架，并成功推动网络主权、《联合国宪章》运用于网络空间等主张成为国际共识。支持在联合国框架下谈判制定打击网络犯罪全球性公约，为国际社会合作应对网络犯罪挑战提供法律基础。

积极促进形成区域性网络治理规则。加强同东盟（ASEAN）网络治理合作，签署《中国—东盟建立面向共同发展的信息通信领域伙伴关系北京宣言》《中国—东盟电信监管理事会关于网络安全问题的合作框架》等，推动在信息通信合作、网络安全等方面完善区域合作规则，共同维护网络安全和稳定，促进区域内的互联网发展。与中亚国家共同签署上海合作组织（SCO）成员国元首宣言文件，共同应对网络安全挑战。与《区域全面经济伙伴关系协定》成员国一道，围绕网络治理领域重点问题形成区域规则。积极推进加入《全面与进步跨太平洋伙伴关系协定》和《数字经济伙伴关系协定》，参与数字经济领域高标准规则制定。

参与制定互联网技术国际标准及规则。主动参与互联网协议（IP）、无线局域网（WLAN）、网络安全、域名系统、云计算和电子商务等互联网技术国际规则制定，提出有关国际化域名、互联网协议第四版（IPv4）—互联网协议第六版（IPv6）过渡技术等技术方案，成为互联网国际标准的组成部分。这些标准和规则的制定不仅为我国互联网行业的发展提供了有力支持，也为全球互联网的规范化和标准化作出了贡献。

三、深入开展网络法治国际交流合作

网络空间是人类共同的活动空间。网络空间前途命运应由世界各国共同掌握。我国坚持多边参与、多方参与，尊重网络主权，发扬伙伴精神，坚持大家的事由大家商量着办，推动国际社会深化网络法治务实合作。

建立交流合作机制。注重加强与世界各国建立网络法治相关交流合作机制。建立中俄信息安全磋商机制、中美执法及网络安全对话、中欧网络工作组机制、中法网络事务对话机制、中英互联网圆桌会议、中国—东盟网络事务对话机制、中日韩网络安全事务磋商机制等对话机制，与相关国家在网络政策法规和治网实践等方面开展务实交流合作，及时回应各方关切，平等协商解决分歧。

搭建交流合作平台。积极搭建世界互联网大会、世界人工智能大会等全球性对话合作平台，邀请世界不同国家和地区的政府部门、司法部门、高校、科研机构、技术社群等交流网络法治理念和实践经验，探讨网络法治前沿问题，通过举办网络法治分论坛、发布网络法治宣言文件，凝聚共识。参与推动二十国集团（G20）、亚太经合组织（APEC）、金砖国家（BRICS）合作机制、上海合作组织、亚非法律协商组织（AALCO）、东盟地区论坛（ARF）等多边平台开展网络法治交流合作，就网络立法、执法、司法、普法等网络法治建设情况深入交流观点、经验和做法。

深化交流合作实践。开展网络版权国际交流合作，大力发展以世界知识产权组织（WIPO）为主的版权多边合作关系，加强与主要国家的版权双边交流合作。持续强化国际网络执法司法合作，与多国达成网络安全领域合作共识，在打击网络恐怖主义、电信网络诈骗等方面开展深层次务实合作。携手共促未成年人网络保护，积极开展未成年人网络保护法治建设国际交流合作，与世界各国一道，参与网络空间国际治理。

第六节　网络法治建设的经验和启示

30 年来，我国网络法治建设工作顺应全球信息化发展大势，立足互联网发展实践，取得了长足发展和显著成绩。在这一历史进程中，我国不断深化对依法治网的规律性认识，形成了一系列弥足珍贵的经验和启示。

一、坚持加强党对网络法治工作的全面领导

网络法治工作是政治性很强的业务工作，也是业务性很强的政治工作。党的全面领导是中国特色依法治网之路最本质的特征，也是推进网络法治建设的根本政治保证。30 年来，网络法治建设始

终坚持在党的全面领导下开展、在党的创新理论指导下推进。特别是党的十八大以来，坚持以习近平新时代中国特色社会主义思想特别是习近平法治思想和习近平总书记关于网络强国的重要思想为指引，着力推动将党管网治网的重大方针政策和科学部署入法入规，把党的创新理论贯彻落实到网络法治的全过程和各方面。推进网络法治建设必须不断提高政治站位、强化政治意识，深刻认识党管互联网的重要意义，毫不动摇坚持党管互联网，确保始终沿着正确的政治方向和道路前进。必须持续完善互联网管理领导体制机制，加强统筹协调，充分调动各方面力量，形成网络法治建设强大合力。

二、坚持以人民为中心的发展思想

网络法治建设的根基在人民，与人民群众切身利益密切相关，具有鲜明的人民性。在推进网络法治建设过程中，必须坚持以人民为中心的发展思想，始终体现人民利益、反映人民愿望、维护人民权益、增进人民福祉。坚持网络法治为人民，切实维护人民群众在网络空间的合法权益，为人民群众营造安全、公平、健康、文明、清朗的网络空间。坚持网络法治依靠人民，充分发挥人民群众在网络法治工作中的重要作用，积极在网络立法、执法、司法、普法等各环节凝聚最广大人民的智慧和力量，最广泛地动员人民群众参与互联网发展治理。坚持网络法治建设成果为人民共享，依法充分保障各个群体平等、合理使用网络的权利，切实消弭数字鸿沟，使人民群众在网络法治建设过程中有更多获得感、幸福感、安全感。

三、坚持服务保障经济社会发展

发展是解决我国一切问题的基础和关键。网络法治建设始终围绕经济社会发展大局，充分发挥法治固根本、稳预期、利长远的重要作用，为网络强国建设提供坚实保障。注重筑牢数字经济发展之基。社会主义市场经济本质上是法治经济，数字经济高质量发展离不开高质量的法治护航。我国将依法治网作为基础性手段，不断完善数字经济治理体系，助力营造市场化法治化国际化一流营商环境。依法推进数字社会建设。经过30年的发展，我国形成了最庞大而富有生机的数字社会。在推进网络法治建设过程中，我国着力推动社会治理从现实社会向网络空间覆盖，建立健全网络综合治理体系，加强依法管网、依法办网、依法上网，全面推进网络空间法治化。着力提升数字政府法治化水平。加强数字政府建设是建设网络强国、数字中国的基础性和先导性工程，我国注重统筹推进数字法治政府建设，推动政府治理数字化与法治化深度融合，引领驱动数字经济发展和数字社会建设。科学把握发展和安全。发展和安全是一体之两翼、驱动之双轮，坚持统筹高质量发展和高水平安全，立足全球最大的发展中国家和网民数量最多的基本国情，以法治方式助推互联网这个最大变量变成事业发展的最大增量。

四、坚持依法治网和以德润网相结合

法安天下，德润人心。坚持依法治网和以德润网相结合，是中国特色依法治网之路的重要特征。法律和道德具有规范网络行为、调节网络关系、促进网络发展、构建网络秩序的作用，在网络空间

治理中都有重要地位和功能。推进网络法治建设需要强化道德对法治的支撑，发挥道德教化作用，深入推进网络文明建设，提高全社会文明程度，为依法治网创造良好环境。需要把道德要求贯彻到网络法治建设中，切实弘扬社会主义核心价值观，使网络法治成为良法善治。需要运用法治手段解决道德领域突出问题，加强网络立法执法司法，强化对群众反映强烈的网络失德行为的依法治理。需要在道德教育中突出法治内涵，培育网络空间法治观念、规则意识，引导网民自觉履行法定义务和社会责任，提高全民网络法治意识和道德自觉，使尊法学法守法用法成为网络空间的共同追求和自觉行动。

五、坚持系统谋划体系推进

网络空间治理既与现实社会治理深度融合，又有其自身特点和发展规律。网络法治建设是一项系统工程，我国积极适应互联网发展实践，坚持系统观念，全面推进依法治网。持续加强顶层设计和实践探索。既坚持统筹国家层面各方面力量，又充分发挥地方先行先试作用，形成网络法治全国"一盘棋"。坚持法治全链条推进。既着力推动出台网络领域专门立法，又注重完善相关传统立法；既加大重点领域执法力度，又注重严格规范公正文明执法；既强化公民网络权益司法保护，又统筹完善网络司法规则；既着力强化网络法律法规宣传解读，又注重让法治精神深入人心。坚持网上网下一体推进。切实将互联网思维和法治思维贯穿于网络法治实践各领域各方面，最大限度实现线上线下同步、网上网下融合，为现实社会和网络空间发展治理奠定法治基础。

六、坚持传承创新开放合作

网络法治建设既要立足国情、民情，深深扎根于我国的实践土壤，在传承中创新、在创新中发展，又要拓展世界眼光，借鉴吸收人类社会一切优秀法治文明成果。坚持传承创新。注重传承中华优秀传统法律文化，研究总结网络法治建设历史经验，科学把握互联网发展治理和网络法治内在规律，深入推进网络法治理念思路、工作内容、方式手段、体制机制等全方位创新。坚持开放合作。积极回应各国人民普遍关切，加强网络法治国际交流合作，形成既符合国际通行做法，又有中国特色的互联网治理模式，与世界各国共同致力于建立多边、民主、透明的全球互联网治理体系，让数字文明和法治文明更好地造福各国人民。

第 二 章

网络法治建设拉开帷幕

（1994—1999 年）

20 世纪 90 年代，我国加快改革开放和社会主义现代化建设步伐，全面推进社会主义市场经济发展，奠定了法治建设的经济基础。这一发展阶段，我国基础设施建设加快推进，互联网应用乘势萌芽，信息产业迅速成长，对法治建设提出了实践需求。党的十五大将"依法治国"确立为党领导人民治理国家的基本方略，提出了建设中国特色社会主义法律体系的重大任务。我国法治建设开启新的篇章，网络法治进入起步阶段，网络法律制度开始建立，网络执法和司法活动逐步开展，网络法治宣传教育与法学研究逐渐兴起。

第一节　互联网发展扬帆起航

我国高度重视互联网发展，自全功能接入国际互联网以来，按照积极利用、科学发展、依法管理、确保安全的思路，加强信息基础设施建设，发展网络经济，推进信息惠民。① 党的十五大报告对推进信息化建设进行谋篇布局，明确发展新兴产业和高技术产业，推进国民经济信息化，坚持和完善对外开放，积极参与国际经济合作和竞争。《中华人民共和国国民经济和社会发展"九五"计划和 2010 年远景目标纲要》（以下简称《国民经济和社会发展"九五"计划和 2010 年远景目标纲要》）提出，进行现代化信息基础设施建设，推动国民经济信息化，重点发展集成电路、新型元器件、计算机和通信设备，增强为经济和社会发展提供信息化系统和装备的能力。我国掀起互联网发展浪潮，在对经济社会发展带来深远影响的同时，也对法治建设提出了实践需求。

一、互联网时代开启

互联网是人类社会发展的重要成果，是人类文明向信息时代演进的关键标志。② 党中央高度重视并提前布局互联网发展。20 世纪 80 年代起，我国探索搭建科研专网，率先在科研领域启动国际联网项目。1994 年，我国全功能接入国际互联网，拉开了互联网建设发展的帷幕。

高新技术发展前期布局。互联网的发展，离不开信息技术产业的引领支撑。1956 年，我国《1956—1967 年科学技术发展远景规划》提出，重点发展半导体技术、电子计算机等。1987 年，党的

---

① 习近平：《论党的宣传思想工作》，中央文献出版社 2020 年版，第 170 页。

② 中华人民共和国国务院新闻办公室：《携手构建网络空间命运共同体》，人民出版社 2022 年版，第 1 页。

十三大报告提出："要组织精干力量不失时机地开展高技术研究，特别是微电子技术、信息技术、生物工程技术和新材料技术的研究与开发"。1992年，党的十四大报告强调："加快交通、通信、能源、重要原材料和水利等基础设施和基础工业的开发与建设""我们坚定不移地实行对外开放，愿意不断加强和扩大同世界各国在平等互利基础上的经济、科技合作，加强在文化、教育、卫生、体育等各个领域的交流"。1993年，"三金工程"（即"金桥工程""金卡工程""金关工程"）正式启动，"信息准高速国道"加快建设，信息化发展进程快速推进。

全功能接入国际互联网开启中国互联网时代。1989年10月，原国家计划委员会通过世界银行（WB）贷款重点学科项目立项"中国国家计算与网络设施"（NCFC）。1993年3月，中国科学院高能物理研究所经卫星链路接入美国科研网络。同年12月，中国国家计算与网络设施主干网工程完工，采用高速光缆和路由器将北京大学、清华大学和中国科学院三个院校互连，成为我国互联网的雏形。1994年4月20日，中国国家计算与网络设施连入国际互联网的64K专线开通，实现了与国际互联网的全功能连接。自此，我国开启了互联网时代。

二、基础设施建设和互联网服务起步

国家坚持将基础设施建设摆在国民经济发展的重要位置，以基础设施建设保障信息产业发展。党的十四大报告强调："加快交通、通信、能源、重要原材料和水利等基础设施和基础工业的开发与建设。这是当前加快经济发展的迫切需要，也是增强经济发展后劲的重要条件。"《中华人民共和国国民经济和社会发展十年规划和第八个五年计划纲要》（以下简称《国民经济和社会发展十年规划和第八个五年计划纲要》）提出，有计划地新建、扩建和改建通信干线、水利等骨干工程，加快发展长途电话自动化，提高电话普及率，逐步形成方便迅速的通信网络。1994 年 4 月，国务院印发《90 年代国家产业政策纲要》（国发〔1994〕33 号），提出通讯业要有重点、分层次地大力推进信息高速网络建设，电子工业要以通信、计算机等新兴信息产业为主体，加快现代化的步伐。1997 年 4 月，《国家信息化"九五"规划和 2010 年远景目标纲要》将互联网列入国家信息基础设施建设，提出通过大力发展互联网产业，推进国民经济信息化进程。1999 年 1 月，《国务院办公厅转发信息产业部国家计委关于加快移动通信产业发展若干意见的通知》（国办发〔1999〕5 号）提出要促进我国移动通信产业协调发展。

基础设施建设为国民经济信息化奠定基础。"八五"期间，我国开展"八纵八横"通信干线光缆网建设，新建省际长途光缆干线 22 条，总长度约 3.5 万公里，初步建成覆盖全国，以光缆为主、数字微波和卫星通信为辅的大容量、高速率的长途传输网。"九五"期间，我国"八纵八横"通信干线光缆网正式建成，为电话、广播电视和互联网等通信服务的普及和发展夯实基础。1997 年 10 月，中国公用计算机互联网（CHINANET）实现了与中国其他三个互联网络即中国科技网（CSTNET）、中国教育和科研计算机网（CERNET）、中国金桥信息网（CHINAGBN）的互联互通。据中国互联网络信息中心发布的《中国互联网络发展状况统计报告（2000/1）》

显示，截至 1999 年 12 月 31 日，我国上网计算机数达 350 万台，上网用户人数 890 万，".CN"下注册域名共计 48695 个，国际线路总容量为 351M，连接的国家有美国、加拿大、澳大利亚、英国、德国、法国、日本、韩国等。这一阶段，我国基础设施建设向前迈进了一大步，不仅实现了全国省会城市通信网络全覆盖，而且在网络规模和技术水平上赶上甚至超过了部分发达国家。

互联网服务逐渐兴起。1995 年 1 月，原邮电部电信总局在北京、上海开通了两个接入互联网节点，开始向社会提供互联网接入服务。1996 年 9 月，全国第一个城域网（上海热线）开通试运行。同年 12 月，中国公众多媒体通信网（169 网）启动，广东视聆通、四川天府热线、上海热线作为首批站点开通，我国互联网开启产业化应用。随后，基于网络的商业应用应运而生，1997 年 3 月，国际商业机器公司（IBM）、英特尔（Intel）在 ChinaByte.com 上投放了我国早期的商业性网络广告。

以门户网站为代表的应用服务拉开互联网创新创业的序幕。与雅虎（Yahoo）、亚马逊（Amazon）等美国互联网企业成立几近同步，我国互联网企业迅速涌现。1997 年 6 月，网易成立，11 月成功开发国内首个电子邮件系统，向互联网用户免费开放注册使用。1998 年，搜狐、腾讯、新浪等互联网企业相继成立。此外，光明网、首都之窗、上海热线等官方新闻门户网站纷纷设立并提供新闻信息服务。1999 年，"中华网"在美国纳斯达克交易所（NASDAQ）上市，经营企业对消费者（B2C）业务的电子商务网站 8848 网设立。

第二节　依法治网方向探索确立

党的十四大报告强调："加强立法工作，特别是抓紧制订与完善保障改革开放、加强宏观经济管理、规范微观经济行为的法律和法规，这是建立社会主义市场经济体制的迫切要求。"党的十五大报告把依法治国的目标由"建设社会主义法制国家"改为"建设社会主义法治国家"。这一阶段，我国对法治建设的重视程度不断提高，依法管理网络的重要性和紧迫性显著提升。在党中央领导下，网络管理体制机制初步构建，网络法律制度建设起步，相关机构积极参与互联网治理，依法治网方向逐渐确立。

一、贯彻依法治国基本方略

20 世纪 90 年代初，党中央提出以法律制度建设为国家经济发展保驾护航。为深化改革开放，建立和完善社会主义市场经济体制，推动经济发展和社会全面进步，我国加快社会主义法制建设步伐。1991 年 4 月，《国民经济和社会发展十年规划和第八个五年计划纲要》提出："逐步建立比较完备的经济法规体系，使各方面的经济关系和经济活动有法可依。"党的十四大报告提出："一手抓经济建设，一手抓民主法制"。1996 年 3 月，《国民经济和社会发展"九五"计划和 2010 年远景目标纲要》提出："坚持改革、发展与法制建设紧密结合，继续制定实施与经济社会发展相适应的法律法规。"

1997 年 9 月，党的十五大报告提出，"依法治国，是党领导人民治理国家的基本方略，是发展社会主义市场经济的客观需要，是社会文明进步的重要标志，是国家长治久安的重要保障"，正式提出了依法治国、建设社会主义法治国家的战略任务，第一次把依法治国确立为党领导人民治理国家的基本方略，赋予了依法治国在党治国理政事业中的根本性、主导性和制度性的战略地位。1999 年 3 月，九届全国人大二次会议将"中华人民共和国实行依法治国，建设社会主义法治国家"写入宪法修正案。适应形势任务发展，我国开始探索构建网络管理体制机制，加快推进网络法律制度建设，相关重点立法不断推出，涉及互联网领域的执法和司法活动逐步展开。

二、统筹推进互联网管理

这一时期，为推进互联网规范发展，我国加强顶层设计，各有关主管单位分工合作，以促进信息化建设为重点目标任务，统筹推进互联网管理工作。

建立健全信息化工作体制。1993 年 12 月，国务院批准成立国家经济信息化联席会议，统一领导和组织协调政府经济领域的信息化建设工作。1996 年 4 月，国务院办公厅发布《关于成立国务院信息化工作领导小组的通知》（国办发〔1996〕15 号），成立原国务院信息化工作领导小组，将原国家经济信息化联席会议办公室改为原国务院信息化工作领导小组办公室。该小组作为国务院全国信息化工作的议事协调机构，负责研究制订国家信息化工作的方针、政策、发展战略、总体规划，组织协调跨部门、跨地区的信息化建设工作。1997 年 4 月，原国务院信息化工作领导小组在深圳召开首次全国信息化工作会议，研究制定《国家信息化"九五"规划和 2010 年远景目标纲要》，明确信息化建设的"统筹规划，国家主导；统一标准，联合建设；互联互通，资源共享"二十四字方针，提出力争到 2000 年初步形成一定规模和比较完整的国家信息化体系的目标任务。

1998 年 3 月，国务院发布《关于议事协调机构和临时机构设置的通知》（国发〔1998〕7 号），撤销原国务院信息化工作领导小组，相关工作改由新组建的原信息产业部承担。1999 年 12 月，国务院成立原国家信息化工作领导小组，具体工作由原信息产业部承担。国务院信息化工作管理机制的调整，顺应了我国信息化发展趋势需要，体现了国家对信息化工作的高度重视。

初步形成分工协作的管理格局。这一阶段，原邮电部、原电子工业部、公安部等相关部门依据各自职责开展网络建设和管理工作。

基础设施建设由多个部门协同负责。早期，基础设施建设的主要负责部门为原邮电部和原电子工业部。原邮电部主管光纤、卫星通信线等互联网建设所依赖的电信物理载体，原电子工业部主要负责通信、微电子设备等硬件管理。1998 年 3 月，根据九届全国人大一次会议审议批准的国务院机构改革方案，原邮电部和原电子工业部合并组建原信息产业部，负责电子产品制造和通信网络建设的同时，也承担网络域名管理、信息化推进、软件产业发展等工作。

国际联网由互联网络运行单位的主管部门管理。《中华人民共和国计算机信息网络国际联网管理暂行规定》（以下简称《计算机信息网络国际联网管理暂行规定》）及《中华人民共和国计算机信息网络国际联网管理暂行规定实施办法》（国信〔1998〕001号）（以下简称《计算机信息网络国际联网管理暂行规定实施办法》）明确，能够直接进行国际联网的计算机信息网络称互联网络，已经建立的中国公用计算机互联网、中国金桥信息网、中国教育和科研计算机网、中国科学技术网等四个互联网络，分别由原邮电部、原电子工业部、原国家教育委员会和中国科学院管理。

计算机信息系统安全主要由公安机关管理。《计算机信息系统安全保护条例》规定，公安部主管全国计算机信息系统安全保护工作，国家安全部、国家保密局和国务院其他有关部门在国务院规定的职责范围内做好计算机信息系统安全保护的有关工作。《计算机信息网络国际联网安全保护管理办法》进一步明确，由公安部计算机管理监察机构负责计算机信息网络国际联网的安全保护管理工作，保护计算机信息网络国际联网的公共安全，维护从事国际联网业务的单位和个人的合法权益和公众利益。

互联网新闻信息建设和管理主要由对外宣传部门负责。1997年3月和5月，国务院新闻办公室相继发布《利用国际互联网络开展对外新闻宣传暂行规定》《利用国际互联网络开展对外新闻宣传的注意事项》，提出国家积极支持利用国际互联网开展对外新闻宣传，实行宏观指导和归口管理，并对利用互联网开展对外新闻宣传的程序等作出规定。

三、相关机构参与网络治理

这一阶段，政府部门以外的相关机构开始参与网络治理，因其形式灵活、专业性强、目标定位明确，在互联网发展和管理实践中发挥了积极作用。

科研机构成为我国接入国际互联网的重要推动者。我国科研机构积极推动学术交流研讨，通过互联网拓展对外学习交流窗口，加速推动我国接入国际互联网的进程。20 世纪 80 年代中后期，我国科研人员和学者在国外同行帮助下，积极尝试使用互联网。在1992 年、1993 年国际互联网年会等场合，我国计算机界的专家学者多次提出接入国际互联网的要求，并得到国际同行的理解与支持。1994 年 4 月初，在美国华盛顿召开中美科技合作联委会会议期间，我国代表与美国国家科学基金会最终就我国接入国际互联网达成一致意见，直接推动了我国全功能接入国际互联网进程。

相关专业机构参与互联网域名管理、网络安全保障等工作。1997 年召开的首次全国信息化工作会议提出，对于互联网管理要行政管理和技术管理相结合，建立互联网信息中心和互联网交换中心，抓紧制定信息化立法规划，逐步形成信息化法制体系，这为相关技术、科研机构参与互联网治理奠定了基础。1997 年，中国互联网络信息中心经国家主管部门批准成立，对于域名管理参照国际网络治理体系，由中国科学院进行日常管理，机制运行上较为灵活，便利参与国际网络治理。《中国互联网络域名注册暂行管理办法》（国信办〔1997〕027 号）明确，在国务院信息化工作领导小组办公室的授权和领导下，中国互联网络信息中心负责管理和运行中国顶级域名 CN。此后，中国互联网络信息中心发布《中国互联网络域名注册申请程序》《中文域名注册管理办法（试行）》《中文域名争议解决办法（试行）》等，规范域名管理工作。1997 年11 月，中国互联网络信息中心发布首次《中国互联网络发展状况统计报告》。

主流媒体积极推动网络普及和网络治理。1999 年 4 月，人民日报、新华社等媒体原则通过了《中国新闻界网络媒体公约》，呼吁充分尊重网络信息产权和知识产权，表示公约单位将联合反对和抵制任何相关侵权行为，形成网络领域第一份具有约束力的行业规范。同年 12 月，新华社、中央电视台、中国新闻社等媒体签署《"中国互联网高层发展战略会议"倡议书》，就加强中国网络信息传播业联合协作、加强新闻媒体与商业网站合作等发出倡议。

第三节　网络法律制度开始建立

这一阶段，立足国家经济建设的阶段性特征和社会信息化建设需要，网络立法主要围绕网络设施建设、网络运行安全以及网络服务业态发展需求，聚焦网络设施安全保护、网络信息内容管理等方面，探索构建与我国互联网发展阶段相适应的法律制度。其中，具有标志性意义的是 1994 年 2 月国务院发布《计算机信息系统安全保护条例》。相关立法活动还包括制定《计算机信息网络国际联网管理暂行规定》等网络专门立法和修订《刑法》等传统法律。

一、明确网络设施设备相关管理制度

我国在大力推进网络设施建设的同时，加快推进通信工程建设、电信设备管理等相关立法。

通信工程建设管理制度。相关部门发布多部法律规范，从通信工程施工单位资质、建设标准、建设监理、竣工验收、事故处理等多维度、全链条规范通信工程的建设工作。1994 年 12 月，原邮电部发布《通信工程建设监理管理办法（试行）》《通信工程施工监理暂行规定（试行）》，明确所有通信建设工程必须接受政府监理，并对政府监理机构及职责、社会监理单位与监理内容、通信工程施工质量控制和进度控制等作出明确要求。1995 年 11 月，原邮电部发布《通信工程建设标准管理办法》，提出依照国家标准、行业标准规范通信工程建设，并对相关标准的计划、制定、审批发布等予以明确。1996 年 1 月，原邮电部发布《邮电通信建设工程竣工验收办法》，明确通信建设工程竣工验收的依据、条件、步骤等。1996 年 6 月，原邮电部发布《通信工程施工企业资质管理办法》，明确对从事通信线路、管道和通信设备安装工程施工总承包及施工承包企业的资质管理要求。1996 年 12 月，原邮电部发布《通信工程质量事故处理暂行规定》（邮部〔1996〕1155 号），对通信工程质量事故等级划分、事故报告、现场保护以及事故调查等情形明确具体要求。

电信设备管理制度。为保障联网安全，相关部门开始探索对连入互联网的电信设备进行安全管理。1995 年 1 月，原邮电部发布《通信设备进网质量认证管理暂行办法》（邮部〔1995〕32 号），明确原邮电部对接入公用电信网的通信设备实行质量认证，不经过质量认证的设备不允许进入公用电信网。1995 年 11 月，原邮电部发布《电信终端设备进网审批管理规定》（邮部〔1995〕791 号），明确对接入国家通信网使用的电信终端设备实行进网许可证制度，并规定进网审批程序、进网许可证管理规则。1996 年 2 月，原邮电部发布《电信终端设备进网审批管理规定实施细则》（电司〔1996〕17 号），明确实施进网审批的电信终端设备类型及进网审批程序要求等。1998 年 12 月，原信息产业部发布《电信设备进网审批管理办法》（信部〔1998〕966 号），提出对接入公用和专用电信网使用的电信设备实行进网许可证制度。

二、规定计算机软件保护和信息系统安全制度

计算机在社会生产生活各领域逐渐应用和互联网的逐步普及，对加强软件和信息系统安全的制度保障提出了实践要求。这一阶段，我国逐步建立计算机软件保护制度，明确计算机信息系统安全保护、国际联网安全管理和保密管理要求。

计算机软件保护制度。我国知识产权保护相关立法在信息产业领域延伸和解释适用，为计算机软件保护提供了法律依据。1990 年 9 月，出台《著作权法》，将"计算机软件"列为保护对象。1991 年 6 月，出台《计算机软件保护条例》，对计算机软件的著作权保护进行具体规定。1993 年 3 月，原专利局根据《中华人民共和国专利法》（以下简称《专利法》）发布的《审查指南》（中华人民共和国专利局令第四号）将计算机程序纳入专利权保护范畴。1993 年 9 月，出台《反不正当竞争法》，为计算机软件的技术信息

保护提供制度依据。1995 年 4 月，发布《最高人民法院关于正确处理科技纠纷案件的若干问题的意见》（法发〔1995〕6 号）明确，计算机软件发生的纠纷属于软件开发、许可或转让合同争议的，按《中华人民共和国技术合同法》（以下简称《技术合同法》）处理；属于侵权争议的，按《著作权法》和《计算机软件保护条例》处理。1998 年 3 月，原电子工业部发布《软件产品管理暂行办法》，明确了软件产品登记备案、生产、经营的具体要求。

计算机信息系统安全保护制度。随着计算机应用的迅速发展，计算机信息系统在现代化建设中的作用日益突出，成为科学研究、生产经营以及社会管理的重要工具和手段。与此同时，利用或针对计算机信息系统的犯罪案件不断发生且呈上升趋势，对经济发展乃至社会安全稳定产生了不利影响。为了保护计算机信息系统的安全，促进计算机的规范应用和发展，将计算机信息系统纳入依法管理范围，已成为迫切的现实需要。[①] 1994 年 2 月，国务院发布实施《计算机信息系统安全保护条例》，标志着我国计算机信息系统安全保护工作走上法制化、规范化、现代化的轨道。《计算机信息系统安全保护条例》规定我国计算机信息系统安全保护范围、适用范围、安全保护制度、安全监督和法律责任等内容，首次确定对计算机信息系统实行安全等级保护制度，明确安全等级的划分标准和安全等级保护的具体办法由公安部会同有关部门制定。建立国际联网备案制度、计算机信息媒体进出境申报制度、安全事件报告制度、计算机信息系统安全专用产品销售许可证制度等。

---

① 孙琬钟主编：《中国法律年鉴（1995）》，1995 年 10 月，第 75 页。

计算机信息网络国际联网安全管理制度。随着国内计算机信息网络与国际联网的飞速发展，网络信息安全风险逐渐凸显。为加强对计算机信息网络国际联网管理，保障国际计算机信息交流健康发展，1996年2月，国务院发布实施《计算机信息网络国际联网管理暂行规定》。1998年2月，原国务院信息化工作领导小组组织制定《计算机信息网络国际联网管理暂行规定实施办法》。此后，各部门相继出台部门规章、规范性文件，对《计算机信息网络国际联网管理暂行规定》予以细化。例如，原邮电部于1996年4月发布《计算机信息网络国际联网出入口信道管理办法》（邮部〔1996〕492号）和《中国公用计算机互联网国际联网管理办法》（邮部〔1996〕493号），原国家教育委员会于1996年11月发布《中国教育和科研计算机网暂行管理办法》（教技〔1996〕55号）等。

明确计算机信息网络国际联网的相关概念与基本原则。相关立法界定了"计算机信息网络国际联网""互联网络""国际出入口信道"等重要概念，并确定了"统筹规划、统一标准、分级管理、促进发展"的基本原则。国家对国际联网的建设布局、资源利用进行统筹规划。国际联网采用国家统一制定的技术标准、安全标准、资费政策，以提高服务质量和水平。国际联网实行分级管理，即对互联单位、接入单位、用户实行逐级管理，对国际出入口信道进行统一管理。

细化对国际联网的安全管理要求。《计算机信息网络国际联网管理暂行规定》等明确，计算机信息网络直接进行国际联网，必须使用原邮电部国家公用电信网提供的国际出入口信道。建立国际联网经营许可与审批制度，接入单位拟从事国际联网经营活动的，应当向有关主管部门或者主管单位申请领取国际联网经营许可证；接入单位拟从事非经营活动的，应当报经相关主管部门或者主管单位审批。确立安全保密制度，从事国际联网业务的单位和个人，应当遵守国家有关法律、行政法规，严格执行安全保密制度等。

明确管理体制与法律责任。原国务院信息化工作领导小组负责协调、解决有关国际联网工作中的重大问题。原国务院信息化工作领导小组办公室制定具体管理办法，明确国际出入口信道提供单位、互联单位、接入单位和用户的权利、义务和责任，并负责对国际联网工作的检查监督。已经建立的互联网络，根据国务院有关规定调整后，分别由原邮电部、原电子工业部、原国家教育委员会和中国科学院管理。新建互联网络，必须报经国务院批准。对实施违反国际联网规定行为的组织和个人，由公安机关实施行政处罚。

计算机信息系统保密管理制度。这一阶段，我国重点行业、领域的计算机信息系统开始接入互联网，对加强计算机信息系统保密管理、确保国家秘密安全提出更高要求。保密行政管理部门、公安部门以及重点行业管理部门针对计算机信息系统运行过程中以及接入互联网之后存在的保密问题，出台相关立法，强化对计算机信息系统的保密管理。1998 年 2 月，国家保密局发布《计算机信息系统保密管理暂行规定》（国保发〔1998〕1 号），对采集、存储、处理、传递、输出国家秘密信息的计算机信息系统规定了安全管理要求。1999 年 8 月，原铁道部发布《铁路计算机信息网络国际联网保密管理暂行规定》（铁办〔1999〕95 号），规定与国际计算机网络联网并进行信息交流的铁路单位或职工的保密要求，并规定铁路计算机信息网络国际联网须审批。1999年12月，国家保密局发布《计算机信息系统国际联网保密管理规定》（国保发〔1999〕10号），规定国际联网的计算机信息系统应当保护国家秘密，明确向国际联网的站点提供或发布信息须经保密审批等要求。

三、构建网络信息内容管理相关制度

随着网络技术、应用的快速发展，淫秽色情、侮辱谩骂等违法信息开始在网络空间出现，侵害公民合法权益，影响网络传播秩序。对此，我国及时制定相关立法，对网络信息内容明确了规范管理要求。

明确禁止制作、查阅、复制、传播的网络信息类型。《计算机信息网络国际联网管理暂行规定》明确，从事国际联网业务的单位和个人不得制作、查阅、复制和传播妨碍社会治安的信息和淫秽色情等信息。1997年12月，公安部发布《计算机信息网络国际联网安全保护管理办法》，明确任何单位和个人不得利用国际联网制作、复制、查阅和传播下列信息：（一）煽动抗拒、破坏宪法和法律、行政法规实施的；（二）煽动颠覆国家政权、推翻社会主义制度的；（三）煽动分裂国家、破坏国家统一的；（四）煽动民族仇恨、民族歧视，破坏民族团结的；（五）捏造或者歪曲事实，散布谣言，扰乱社会秩序的；（六）宣扬封建迷信、淫秽、色情、赌博、暴力、凶杀、恐怖，教唆犯罪的；（七）公然侮辱他人或者捏造事实诽谤他人的；（八）损害国家机关信誉的；（九）其他违反宪法和法律、行政法规的。同期，《音像制品管理条例》、《电影管理条例》、《广播电视管理条例》、《电子出版物管理规定》（中华人民共和国新闻出版署令第 11 号）、《中国公众多媒体通信管理办法》（邮部〔1997〕733 号）等也对网络信息内容管理作出相关规定。

加强对利用互联网开展对外新闻宣传的管理。1997 年 3 月，国务院新闻办公室发布《利用国际互联网络开展对外新闻宣传暂行规定》，提出国家对利用国际互联网络开展对外新闻宣传，实行积极支持、促进发展、宏观指导、归口管理的方针。1999 年 10 月，中共中央办公厅转发《中央宣传部、中央对外宣传办公室关于加强国际互联网络新闻宣传工作的意见》（中办发〔1999〕33 号），明确网络新闻宣传工作发展的方向，提出要把中央主要新闻宣传单位作为网站建设重点，经过努力尽快办成全球性的名牌网站；各省、自治区、直辖市和计划单列市应集中力量建立一、两个重点新闻宣传网站；新闻媒体网站要把握正确的舆论导向，努力提高互联网新闻宣传的针对性、时效性和艺术性；要进一步完善互联网新闻宣传的规范管理等。

四、建立计算机犯罪相关刑事法律制度

随着计算机技术的面世和广泛应用，涉计算机的犯罪成为各国面临的普遍问题。接入国际互联网后，我国出现了一些计算机犯罪案件，涉及利用计算机进行经济犯罪，实施破坏计算机信息系统、危害国家安全等活动。计算机犯罪具有专业性强、隐蔽性高、取证要求高、破案难度大等特点，对传统刑事法律规范构成严峻挑战。

通过传统罪名规制计算机相关犯罪。1994 年 6 月，最高人民检察院、原国家科学技术委员会发布《关于办理科技活动中经济

犯罪案件的意见》（高检会〔1994〕26 号），明确计算机软件属于技术秘密范畴，非法窃取不为公众所知悉，具有实用性、能为拥有者带来经济利益或竞争优势，并为拥有者采取保密措施的计算机软件，情节严重的，以盗窃罪追究刑事责任。1997 年 3 月修订后的《刑法》规定，利用计算机实施金融诈骗、盗窃、贪污、挪用公款、窃取国家秘密或者其他犯罪的，依照该法有关规定定罪处罚。

设立具体罪名惩治计算机犯罪。修订后的《刑法》还增加了"非法侵入计算机信息系统罪""破坏计算机信息系统罪"，填补了我国计算机犯罪罪名的立法空白。非法侵入计算机信息系统罪明确惩治违反国家规定，侵入国家事务、国防建设、尖端科学技术领域的计算机信息系统的行为；破坏计算机信息系统罪旨在规制对计算机信息系统功能进行删除、修改、增加、干扰，对计算机信息系统中存储、处理或者传输的数据和应用程序进行删除、修改、增加的操作，以及故意制作、传播计算机病毒等破坏性程序的行为。

第四节　网络执法和司法活动逐步开展

这一阶段，我国注重发挥执法、司法手段在法治建设中的重要作用，依法行政水平已成为衡量政府工作的重要标尺。《国民经济和社会发展"九五"计划和 2010 年远景目标纲要》提出，要加强经济司法和行政执法，做到有法必依，执法必严，违法必究。互联网作为经济社会的重要组成部分，亟需提升依法管理的效力和水平。网络执法和司法活动针对涉网重点问题逐步展开。

一、着重保护网络知识产权

这一时期，网络领域的知识产权保护日益成为各方关注重点。我国制定了《专利法》《技术合同法》《著作权法》《反不正当竞争法》《计算机软件保护条例》等法律法规，加入相关国际条约，初步形成了知识产权保护法律体系。1994 年 7 月，《国务院关于进一步加强知识产权保护工作的决定》（国发〔1994〕38 号）提出，各级著作权行政管理部门和工商行政管理部门要严肃处理计算机软件的盗版行为。为促进科技事业和技术市场的发展，司法部门探索加强对知识产权等案件的审理，强化知识产权保护力度。

为适应审判工作需要，北京、广东、上海、海南、福建、深圳等地人民法院相继设立知识产权审判庭，依法审判涉计算机知识产权纠纷案件。1995 年 4 月，最高人民法院在调查研究基础上，制定《最高人民法院关于审理科技纠纷案件的若干问题的规定》（法发〔1995〕6 号）等司法解释。司法实践中出现大量网络知识产权纠纷案例，例如，北京甲骨文软件系统有限公司诉北京市巨龙电脑系统集成工程公司计算机软件侵权案、微软公司诉北京海四达公司和北京民安公司侵犯软件版权案、陈某诉《电脑商情报》网上作品侵权案、王某等作家诉世纪互联通讯技术有限公司侵犯网络著作权案等。

此外，网络信息内容引发的名誉权纠纷、IP 电话业务经营许可引发的行政诉讼等涉网案件在这一时期陆续出现，管辖法院依法审理、定分止争，积累了网络审判经验，推动网络司法工作在探索中发展。

二、依法打击网络违法犯罪活动

这一阶段网络相关违法犯罪出现并呈增长趋势。1994 年我国计算机犯罪的最大单起案件损失额已达 1400 万元。1998 年我国公安机关受理信息网络违法犯罪为 100 多起，1999 年增至 400 多起。同时，我国网络安全也面临境外威胁，一些国家和组织开始通过网络攻击和间谍活动获取敏感信息、破坏网络设施，给我国国家安全和社会稳定带来了威胁。为应对日益严峻的网络违法犯罪形势，有关部门依法加大打击力度，维护网络安全和社会秩序。

保护网络基础设施。这一时期，开始出现破坏通信基础设施等案件，司法机关依法开始重点惩治盗窃、破坏通信设施和设备等违法犯罪活动。《最高人民检察院工作报告（1995 年）》提出，1994 年批捕盗窃、破坏铁路、油田、电力、通讯设备的案犯 4477 名，查办妨害邮电通讯和侵犯公民通信自由案 104 件。

维护计算机系统和网络安全。随着我国网络法律制度的建立，一些典型的计算机信息系统犯罪得到有力惩处。自 20 世纪 90 年代初，公安机关即开始网络犯罪的侦查打击工作，根据犯罪形势，这一阶段主要依法打击黑客攻击等针对计算机的犯罪。1998 年 6 月，上海某信息网遭到黑客攻击。同年 7 月，犯罪嫌疑人被以"破坏计算机信息系统"罪名侦查批捕并移送审查起诉。1999 年 8 月，广东省广州市中级人民法院审理破坏计算机信息系统犯罪案件。

伴随计算机和网络的高速发展和快速普及，一些不法分子开始利用计算机技术手段实施违法犯罪，案件的隐蔽性、危害性和侦破难度显著增加。1995 年 4 月，全国公安机关首次开展了严厉打击利用计算机技术制作、贩卖淫秽物品的专项整治行动，收缴各类淫秽软盘 3.4 万余张、光盘 2.3 万余张，处理各类违法人员 500 余人。《最高人民检察院工作报告（1996 年）》提出，各地检察机关积极参与全国集中行动，摧毁了一些地方的"制黄""贩黄"网络和非法出版窝点，依法严惩了一批犯罪分子。1999 年 12 月，江苏省扬州市中级人民法院审理利用计算机盗窃银行巨款案。

三、积极探索司法信息化建设

随着社会主义市场经济的不断发展，需要运用法律手段调节的社会关系日益增多，全国各级司法机关受理的各类案件大幅增加，需要运用现代化手段，建设计算机网络，加强科学管理，提高办案、办公效率和质量。我国司法机关开始应用计算机辅助工作，探索推进信息化建设。

推进审判机关信息化建设。1996 年，最高人民法院召开"全国法院通信及计算机工作会议"，布置全国法院的计算机网络基础建设工作，印发《全国法院计算机信息网络系统建设规划》（法〔1996〕54 号），为全国法院构建网络化信息系统奠定了基础。同年，最高人民法院印发《全国法院计算机信息网络建设管理暂行规定（试行）》（法〔1996〕55 号）、《全国法院计算机工作"九五"计划纲要及 2010 年远景目标设想》（法〔1996〕53 号），加强对各级法院计算机信息网络建设的管理，积极提高办案质量和效率。

推进检察机关信息化建设。1994 年，最高人民检察院印发

《关于印发〈中华人民共和国最高人民检察院检察信息系统标准体系〉等几个文件的通知》，确立检察信息系统建设统一规划、统一编码、统一机型、统一软件设计规范、统一数据格式的信息系统设计原则。1999 年，最高人民检察院印发《关于成立最高人民检察院信息化领导小组的通知》，归口管理全国检察院系统信息化建设工作。同年，最高人民检察院办公厅印发《关于加强检察机关接入因特网管理的通知》（含附件《检察机关域名管理办法》）（〔1999〕高检办发第 152 号），明确加强检察机关信息化建设，促进检务公开。

第五节　网络法治宣传教育与法学研究逐渐兴起

这一阶段，我国网络法治宣传教育主要嵌入在传统法律法规普法工作中，侧重对涉网法律制度的宣传普及。相关法治研究逐渐兴起，一些全国性、国际性的网络问题研究论坛、研讨会相继举办，部分重点科技期刊、法学期刊开始发表与网络治理相关的研究成果。

一、网络法治宣传教育初步开展

社会主义法治建设加快推进，普法工作作为国家法治工作的重要环节进一步强化。1990 年 12 月，《中央宣传部、司法部关于在公民中开展法制宣传教育的第二个五年规划》提出："在全体公民中继续深入学习宪法。认真学习行政诉讼法、义务教育法、集会游行示威法、国旗法以及全国普法主管机关确定需学习的新颁布的法律、法规。"1996 年 4 月，《中央宣传部、司法部关于在公民中开展法制宣传教育的第三个五年规划》提出，继续开展宪法知识和与公民工作、生活密切相关的基本法律知识以及与维护社会稳定有关的法律知识教育；着重抓好社会主义市场经济法律知识的普及，围绕规范市场主体、维护市场秩序、加强和改善宏观调控、建立社会保障、促进对外开放等环节，有针对性地普及有关法律、法规知识。

这一阶段，网络领域法律体系建设尚处于探索时期，网络法治宣传教育的主要内容是对综合性法律法规进行普法。《刑法》《著作权法》《专利法》《反不正当竞争法》等法律中有关计算机犯罪、计算机软件知识产权保护等条款，逐渐被公众了解和关注。

二、网络相关法学研究开始萌芽

网络法律相关研讨活动逐渐开展。例如，1994 年 11 月，第一次中国教育和科研计算机网管委会和专家委员会联席会议召开，研究讨论了全国性计算机互联网络的管理办法"中国教育和科研计算机网 CERNET 管理办法（试行）"。1998 年 9 月，主题为"电子商务：金融业的机遇与挑战"的"98 金融科技学术研讨会"在原中国金融学院召开，交流电子商务认识、电子商务法律问题、网上金融服务等。

网络法学相关出版物陆续出现。20 世纪 80 年代，有学者开始提出信息法概念。1995 年，由信息学专家和法律专家合著的《信息法学》详细阐释了信息法的概念，尝试将其界定为调整在信息活动中产生的各种社会关系的法律规范的总称，信息活动被理解为包括信息的获取、加工、处理、传播、存储等。"信息法学"作为一个新学科主张进入法学学科建设视野。20世纪90年代中后期，随着互联网在我国的快速发展，"网络法学"的主张也开始出现。

法学学术研究关注网络治理问题。专家学者围绕网络设施安全防护、网络信息内容管理、网络犯罪等新问题，发表系列学术研究成果。从研究领域看，有关成果关注网络设施建设问题，探讨网络设施建设对国家安全、经济秩序等带来的挑战，建议加快立法，弥补制度空白。研究网络信息内容管理，讨论网络意识形态斗争、抵御不良文化渗透、打击色情信息等问题，提出通过加强国际合作、增强网络经营者和用户自我约束等共同应对风险。探讨网络知识产权保护，提出我国知识产权立法要考虑网络环境下数据保护、商标保护的新问题等。分析网络犯罪问题，总结计算机犯罪的主要类型，提出从立法、执法、司法、教育和国际合作等方面预防计算机犯罪。关注个人网络权益保护，讨论伴随网络发展可能存在的名誉权、著作权侵权等问题，研究网络色情、暴力信息等对未成年人身心健康的危害，提出保护用户网络权益等。此外，还关注电子商务、电子合同、电子货币等新业态的规范发展等。

第三章

网络法治建设加快推进

（2000—2011 年）

进入 21 世纪，我国深化改革开放，以加入世界贸易组织为契机，积极融入经济全球化大潮，推进全面建设小康社会进程。这一背景下，我国互联网技术创新能力不断提升，基础设施不断完善，业务应用迅猛发展，具有国际影响力的互联网产业培育壮大，对法治建设提出了新的要求。党的十六大报告提出"必须增强法制观念，善于把坚持党的领导、人民当家作主和依法治国统一起来，不断提高依法执政的能力"，明确"到二〇一〇年形成中国特色社会主义法律体系"。我国积极营造有利于互联网发展的法治环境，网络法治进入加快推进阶段，网络安全、互联网信息服务管理、网络民事权利保护等方面的法律制度进一步完善，网络执法机制不断创新，网络权益司法保护持续加强，网络法制宣传教育和网络法治研究深入开展，网络法治领域的国际交流合作积极推进。

第一节 互联网发展进入快车道

这一时期，是我国进行经济结构战略性调整、完善社会主义市场经济体制和扩大对外开放的重要时期，也是信息产业快速发展的关键时期。党的十五届五中全会提出："继续完成工业化是我国现代化进程中的艰巨的历史性任务，大力推进国民经济和社会信息化，是覆盖现代化建设全局的战略举措。以信息化带动工业化，发挥后发优势，实现社会生产力的跨越式发展。"党的十六大报告明确提出优先发展信息产业。党的十七大报告进一步提出大力推进信息化与工业化融合。我国不断加快国民经济和社会信息化，加强信息基础设施建设。截至2011年底，我国网民规模达到5.13亿，手机网民规模达到3.56亿，互联网普及率达38.3%。互联网全面渗透到经济社会的各个领域，成为生产建设、经济贸易、科技创新、公共服务、文化传播、生活娱乐的新型平台和变革力量。

一、基础设施日益完善

互联网基础设施的建设完善为互联网的普及应用提供了有力支撑。《中华人民共和国国民经济和社会发展第十一个五年规划纲要》（以下简称《国民经济和社会发展第十一个五年规划纲要》）提出，完善信息基础设施，积极推进"三网融合"，建设和完善宽带通信网，加快发展宽带用户接入网，稳步推进新一代移动通信网络建设。《信息产业"十一五"规划》提出，进一步加强信息基础设施建设。《互联网行业"十二五"发展规划》提出，我国已建成超大规模的互联网基础设施，网络通达所有城市和乡镇，形成了多个高性能骨干网互联互通、多种宽带接入的网络设施。

骨干网架构持续优化。这一时期，中国公用计算机互联网、中国金桥信息网、中国联通计算机互联网等骨干网不断加强自身建设、升级网络设备、扩容带宽、优化网络组织结构。截至 2011 年底，固定宽带覆盖大部分城市和乡镇，骨干网带宽超过 30 太比特每秒（Tbps），网络质量得到明显改善，为全社会信息化发展奠定了重要基础。骨干互联网通过 3 个国际互联网通信出入口和 40 多个海外骨干网络海外延伸节点等基础设施，与 20 多个国家和地区的多个网络相互连接，国际出入口带宽增长 7 倍，超过 1Tbps。

互联网资源拥有量大幅增长。随着互联网普及率攀升，我国互联网资源拥有量不断增长。截至 2011 年底，IPv4 地址总量达到 3.3 亿，我国域名总数达到 775 万个，".COM"域名数量达到 364 万个，".CN"域名总数从 1999 年底的 4.9 万个增长到 353 万个。网站数量达到 230 万个，网页数量达到 866 亿个。[①]

下一代互联网取得快速进展。为有效应对日益增长的 IPv4 地址需求量与有限总量之间的矛盾，我国提前布局 IPv6 互联网资源，积极推动相关战略落地。2003 年，国务院正式启动"中国下一代互联网示范工程"（CNGI）。2011 年底，我国已建成全球最大的 IPv6 示范网络，并在网络建设、应用试验和设备产业化等方

---

① 中国互联网络信息中心（CNNIC）：《第 29 次中国互联网络发展状况统计报告》，2012 年 1 月。

面取得阶段性成果。2011 年 7 月，国务院印发《"十二五"国家战略性新兴产业发展规划》（国发〔2012〕28 号），明确我国下一代信息网络产业发展路线图，面向未来的下一代网络架构稳步推进。

二、互联网技术加快创新

这一阶段，信息技术创新成为经济社会发展的重要动力。《中华人民共和国国民经济和社会发展第十个五年计划纲要》（以下简称《国民经济和社会发展第十个五年计划纲要》）提出，积极推进高技术研究，在有相对优势或战略必争的关键领域取得突破，在一些关系国家经济命脉和安全的高技术领域，提高自主创新能力，努力实现产业化。重点攻克高速宽带网、高性能计算机、超大规模集成电路、大型应用软件、国家空间信息应用与服务等信息技术。我国坚持引进技术和消化吸收再创新相结合，逐步实现了从技术引进到自主创新、从紧密跟随到引领发展的新跨越。

移动通信技术成果丰硕。我国移动通信从"2G 跟随""3G 突破"，进而实现"4G 同步"。2000 年，我国自主研发的 3G 技术标准获得国际电信联盟认可，成为国际电信联盟认可的三大国际 3G 标准之一。截至 2011 年底，3G 用户达到 1.28 亿。[1] 同时，我国积极布局 4G 网络，我国提交的 4G 标准被国际电信联盟确定为新一代移动通信国际标准。

云计算技术探索发展。这一阶段，中国电信"e 云"、中国移

---

[1]　工业和信息化部：《2011 年全国电信业统计公报》，2012 年 1 月 19 日。

动"大云"、华为"Cloud+"、阿里巴巴"阿里云"等云计算平台
和云服务陆续推出。2011 年，我国云计算市场规模达到 315.54 亿
元。[1] 云计算开拓了全新的商业模式，为网络应用模式带来了新
变革。

物联网技术研发进程加快。我国物联网发展与全球同处于起步
阶段。"感知中国"战略于 2009 年提出并于次年写入政府工作报
告，物联网被列为国家五大新兴战略性产业之一。2009 年 11 月，
中国科学院、江苏省政府、无锡市政府签署合作协议，成立中国物
联网研究发展中心；同月，中关村物联网产业联盟成立，集聚产业
链上下游 40 余家机构。我国在传感器网络接口、标识、安全、传
感器网络与通信网融合、物联网体系架构等方面相关技术标准的研
究取得进展，成为国际标准化组织（ISO）传感器网络标准工作组
（WG7）的主导国之一。[2]

三、互联网产业快速壮大

互联网在促进经济结构调整、转变经济发展方式等方面发挥着
重要作用，成为推动我国经济发展的重要引擎。这一阶段，我国互
联网产业快速发展，互联网服务业形成千亿元级市场，企业规模不
断壮大，终端设备蓬勃发展。

**形成以互联网基础服务业为主、互联网信息服务业快速发展的
产业结构**。《中国互联网产业发展研究报告》显示，2009 年，我国

---

① 中国互联网协会、中国互联网络信息中心（CNNIC）：《2012 年中国互联网发展
报告》，电子工业出版社 2012 年版，第 401 页。

② 工业和信息化部：《物联网"十二五"发展规划》，2011 年 11 月。

互联网产业的营业收入约为 2627.3 亿元，其中互联网基础服务业营业收入约为 1958.8 亿元，占产业规模的 74.6%，年增速超过 20%；互联网信息服务业营业收入约为 668.5 亿元，占产业规模的 25.4%，年增速将近 30%。①

互联网企业不断发展壮大。自 2002 年至 2008 年，互联网信息服务领域年新开业法人单位从 538 个增加到 1258 个。② 我国互联网企业逐渐在国际互联网业界崭露头角，截至 2011 年底，我国在境内外上市的互联网企业达 77 家，部分企业进入了全球互联网企业市值排名前列。2001 年加入世界贸易组织后，我国积极履行世界贸易组织成员义务，不断简化和优化互联网领域外商投资审批流程，积极合理有效利用外资，一些国外互联网企业陆续进入我国市场。

终端设备蓬勃发展。随着宽带技术的普及和互联网基础设施的完善，终端设备产量不断增长，手机、平板电脑等移动终端设备逐渐普及。2011 年我国手机产量达到 11.3 亿部，较上年增长 13.5%，占全球出货量的比重为 70.6%，计算机产量达到 3.2 亿台，较上年增长 30.3%，占全球出货量的比重为 90.6%，两类产品占全球出货量的比重均名列世界第一。③ 固定终端和移动终端升级换代，促进应用创新不断涌现，人民群众上网用网更加便捷，手机普及率达到 73.6 部/百人④，

---

① 国务院第二次全国经济普查领导小组办公室、中国互联网络信息中心（CNNIC）：《中国互联网产业发展研究报告》，2008 年。
② 国务院第二次全国经济普查领导小组办公室、中国互联网络信息中心（CNNIC）：《中国互联网产业发展研究报告》，2008 年。
③ 工业和信息化部：《2011 年电子信息产业统计公报》。
④ 工业和信息化部：《2011 年电子信息产业统计公报》。

使用手机上网的网民占整体网民比例达到 69.3%①，城镇居民计算机拥有率超过 70 台/百户②，人民生产生活更加便利便捷。

四、互联网应用迅猛发展

随着互联网上网设备日益普及，互联网应用也在这一阶段迅猛发展。《信息产业"十五"计划纲要》提出，积极发展电子商务、远程教育、远程医疗、网上办公等业务，鼓励和促进在网络上的各项应用。我国互联网应用规模尤其是移动应用规模快速扩大，社交类、搜索引擎类、网络娱乐类、电子商务类等应用快速拓展、影响广泛。

移动应用规模快速扩大。随着宽带、无线网络流量资费的逐年下降、上网设备的加快普及和网民规模的极大提升，互联网应用数量快速增加。以移动数据分析公司 Flurry 的统计为例，2011 年 1 月至 10 月，我国移动应用下载总量同比增长 870%，增速位居全球第一，是移动应用使用量排名前 100 的国家和地区整体增速的 4 倍。我国成为世界第二大移动应用商店使用国。截至 2011 年底，苹果应用商店中国区应用数量达 52 万，安卓市场中在国内使用的应用数量达 27 万。

社交类应用用户群体不断扩大。这一阶段，博客、即时通信工具等应用逐渐兴起，网民开始在网络上分享信息和交流互动。截至 2011 年底，我国社交网站用户数量达 2.44 亿。即时通信应用例如

---

① 中国互联网络信息中心（CNNIC）：《第 29 次中国互联网络发展状况统计报告》，2012 年 1 月。

② 工业和信息化部：《2011 年电子信息产业统计公报》。

QQ、飞信等逐渐成为大众日常沟通交流的主要工具。截至 2011 年底，我国即时通信用户规模达 4.15 亿，整体网民使用率达 80.9%，即时通信工具成为本阶段我国网民使用频率最高的应用；我国微博应用用户规模较上一年增长 296%。①

网络娱乐类应用成为使用热点。多元化的网络娱乐应用涌现，参与用户群体不断扩大，网络娱乐类应用逐渐成为网民生活的重要组成部分。截至 2011 年底，网络音乐、网络视频、网络游戏应用用户规模均在 3 亿以上，使用率分别达到 75.2%、63.4%、63.2%，网络文学应用用户规模也达到 2 亿以上。网络视频行业发展势头较好，用户规模同比增加 14.6%。

电子商务类应用逐渐兴起。随着网络的普及和大众网络购物需求增长，淘宝、京东等电商平台发展壮大，在线购物以其方便快捷等优势逐渐成为主要购物方式之一。同时，支付宝、财付通等在线支付平台的出现，提升了支付便利性，助推网络购物更为广泛。网络购物、网上支付、网上银行、团购等应用的用户规模全面增长。2011 年，我国网络购物应用用户规模达到 1.94 亿，网上支付、网上银行应用用户规模均在 1.6 亿以上，团购应用用户规模较上一年增长 244.8%。

电子政务类应用加快推广。电子政务建设深入推进，富有成效的典型应用不断涌现。2001 年，全国政府网站建设范围延伸到乡镇级政府，并开始向社会发布政府部门信息，数字福州等具有典型创新的电子政务发展模式开始涌现，政府专网、业务系统建设逐渐

---

① 中国互联网络信息中心（CNNIC）:《第 29 次中国互联网络发展状况统计报告》，2012 年 1 月。

铺开。2006 年 1 月，中华人民共和国中央人民政府门户网站开通。
截至 2009 年 1 月，全国已开通 4.5 万多个政府门户网站，.gov.cn 域
名已达 45555 个，较 1997 年 10 月增长了 141 倍。"十一五"期间，
中央和省级政务部门主要业务电子政务覆盖率达到 70%，金关、
金税、金盾、金审等一批国家电子政务重要业务信息系统应用进一
步深化，教育、医疗、就业、社会保障、行政审批和电子监察等方
面电子政务积极推进，食品药品安全、社会治安、安全生产、环境
保护、城市管理等方面电子政务应用加快普及。

第二节　积极贯彻落实依法治国基本方略

　　党和国家高度重视社会主义法治建设，持续完善中国特色社会
主义法律体系。党的十六大报告将"社会主义法制更加完备，依
法治国基本方略得到全面落实"作为全面建设小康社会的目标之
一。党的十七大报告进一步强调"坚持依法治国基本方略，树立
社会主义法治理念，实现国家各项工作法治化，保障公民合法权
益"。到 2010 年底，中国特色社会主义法律体系已经形成，国家经
济建设、政治建设、文化建设、社会建设以及生态文明建设的各个
方面实现有法可依。① 在这一历史进程中，我国在网络领域积极贯
彻落实依法治国基本方略，确立网络法治基本思路，大力推进网络
法治建设，形成"分工负责、齐抓共管"的管理格局，② 推动多主

---

① 国务院新闻办公室：《中国特色社会主义法律体系》白皮书，2011 年 10 月。
② 工业和信息化部：《互联网行业"十二五"发展规划》，2012 年 5 月。

体进一步参与网络治理，依法治网深入推进。

一、提出网络法治建设要求

党中央高度重视信息化发展，深入实施依法治国基本方略，针对网络法治建设提出了明确要求。2001 年 7 月，中共中央在中南海怀仁堂举办关于运用法律手段保障和促进信息网络健康发展的法制讲座。江泽民同志强调，"要充分认识依法保障和促进信息网络健康发展的重要性"，"要加强和完善信息网络立法"，"要加强信息网络方面的执法和司法"，"要积极参与国际信息网络方面规则的制定"，"要加强信息网络管理人才的培养"。2006 年 10 月，党的十六届六中全会通过的《中共中央关于构建社会主义和谐社会若干重大问题的决定》提出，"加强对互联网等的应用和管理，理顺管理体制，倡导文明办网、文明上网，使各类新兴媒体成为促进社会和谐的重要阵地"。2007 年 1 月，十六届中央政治局就"世界网络技术发展和我国网络文化建设与管理"进行第三十八次集体学习。胡锦涛同志强调，"要坚持依法管理、科学管理、有效管理，综合运用法律、行政、经济、技术、思想教育、行业自律等手段，加快形成依法监管、行业自律、社会监督、规范有序的互联网信息传播秩序，切实维护国家文化信息安全"。2007年 10 月，党的十七大报告强调，加强网络文化建设和管理，营造良好网络环境。

这一阶段，我国注重处理好网络发展与管理之间的关系，在构建中国特色社会主义法律体系的进程中，加快解决网络领域"有法可依"的问题，不断完善互联网管理领导体制机制，协调推进网络法治建设。

二、完善互联网管理领导体制机制

这一阶段，为进一步协调推动信息化建设，加强和改进互联网管理，我国加强对信息化建设和互联网管理的领导，在国家层面重新组建国家信息化领导小组，健全互联网行业管理体系，完善网络信息内容管理和网络安全管理机制。

加强对推进信息化建设和维护国家信息安全工作的领导。2001年，中共中央、国务院决定重新组建国家信息化领导小组，以进一步加强对推进我国信息化建设和维护国家信息安全工作的领导，同时单设办事机构，正式成立国务院信息化工作办公室。与1999年成立的国家信息化工作领导小组相比，重新组建的领导小组规格更高。此外，党中央、国务院批准成立国家信息化专家咨询委员会，负责为国家信息化领导小组提出咨询建议。

建立健全网络信息内容管理机制。这一阶段，互联网逐步深入经济社会发展的各方面，相关部门在各自职责范围内依法对互联网信息内容实施监督管理。《互联网信息服务管理办法》规定，国务院信息产业主管部门和省、自治区、直辖市电信管理机构依法对互联网信息服务实施监督管理，新闻、出版、教育、卫生、药品监督管理、工商行政管理和公安、国家安全等有关主管部门，在各自职责范围内依法对互联网信息内容实施监督管理。在此基础上，国务院有关部门进一步明确网络信息内容管理职能，例如，2001年《新闻出版总署（国家版权局）职能配置、内设机构和人员编制规定》（国办发〔2001〕97 号）明确原新闻出版总署负责"审核互联网从事出版信息服务的申请，对互联网出版信息内容实施监督管理"。2005 年 9 月，国务院新闻办公室、原信息产业部公布《互联网新闻信息服务管理规定》，明确国务院新闻办公室主管全国的互联网新闻信息服务监督管理工作。

适应形势任务发展需要，国家建立网络信息内容管理协调机制。2011 年 5 月，国家互联网信息办公室成立，主要职责包括落实互联网信息传播方针政策和推动互联网信息传播法制建设，指导、协调、督促有关部门加强互联网信息内容管理，负责网络新闻业务及其他相关业务的审批和日常监管，组织、协调网上宣传工作，依法查处违法违规网站，在职责范围内指导各地互联网有关部门开展工作等。

完善网络安全管理机制。公安机关、国家安全机关等部门负责网络安全监督管理，依法查处打击各类网络违法犯罪活动。① 《全国人民代表大会常务委员会关于维护互联网安全的决定》明确，利用互联网实施违法行为，违反社会治安管理尚不构成犯罪的，由公安机关依照《中华人民共和国治安管理处罚法》（以下简称《治安管理处罚法》）予以处罚；人民法院、人民检察院、公安机关、国家安全机关要各司其职，密切配合，依法严厉打击利用互联网实施的各种犯罪活动。《电信条例》规定，危害电信网络安全和信息安全的行为尚不构成犯罪的，由公安机关、国家安全机关依照有关法律、行政法规的规定予以处罚。2011 年 1 月，国务院公布修订后的《计算机信息系统安全保护条例》《计算机信息网络国际联网

---

① 国务院新闻办公室：《中国互联网状况》白皮书，2010 年 6 月。

安全保护管理办法》，规定由公安部主管全国计算机信息系统安全保护工作，公安部计算机管理监察机构负责计算机信息网络国际联网的安全保护管理工作。国家安全部、国家保密局和国务院其他有关部门，在国务院规定的职责范围内做好计算机信息系统安全保护的有关工作。

建立互联网行业管理体系。初步形成以《电信条例》《互联网信息服务管理办法》等为基础的法规框架，明确互联网市场准入、互联与结算、资源管理、网络与信息安全等方面制度要求。基本建成覆盖事前、事中、事后三个环节，法律、行政、技术、经济手段和行业自律相结合的互联网市场监管体系。互联网基础管理成效显著，形成互联网资源部省两级管理机制，实行网站备案和 IP 地址备案管理，规范了域名注册服务。安全管理制度与技术手段不断强化，明确了企业网络信息安全责任，建立了安全防护、信息通报和应急处置等管理制度。国家通信管理部门负责互联网行业管理，包括互联网基础资源管理和统筹规划、监督电信与信息服务市场等。2008 年，根据十一届全国人大一次会议批准的国务院机构改革方案，组建工业和信息化部，将原信息产业部和原国务院信息化工作办公室的职责划入工业和信息化部。

三、多主体参与网络治理

我国重视发挥产学研用各方力量，推动多主体参与网络治理。2001 年，原信息产业部发布《信息产业"十五"计划纲要》，提出要充分发挥行业协会、学会及消费者组织等中介机构的作用，提高政府管理决策的民主参与度和透明度，推动行业自律。2006 年，中共中央办公厅、国务院办公厅印发《2006—2020 年国家信息化发展战略》（中办发〔2006〕11 号），强调构建政府、企业、行业协会和公民相互配合、相互协作、权利与义务对等的治理机制，营造积极健康的互联网发展环境。

行业协会发挥桥梁纽带作用。积极发挥行业协会联系政府、服务企业、促进行业自律的功能，把行业协会作为加强和改善行业管理的重要支撑，提升互联网管理效能。2001 年 5 月，中国互联网协会成立。该协会制定并发布系列自律规范，积极投身互联网公益活动，助力加强互联网行业自律。这一阶段，中国青少年网络协会、中国网络视听节目服务协会等相继成立。互联网行业组织和互联网企业加强行业自律，建立健全各项自律性管理制度和约束机制，为营造文明健康、公平竞争、规范发展的行业生态环境作出多方努力，取得了良好效果。

专业机构成为网络治理重要力量。相关网络技术专业研究机构在互联网网络安全事件处理、信息安全测评等方面，协助相关政府部门开展管理工作。2001 年 8 月，国家计算机网络应急技术处理协调中心（CNCERT）成立，主要职责是开展互联网网络安全事件的预防、发现、预警和协调处置等工作，维护我国公共互联网安全，保障关键信息基础设施的安全运行。该中心在协调重要信息基础设施运营单位、域名服务机构和其他应急组织共同处理网络安全事件方面发挥了积极作用。例如，发起成立中国反网络病毒联盟，推动网络病毒的防范、治理工作；发起建立国家信息安全漏洞共享平台，建立软件安全漏洞统一收集验证、预警发布和应急处置体系。此外，2001 年 5 月，中国信息安全产品测评认证中心成立，负责我国信息安全测评与认证工作。这些专业机构在维护网络与信息安全等方面提供了专业支撑，丰富了互联网治理的方式手段。

网民参与网络监督。出台文件鼓励公众参与有关网络服务的社会监督。例如，2002 年 9 月，国务院公布《互联网上网服务营业场所管理条例》，鼓励公民、法人和其他组织对互联网上网服务营业场所经营单位的经营活动进行监督。北京、上海、重庆等地陆续公布举报网吧等互联网上网服务营业场所违法行为的相关奖励办法，调动公众参与社会监督的积极性。设立专门机构受理公众举报。这一阶段，我国先后成立了互联网违法和不良信息举报中心、网络违法犯罪举报网站、12321 网络不良与垃圾信息举报受理中心、"扫黄打非"新闻出版版权联合举报中心等公众举报受理机构，促进公众对互联网服务的监督。例如，12321 网络不良与垃圾信息举报受理中心 2011 年收到举报 257560 件次。

第三节　网络法律制度逐步完善

党的十六大提出，"必须始终紧紧抓住发展这个执政兴国的第一要务"，"大力推进信息化，加快建设现代化"。为适应互联网技术产业发展的新趋势和我国加入世界贸易组织的新形势，应对互联网发展中出现的网络攻击、网络病毒传播、网络违法和不良信息、侵犯知识产权和网络交易不规范等问题，我国加快网络法律制度建设进程，营造积极健康的网络发展环境。以《全国人民代表大会常务委员会关于维护互联网安全的决定》《电信条例》《互联网信息服务管理办法》为代表的网络领域专门法律法规陆续出台,《中华人民共和国侵权责任法》（以下简称《侵权责任法》）等相关立法制定完善，网络安全、电信业务、互联网信息服务、网络市场秩序等相关法律制度逐步建立健全。

一、加快完善网络安全法律制度

伴随着互联网技术产业的快速发展，网络安全风险挑战日益增加，网络安全相关违法犯罪活动呈现上升趋势。我国加快推进网络安全立法，初步建立了网络安全法律制度框架。

明确互联网安全管理基础要求。2000 年 12 月，九届全国人大常委会第十九次会议通过《全国人民代表大会常务委员会关于维护互联网安全的决定》，将互联网安全划分为互联网运行安全和互联网信息安全，明确各级人民政府及有关部门要采取积极措施，在促进互联网的应用和网络技术的普及过程中，重视和支持对网络安全技术的研究和开发，增强网络的安全防护能力。规定有关主管部门要防范和制止利用互联网进行的各种违法活动，为互联网的健康发展创造良好的社会环境。

加强网络安全保障。2000 年 9 月，国务院公布《电信条例》，对电信网络安全和信息安全、电信设施保护、用户通信自由和通信秘密保护等方面作出规定。同月，国务院公布《互联网信息服务管理办法》，规定从事经营性互联网信息服务应当有健全的网络与信息安全保障措施，包括网站安全保障措施、信息安全保密管理制度、用户信息安全管理制度。

相关部门规章和规范性文件规定了网络安全具体规则。2000年 4 月，公安部公布《计算机病毒防治管理办法》（中华人民共和国公安部令第 51 号），对计算机病毒的认定、禁止传播要求、防治产品生产和检测、报告义务及监督管理等作了规定，加强对计算机病毒的预防和治理，保障计算机信息系统安全。2005 年 12 月，公安部公布《互联网安全保护技术措施规定》（中华人民共和国公安部令第 82 号），明确了互联网服务提供者和联网使用单位应当落实有关互联网安全保护技术措施，包括防范计算机病毒和网络入侵、记录和留存相关信息等。2010 年 1 月，工业和信息化部公布《通信网络安全防护管理办法》（中华人民共和国工业和信息化部令第11 号），规定了通信网络安全防护工作的原则、程序和标准，保障通信网络安全畅通和防范非法控制。此外，国务院有关部门陆续发布《信息安全等级保护管理办法》（公通字〔2007〕43 号）、《互联网网络安全信息通报实施办法》（工信部保〔2009〕156 号）、《木马和僵尸网络监测与处置机制》（工信部保〔2009〕157 号）、《电信网络运行监督管理办法》（工信部电管〔2009〕187 号）等规范性文件，积极落实网络运行安全要求。

二、持续健全电信业务管理制度

这一阶段，我国电信改革不断深化，电信业务管理制度不断完善。《电信条例》和相关规定的陆续出台，为我国电信业务管理夯实制度基础。

（一）电信基础设施建设管理制度

信息化发展离不开基础设施的建设和完善。《国民经济和社会发展第十个五年计划纲要》提出："健全信息网络体系，提高网络容量和传输速度。大力发展高速宽带信息网，重点建设宽带接入网，适时建设第三代移动通信网。强化网络与信息安全保障体系建设。建设基础国情、公共信息资源、宏观经济数据库及其交换服务中心，完善地理空间信息系统。促进电信、电视、计算机三网融合。"为推动电信基础设施的安全建设和安全防护，我国积极构建完善电信基础设施法律制度。

建立完善境内电信基础设施建设和管理制度。为了保证公用电信网的安全畅通，加强电信设备进网管理，维护电信用户和电信业务经营者的合法权益，2001年5月，原信息产业部公布《电信设备进网管理办法》（中华人民共和国信息产业部令第11号），对接入公用电信网的电信终端设备、无线电通信设备和涉及网间互联的设备，明确实施进网许可管理的具体要求。为加强电信建设的统筹规划和行业管理，促进电信业健康、有序发展，2002年1月，原信息产业部、原国家发展计划委员会联合公布《电信建设管理办法》（中华人民共和国信息产业部、国家发展计划委员会令第20号），明确将境内公用电信网、专用电信网和广播电视传输网新建、改建和扩建活动纳入管理，将全国性电信网络工程和国际电信建设项目作为电信建设管理的重点，确定全国和省级电信行业发展规划的制定权限，并对电信建设项目审批、市场管理等内容进行了规定。

明确国际通信设施建设管理制度。为加强国际通信出入口局管理，维护国家利益，促进国际通信健康、有序地发展，2002年6月，原信息产业部公布《国际通信出入口局管理办法》（中华人民共和国信息产业部令第 22 号），进一步明确在我国境内设置国际通信出入口局、从事国际电信业务的管理要求，包括国际通信出入口的设置、调整、撤销、管理和运营。同时，原信息产业部公布《国际通信设施建设管理规定》（中华人民共和国信息产业部令第 23 号），完善国际通信出入口和国际传输网等国际通信设施管理制度，明确国际通信基础设施经营权、国际通信业务经营权和维护权，规定有关国际通信设施建设的审批制度。

（二）电信业务分类制度

为进一步规范电信业务经营管理，《电信条例》第八条规定电信业务分为基础电信业务和增值电信业务，并在附录《电信业务分类目录》中对具体的业务类型进行了初步划分。2001 年 6 月，原信息产业部发布调整后的《电信业务分类目录》，增加了基础电信业务和增值电信业务的子类。为适应电信业务发展，2003 年 4 月，原信息产业部再次调整《电信业务分类目录》，进一步细化电信业务界定，细分、归并电信业务分类，保持管理政策连续性和灵活性。

（三）电信业务经营许可制度

《电信条例》设立了电信业务许可制度，规范电信产业市场秩序，保护消费者和电信业务经营者合法权益。《互联网信息服务管理办法》进一步明确国家对经营性互联网信息服务实行许可制度，对非经营性互联网信息服务实行备案制度。

在《电信条例》的基础上，为进一步依法规范电信业务经营许可证管理，2001 年 12 月，原信息产业部公布《电信业务经营许可证管理办法》（中华人民共和国信息产业部令第 19 号），明确了电信业务经营许可证管理的原则、程序性要求等。为适应更为开放的市场环境、更为丰富的商业模式以及技术应用，2009 年 3 月，工业和信息化部公布《电信业务经营许可管理办法》（中华人民共和国工业和信息化部令第 5 号），增设"经营行为的规范"专章，调整电信企业的竞争与合作行为，规定了网站接入服务提供者的义务、违法行为记录、市场监测制度、电信市场退出条件和审批程序等。

（四）互联网基础资源管理制度

2000 年初，中国互联网络信息中心开通中文域名试验系统并提供注册服务。为进一步完善我国中文域名体系，规范中文域名注册服务，2000 年 11 月，原信息产业部发布《关于互联网中文域名管理的通告》（信部电〔2000〕1048 号），初步明确了我国中文域名注册体系结构。

为进一步规范我国域名治理机制，2002 年 8 月，原信息产业部公布《中国互联网络域名管理办法》（中华人民共和国信息产业部令第 24 号），确立了我国域名管理的三层体系和逐级授权原则，明确域名争议解决机制。2004 年 11 月，原信息产业部修订《中国互联网络域名管理办法》（中华人民共和国信息产业部令第 30 号），进一步完善互联网络域名管理具体制度。这一阶段，原信息产业部还发布了《关于中国互联网络域名体系的公告》（信部电〔2002〕555 号），并进行两次调整，保障中国互联网络域名系统安全可靠运行。2005 年 2 月，原信息产业部公布《互联网 IP 地址备案管理办法》，明确互联网 IP 地址备案程序、备案形式等制度。

（五）互联网电子邮件服务管理制度

为规范互联网电子邮件服务，保障互联网电子邮件服务使用者的合法权利，2006 年 2 月，原信息产业部公布《互联网电子邮件服务管理办法》（中华人民共和国信息产业部令第 38 号），界定"互联网电子邮件服务"定义，规定提供互联网电子邮件服务应当事先取得增值电信业务经营许可或者依法履行非经营性互联网信息服务备案手续，明确国家对互联网电子邮件服务提供者的电子邮件服务器 IP 地址实行登记管理。

（六）外商投资电信业务管理制度

2001 年 12 月，原国家发展计划委员会发布《"十五"利用外资和境外投资规划》，提出根据我国经济发展需要和入世承诺，有步骤地对外开放包括电信等行业在内的服务领域。同月，为适应电信业对外开放需要，国务院公布《外商投资电信企业管理规定》，对外商投资电信企业的设立条件、经营形式和审批程序进行明确规定。2008 年 9 月，国务院修订《外商投资电信企业管理规定》，降低了外商投资电信企业注册资本最低限额。2009 年 3 月，工业和信息化部公布《电信业务经营许可管理办法》，明确申请经营基础电信业务企业的国有股权或者股份比例，与外商投资电信企业有关规定做好衔接。相关立法为外国投资者在我国电信产业的投资提供了明确依据和指引，有力推动了我国电信行业与国际市场接轨，促进国际间技术交流与合作，进一步加快我国互联网产业的现代化和国际化步伐。

三、初步确立互联网信息服务管理制度

随着信息技术进步和互联网产业发展，互联网信息服务类型更加丰富，深刻影响国家经济和社会生活方方面面，人民群众对互联网信息服务的质效有了更高期待。与此同时，违法信息传播、违规提供互联网信息服务等问题日益突出。2000年9月，国务院公布《互联网信息服务管理办法》。在此基础上，原信息产业部、国务院新闻办公室、原新闻出版总署、原文化部、原国家食品药品监督管理局、原卫生部等有关部门针对互联网新闻信息服务、互联网出版活动、互联网文化活动、网络游戏、网络传播视听节目以及互联网药品信息服务、互联网医疗保健信息服务等分别制定了专门管理规定，全面加强对互联网信息服务的规范管理。

（一）互联网信息服务管理基本制度

《互联网信息服务管理办法》明确了互联网信息服务的概念范围、分类管理制度，规定了互联网信息服务提供者的信息安全义务，界定了禁止制作、复制、发布、传播的信息内容等。

建立互联网信息服务分类管理制度。《互联网信息服务管理办法》将互联网信息服务分为经营性和非经营性两类，规定对经营性互联网信息服务实行许可制度，对非经营性互联网信息服务实行备案制度，并对申请互联网信息服务增值电信业务经营许可和办理非经营性互联网信息服务备案的流程进行了规定。明确国务院信息产业主管部门和省、自治区、直辖市电信管理机构依法对互联网信息服务实施监督管理，新闻、出版、教育、卫生、药品监督管理、工商行政管理和公安、国家安全等有关主管部门在各自职责范围内

依法对互联网信息内容实施监督管理。2005 年 2 月，原信息产业部公布《非经营性互联网信息服务备案管理办法》（中华人民共和国信息产业部令第 33 号），进一步明确对非经营性互联网信息服务的备案管理要求。

明确互联网信息内容的禁止性要求。《互联网信息服务管理办法》规定，互联网信息服务提供者不得制作、复制、发布、传播含有危害国家安全、扰乱社会秩序、破坏社会稳定、侵害他人合法权益等内容的信息。主要包括：（一）反对宪法所确定的基本原则的；（二）危害国家安全，泄露国家秘密，颠覆国家政权，破坏国家统一的；（三）损害国家荣誉和利益的；（四）煽动民族仇恨、民族歧视，破坏民族团结的；（五）破坏国家宗教政策，宣扬邪教和封建迷信的；（六）散布谣言，扰乱社会秩序，破坏社会稳定的；（七）散布淫秽、色情、赌博、暴力、凶杀、恐怖或者教唆犯罪的；（八）侮辱或者诽谤他人，侵害他人合法权益的；（九）含有法律、行政法规禁止的其他内容的。

规定互联网信息服务提供者的义务。《互联网信息服务管理办法》明确，互联网信息服务提供者发现其网站传输的信息含有法律、行政法规禁止内容的，应当立即停止传输，保存有关记录，并向国家有关机关报告。互联网信息服务提供者应当在许可或备案的范围内提供服务，在网站主页的显著位置标明许可证编号或备案编号；从事新闻、出版以及电子公告等服务项目的，应当记录相关信息并按规定保存。

（二）有关领域信息服务管理制度

建立互联网新闻信息服务管理制度。《互联网信息服务管理办法》对新闻等互联网信息服务规定了前置审核的制度要求。2000年11月，国务院新闻办公室、原信息产业部发布《互联网站从事登载新闻业务管理暂行规定》，明确了登载新闻业务审批制度，对互联网站登载新闻的资质、程序、来源和内容等作出规定。

2004年9月，党的十六届四中全会通过的《中共中央关于加强党的执政能力建设的决定》提出："高度重视互联网等新型传媒对社会舆论的影响，加快建立法律规范、行政监管、行业自律、技术保障相结合的管理体制，加强互联网宣传队伍建设，形成网上正面舆论的强势。"2005年9月，国务院新闻办公室、原信息产业部公布《互联网新闻信息服务管理规定》，进一步明确了互联网新闻信息服务包括通过互联网登载新闻信息、提供时政类电子公告服务和向公众发送时政类通讯信息，规定了互联网新闻信息服务单位的类别和管理要求，明确了互联网新闻信息服务管理体制。我国关于互联网新闻信息服务的规范化管理制度初步建立。

完善互联网出版活动和版权管理制度。2001年10月，《著作权法》作出修改，规定信息网络传播权等制度。同年12月，国务院公布《出版管理条例》，授权国务院出版行政部门制定互联网出版管理办法；公布修订后的《计算机软件保护条例》，对计算机软件著作权保护作出明确规定。2002年6月，原新闻出版总署和原信息产业部制定了《互联网出版管理暂行规定》（中华人民共和国新闻出版总署、中华人民共和国信息产业部令第17号），明确了互联网出版的定义、主管部门和管理方式，规定了互联网出版不得载有的十类禁止性内容及未成年人保护等要求。2005年4月，国家版权局与原信息产业部联合公布《互联网著作权行政保护办法》

（中华人民共和国国家版权局、中华人民共和国信息产业部令 2005
年第 5 号），明确了互联网信息服务提供者的著作权保护义务及相
应的法律责任。2006 年 5 月，国务院公布《信息网络传播权保护
条例》，加强对著作权人、表演者、录音录像制作者信息网络传播
权的保护。

明确互联网文化管理制度。2001 年 9 月，中共中央印发《公
民道德建设实施纲要》（中发〔2001〕15 号），强调互联网是思想
道德建设的新阵地，要加大网上正面宣传和管理工作的力度，要引
导网络机构和广大网民增强网络道德意识，共同建设网络文明。为
加强对互联网上网服务营业场所的管理，保障互联网上网服务经营
活动健康发展，2002 年 9 月，国务院公布《互联网上网服务营业
场所管理条例》，规定了互联网上网服务营业场所经营单位审批、
管理权限，明确了经营者的责任和管理要求。为加强对互联网文化
的管理，促进我国互联网文化健康有序发展，2003 年 5 月，原文
化部发布《互联网文化管理暂行规定》，明确互联网文化产品和互
联网文化活动的内涵，将互联网文化活动分为经营性和非经营性两
大类，明确申请设立互联网文化单位的条件和程序，以及对互联网
文化产品内容的禁止性规定等。2004 年 7 月和 2011 年 2 月，原文
化部两次修订《互联网文化管理暂行规定》，对互联网文化经营单
位的审批权限和综合执法权限的管理层级进行调整，并明确互联网
文化单位的主体准入、内容管理、经营规范及法律责任等规定。

规定网络游戏管理制度。随着网络游戏市场的不断扩大，网络
游戏经营秩序不规范、未成年人沉迷网络游戏等问题也相应凸显。
自 2002 年起，原文化部对网络游戏进行管理，初步建立主体资格

准入、内容审查、产品备案、网络游戏虚拟货币发行及交易规范、日常巡查监管等基本制度，对规范和引导行业健康发展起到积极作用。为更好适应网络游戏的快速发展，解决网络游戏市场突出问题，2010 年，原文化部公布《网络游戏管理暂行办法》（中华人民共和国文化部令第 49 号），对网络游戏的娱乐内容、市场主体、经营活动、运营行为、管理监督和法律责任作出系统规定，针对网络游戏市场阶段性突出问题细化了管理措施，强化了制度可操作性和可实施性。此外，原新闻出版总署、中央文明办、教育部等部门先后印发多部关于网络游戏防沉迷等管理文件，完善防止未成年人沉迷网络游戏相关制度。

健全网络传播视听节目服务管理制度。为规范互联网等信息网络传播视听节目秩序，促进社会主义精神文明建设，2004 年 7 月，原国家广播电影电视总局制定《互联网等信息网络传播视听节目管理办法》（国家广播电影电视总局令第 39 号），涵盖各类终端、信息网络和视听节目服务，明确从事信息网络传播视听节目业务的许可管理制度和监管要求。2007 年 12 月，原国家广播电影电视总局和原信息产业部联合公布《互联网视听节目服务管理规定》，对监管部门职责及分工、市场准入方式及其条件、互联网视听节目服务机构及其相关网络运营单位的行为规范、视听节目内容规范以及用户权益保护等作出规定，促进互联网视听节目服务业可持续发展。2010 年 3 月，原国家广播电影电视总局制定《互联网视听节目服务业务分类目录（试行）》（国家广播电影电视总局通告第 3 号），进一步细化和明确了互联网视听节目服务业务分类管理制度和要求。

明确网络医疗和药品信息服务管理制度。为规范医疗卫生和药品领域互联网信息服务活动，促进互联网医疗卫生信息服务、互联网药品信息服务等健康发展，2001 年 1 月，原卫生部公布《互联网医疗卫生信息服务管理办法》（卫办发〔2001〕3 号），明确互联网医疗卫生信息服务需经卫生行政部门审核同意、医疗卫生网站名称规范等具体要求。同月，原国家药品监督管理局发布《互联网药品信息服务管理暂行规定》（国家药品监督管理局令第 26 号），明确原国家药品监督管理局对从事经营性互联网药品信息服务进行审核，对从事非经营性互联网药品信息服务实行备案管理。2009 年 5 月，原卫生部公布《互联网医疗保健信息服务管理办法》（中华人民共和国卫生部令第 66 号），明确从事互联网医疗保健信息服务需经卫生行政部门、中医药管理部门审核同意。

四、探索建立信息化发展制度

进入 21 世纪，我国电子商务和电子政务在探索中迎来新的发展。同时，随着互联网信息服务市场越来越活跃，传统竞争法管理手段难以适应日新月异的市场变化，一些网络市场竞争问题需要通过立法解决。我国信息化立法针对实践中的重难点问题及时作出回应。

（一）电子签名制度

随着电子商务和电子政务的发展，电子签名得到广泛应用。有关国际组织和许多国家相继制定电子签名法。我国为促进电子商务和电子政务的发展，增强交易的安全性，加快推进电子签名法立法工作。

2004年8月，十届全国人大常委会第十一次会议审议通过《电子签名法》，明确电子签名、数据电文的法律效力，设立电子认证服务市场准入制度，规定电子签名安全保障制度，为电子商务、电子政务和其他网上业务的发展奠定了重要的法律基础。

2005年2月，原信息产业部公布《电子认证服务管理办法》（中华人民共和国信息产业部令第35号），进一步明确了电子认证服务机构的资质许可要求、电子认证服务的规范要求、电子签名认证证书形式等规定。2009年2月，工业和信息化部修订《电子认证服务管理办法》（中华人民共和国工业和信息化部令第1号），完善了有关许可时限、条件和程序等规定，规范电子认证服务行为，对电子认证服务提供者实施监督管理。

（二）电子商务制度

2002年10月，《国民经济和社会发展第十个五年计划信息化发展重点专项规划》提出，要积极发展电子商务，制定和健全有关电子商务的法律法规与标准，完善电子商务应用支撑体系，积极创造有利于电子商务发展的外部环境。适应形势发展变化，我国加快推进制定有关电子商务的法规制度。

2007年3月，商务部发布《关于网上交易的指导意见（暂行）》（商务部公告2007年第19号），明确了"网上交易""网上交易参与方"等基本概念，提出了遵守国家法律法规、遵守互联网技术规范和安全规范、诚实守信严格自律网上交易基本原则，并对网上交易参与方的行为规范提出了指导意见。同年12月，商务部发布《关于促进电子商务规范发展的意见》（商改发〔2007〕490号），明确信息传播行为、交易行为、电子支付行为、商品配送行为等方面的规范。2010 年 5 月，原国家工商行政管理总局公布《网络商品交易及有关服务行为管理暂行办法》（国家工商行政管理总局令第49 号），结合网络特点细化了有关交易和服务规则，规定了网络交易主体的类别和义务，以及网络商品交易及有关服务行为的监督管理制度。2010 年 6 月，中国人民银行公布《非金融机构支付服务管理办法》（中国人民银行令〔2010〕第 2 号），对网络支付服务进行规范，维护网上交易安全。

（三）互联网信息服务市场秩序管理制度

为适应我国经济体制改革持续深入和对外开放不断扩大的需要，我国积极推进制定竞争法律制度，防范和制止垄断与不正当竞争行为，维护经营者和消费者合法权益，促进技术创新和技术进步，促进国民经济的健康、持续、协调发展。

制定反垄断专门立法。 2007 年 8 月，十届全国人大常委会第二十九次会议通过《反垄断法》，对垄断协议、滥用市场支配地位、经营者集中以及滥用行政权力排除、限制竞争等内容进行了规定，建立了我国保护市场竞争、维护市场竞争秩序的基础制度，为规制互联网信息服务等领域的各类垄断行为提供了制度依据。

建立互联网信息服务市场秩序管理制度。 为规范互联网信息服务市场竞争秩序，2011 年 12 月，工业和信息化部公布《规范互联网信息服务市场秩序若干规定》（中华人民共和国工业和信息化部令第 20 号），对恶意干扰、恶意不兼容等侵犯互联网信息服务提供者合法权益的行为，以及限定用户"二选一"、擅自修改配置、干扰用户选择等侵犯用户合法权益的行为作了禁止性规定，为我国互联网不正当竞争行为治理作出了有益探索。

（四）电子政务制度

这一时期，我国电子政务进一步深化应用，对电子政务立法提出重要要求。2002 年 8 月，中共中央办公厅、国务院办公厅转发《国家信息化领导小组关于我国电子政务建设指导意见》（中办发〔2002〕17 号），强调"各级政务部门要加快政务信息公开的步伐"。2006 年 3 月，中共中央办公厅、国务院办公厅印发《2006—2020 年国家信息化发展战略》，提出"制定和完善信息基础设施、电子商务、电子政务、信息安全、政府信息公开、个人信息保护等方面的法律法规"。

为从法律制度上保障公民、法人和其他组织依法获取政府信息，提高政府工作的透明度，促进依法行政，充分发挥政府信息对人民群众生产、生活和经济社会活动的服务作用，2007 年 4 月，国务院公布《中华人民共和国政府信息公开条例》，明确政府信息公开的主体、政府信息公开的范围和内容政府信息公开的方式和程序、政府信息公开的监督和保障，规定行政机关应当将主动公开的政府信息通过政府公报、政府网站、新闻发布会以及报刊、广播、电视等便于公众知晓的方式公开。2007 年 8 月，国家发展和改革委员会公布《国家电子政务工程建设项目管理暂行办法》（中华人民共和国国家发展和改革委员会令第 55 号），明确申报和审批管理、建设管理、资金管理等制度。国家密码管理局印发《电子政务电子认证服务管理办法》（国密局发〔2009〕7 号），规定电子政务电子认证基础设施、服务机构、服务应用等的制度要求。

五、逐步深化网络权益保护制度

随着互联网技术的发展应用，利用网络侵犯他人权益的现象日益增多，与网络相关的新型权利也更易受到侵害。我国进一步明确网络侵权责任规则，加强未成年人权益保护。

（一）网络侵权责任制度

网络侵权具有隐蔽性、分散性、维权成本高的特点，如何协调网络服务提供者与侵权行为人之间的责任成为亟待解决的问题。① 2009 年 12 月，十一届全国人大常委会第十二次会议通过《侵权责任法》，以"互联网专条"的形式对网络侵权作出规定，明确了网络用户、网络服务提供者利用网络侵害他人民事权益的责任，网络服务提供者未按规定采取必要措施的，与网络用户承担连带责任。

（二）未成年人权益保护制度

这一阶段，未成年人保护领域出现了许多新情况、新问题，比如大量未成年人沉迷网络不能自拔，需要法律作出回应。2006 年 12 月，十届全国人大常委会第二十五次会议审议通过修订后的《未成年人保护法》，针对未成年人沉迷网络游戏这一突出问题，明确父母或者其他监护人应当预防和制止未成年人沉迷网络等行为；提出国家采取措施，预防未成年人沉迷网络，鼓励研究开发有利于未成年人健康成长的网络产品，推广用于阻止未成年人沉迷

---

① 全国人大常委会法制工作委员会民法室：《中华人民共和国侵权责任法解读》，中国法制出版社 2010 年版，第 168—187 页。

网络的新技术；规定中小学校园周边不得设置互联网上网服务营业场所等。

六、不断完善网络犯罪惩治制度

随着互联网的广泛普及，危害计算机信息网络安全和利用信息网络进行违法犯罪的案件逐渐高发。信息网络违法犯罪社会化、国际化趋势明显，且社会危害性大，案件种类多元、手段多样，需要加快预防和控制计算机违法犯罪的法制化进程。[①]

（一）惩治网络违法犯罪法律制度

2000 年 12 月，九届全国人大常委会第十九次会议通过《全国人民代表大会常务委员会关于维护互联网安全的决定》，规定了危害互联网运行安全、通过互联网危害国家安全和破坏社会稳定、破坏社会主义市场经济秩序和社会管理秩序等违法犯罪行为的构成及其法律责任，确立了民事责任、行政责任和刑事责任三位一体的网络安全责任体系框架。为及时回应公众广泛关注的侵害个人信息行为，2009 年 2 月，《中华人民共和国刑法修正案（七）》（以下简称《刑法修正案（七）》）公布，将侵害公民个人信息的犯罪行为纳入刑法规制范围，增设"出售、非法提供公民个人信息罪""非法获取公民个人信息罪""非法获取计算机信息系统数据、非法控制计算机信息系统罪""提供侵入、非法控制计算机信息系统程序、工具罪"，为依法惩治网络犯罪提供法律依据。

---

① 中国互联网协会、中国互联网络信息中心（CNNIC）：《中国互联网发展报告（2002）》，人民邮电出版社 2003 年版，第 471、472 页。

（二）惩治网络犯罪司法解释

为应对网络犯罪活动增多态势，我国司法机关针对传播淫秽电子信息、网络赌博、网络诈骗等案件的法律适用出台司法解释，探索制定网络犯罪领域的司法规则。

出台惩治淫秽电子信息相关司法解释。2004 年 9 月，为依法惩治利用互联网、移动通讯终端制作、复制、出版、贩卖、传播淫秽电子信息、通过声讯台传播淫秽语音信息等犯罪活动，维护公共网络、通讯的正常秩序，保障公众合法权益，最高人民法院、最高人民检察院制定《关于办理利用互联网、移动通讯终端、声讯台制作、复制、出版、贩卖、传播淫秽电子信息刑事案件具体应用法律若干问题的解释（一）》（法释〔2004〕11 号），明确了淫秽电子信息犯罪的行为方式、入罪标准、量刑情节等。2010 年 2 月，最高人民法院、最高人民检察院制定《关于办理利用互联网、移动通讯终端、声讯台制作、复制、出版、贩卖、传播淫秽电子信息刑事案件具体应用法律若干问题的解释（二）》（法释〔2010〕3 号），进一步明确相关情形的入罪标准以及直接制作、传播淫秽电子信息的行为人以外相关人员的刑事责任。

发布打击网络赌博相关司法解释。2005 年 5 月，针对利用计算机网络实施赌博相关犯罪活动的新情况，最高人民法院、最高人民检察院制定《关于办理赌博刑事案件具体应用法律若干问题的解释》（法释〔2005〕3 号），明确了利用计算机网络"开设赌场""聚众赌博"等行为的认定标准和定罪量刑等问题。2010 年 8 月，最高人民法院、最高人民检察院、公安部印发了《关于办理网络赌博犯罪案件适用法律若干问题的意见》（公通字〔2010〕40

号），进一步明确了网上开设赌场犯罪的定罪量刑标准、共同犯罪的认定和处罚、主观"明知"的情形，以及网络赌博犯罪的参赌人数、赌资数额和网站代理的认定、网络赌博犯罪案件的管辖、电子证据的收集与保全等。

厘清其他网络相关犯罪法律适用。2000 年 5 月，最高人民法院制定《关于审理扰乱电信市场管理秩序案件具体应用法律若干问题的解释》（法释〔2000〕12 号），明确扰乱电信市场管理秩序犯罪行为的法律适用。2011 年 1 月，最高人民法院、最高人民检察院、公安部印发《关于办理侵犯知识产权刑事案件适用法律若干问题的意见》（法发〔2011〕3 号），进一步厘清通过信息网络传播侵权作品行为的定罪量刑标准。2011 年 3 月，最高人民法院、最高人民检察院制定《关于办理诈骗刑事案件具体应用法律若干问题的解释》（法释〔2011〕7 号），规定了对利用互联网等发布虚假信息，以及对不特定多数人实施诈骗行为的定罪量刑标准。同年 8 月，最高人民法院、最高人民检察院公布《关于办理危害计算机信息系统安全刑事案件应用法律若干问题的解释》（法释〔2011〕19 号），进一步明确了"非法获取计算机信息系统数据、非法控制计算机信息系统罪""提供侵入、非法控制计算机信息系统程序、工具罪"等的法律适用。

第四节　网络执法深入开展

这一阶段，我国全面推进依法行政，确保法律制度得到全面、正确实施。党的十六大报告明确提出"加强对执法活动的监督，推进依法行政"。《国务院关于印发全面推进依法行政实施纲要的通知》（国发〔2004〕10 号）提出"权责明确、行为规范、监督有效、保障有力的行政执法体制基本建立"等十年建设目标。我国进一步聚焦网络领域重点问题，严格行政执法，创新执法机制，加大执法力度，保障互联网健康发展。

一、探索创新网络执法机制

互联网加速向传统产业渗透，新业态新模式逐步涌现，对网络执法提出新挑战。为了适应网络领域发展情况和管理需要，我国积极创新改革执法体制机制，提升治理效能。

（一）逐步推进综合执法和联合执法

落实《国务院关于印发全面推进依法行政实施纲要的通知》《国务院关于加强法治政府建设的意见》（国发〔2010〕33 号）、《国务院办公厅转发中央编办关于清理整顿行政执法队伍实行综合行政执法试点工作意见的通知》（国办发〔2002〕56 号）等要求，相关管理部门逐步开展综合执法改革。例如，《文化部关于进一步加强文化市场管理工作的若干意见》要求，深入推进文化市场综合执法改革，推动文化、广电、新闻出版等部门执法力量整合，建立"权责明确、行为规范、监督有效、保障有力"的文化市场综合执法体制。

相关部门通力合作、齐抓共管，针对互联网重点领域和突出问题推进联合执法活动。例如，2003 年 12 月，原新闻出版总署、原信息产业部、原国家工商行政管理总局、国家版权局、原全国

"扫黄打非"工作小组办公室联合发布《关于开展对"私服"、"外挂"专项治理的通知》（新出联〔2003〕19号），共同组织实施对网络游戏中的"私服""外挂"治理活动。

（二）积极利用技术手段提升执法效能

网络信息海量生产，信息传播和聚合能力空前增强，信息内容形态和交互模式日益复杂，违法和不良信息治理面临严峻挑战。我国根据互联网的发展特点，从依法管理互联网的实际需要出发，合理运用技术手段防范和治理危害国家安全、社会公共利益和个人、组织合法权益的违法信息。原信息产业部基本建成全国性的互联网资源基础数据库，实现了对互联网站的实名制和属地化管理，为打击利用互联网进行违法信息传播、促进互联网健康发展夯实基础。为加强垃圾邮件治理基础技术保障，原信息产业部指导建立反垃圾邮件综合处理平台，实时更新垃圾邮件IP地址"黑名单"和"白名单"，接受互联网用户对垃圾邮件的举报等。

（三）创新构建多样化执法手段

面对日趋复杂的网络信息安全形势，我国相关执法部门不断总结经验，创新网络执法方式，探索多样化执法手段。例如，工业和信息化部针对木马僵尸等恶意程序建立事件信息和预警信息报送、研判、会商制度，明确对危害公共互联网安全的木马和僵尸网络控制端及其使用的IP地址和恶意域名的监测和处置要求。公安部构建网上"报警岗亭""虚拟警察"等执法手段，加强违法信息预警。

二、积极开展网络执法活动

我国相关部门聚焦网络知识产权、未成年人网络权益保护、网络安全、网络传播、网络交易服务等重点领域，积极开展网络执法活动，维护良好网络秩序。

（一）保护网络知识产权

随着我国互联网行业的快速发展，网络成为知识产权侵权违法行为的主要发生地之一，侵权盗版、非法链接、非法上传等侵犯知识产权问题日益突出，相关部门针对反复侵权、群体性侵权以及大规模假冒盗版等违法行为，开展一系列治理行动。

原全国"扫黄打非"工作小组办公室、中央宣传部、中央政法委、原文化部、原新闻出版总署、国家版权局、原国家工商行政管理总局、公安部、原建设部、原监察部等部门先后开展"反盗版百日行动""反盗版天天行动"等，加大对盗版源头的治理力度，重点打击以营利为目的，通过网络提供电影、音乐、软件和教科书下载的非法经营行为。2006 年 11 月，原文化部开展查处违法违规经营网络音乐的专项行动，印发《关于网络音乐发展和管理的若干意见》，按照"疏堵结合、发展和管理并重"的思路，提出规范网络音乐市场秩序的具体要求。

（二）保障未成年人网络权益

这一时期，未成年人沉迷网吧和网络游戏的现象比较突出，成为社会普遍关注的重要问题。相关部门高度重视依法保护未成年人上网安全，通过加强未成年人上网服务营业场所管理和网络游戏监管等，为未成年人营造良好网络环境。

加强未成年人上网场所管理。针对互联网上网服务营业场所违法接纳未成年人，严重危害未成年人身心健康等突出问题，文化、公安、工商等相关部门加强网吧管理，针对重点时期、重点场所加强执法和规范，加大处罚力度。2004 年 1 月和 6 月，相关部门发布《关于加强春节、寒假期间互联网上网服务营业场所管理工作的紧急通知》（文明电字〔2004〕第 2 号）、《关于暑假期间开展禁止未成年人进入网吧特别行动的通知》（文明电字〔2004〕17 号）等，取缔无证照或证照不全的黑网吧，严厉查处网吧接纳未成年人进入的违法行为。2007 年 2 月，原文化部、原国家工商行政管理总局、公安部等联合印发《关于进一步加强网吧及网络游戏管理工作的通知》（文市发〔2007〕10 号），要求以禁止网吧接纳未成年人为工作重点，坚持严管重罚，强化市场退出机制；加强公益性上网场所的建设与管理；对学校内上网场所实施备案登记管理。2010 年 3 月，原文化部下发《关于加大对网吧接纳未成年人违法行为处罚力度的通知》（文市函〔2010〕458 号），加大对网吧接纳未成年人违法行为的处罚力度。通过专项整治，网吧违法经营行为得到治理，网吧管理长效机制开始逐步建立。

规范网络游戏市场。一些网络游戏企业片面追求经济效益，以血腥、暴力、色情、赌博等违法违规内容吸引用户，给消费者特别是未成年人身心健康带来负面影响。相关部门通过加强正面内容引导、强化违法行为执法、构筑多方协同机制规范网络游戏市场，保障未成年人上网安全。2007 年 2 月，原文化部、原国家工商行政管理总局、公安部等联合印发《关于进一步加强网吧及网络游戏管理工作的通知》，要求打击和防范网络游戏经营活动中的违法犯罪行为。2005 年 9 月至 2008 年 1 月，原文化部游戏产品内容审查委员会陆续向社会推荐了三批适合未成年人的网络游戏产品，通过正面引导、规划控制以及政策鼓励等方式，对涉及未成年人上网保护等事项实施管理。2011 年 1 月，原文化部、公安部等部门联合印发《"网络游戏未成年人家长监护工程"实施方案》（文市发〔2011〕6 号），进一步扩大"网络游戏未成年人家长监护工程"覆盖面，巩固和深化企业与社会、家长与未成年人的互动机制。2007 年 4 月和 2011 年 7 月，原新闻出版总署、教育部、公安部等部门先后印发《关于保护未成年人身心健康实施网络游戏防沉迷系统的通知》（新出联〔2007〕5 号）、《关于启动网络游戏防沉迷实名验证工作的通知》（新出联〔2011〕10 号）等，要求抓紧抓好网络游戏防沉迷实名验证工作。在有关部门、网络游戏企业等的共同努力下，网络游戏防沉迷系统实施工作取得显著成效，网络游戏企业保护未成年人身心健康的责任意识明显增强。

（三）维护网络运行安全

互联网的影响日益扩大、地位日益提升，产生了多样化的外部安全威胁，破坏网络系统安全的违法活动频发，网络安全挑战更趋严峻，维护网络安全工作的重要性日益突出。2008 年，我国新增计算机病毒、木马数量呈爆炸式增长，总数量突破千万，网页挂马、漏洞攻击等黑客行为高发。[1] 为应对网络攻击、黑客入侵、网

①　中国互联网协会、中国互联网络信息中心（CNNIC）：《中国互联网发展报告（2009）》，电子工业出版社 2009 年版，第 21 页。

络病毒等造成的网络中断、信息泄露、网页篡改等安全事件，相关部门多次开展专项执法行动，清查整治网络安全隐患。

提升加强网络安全防护。国家通信管理部门建设通信网络安全防护管理信息系统，实现了通信网络基本情况的网上报备，并于2006年起组织开展年度行业通信网络安全检查和风险评估。2007年11月，原信息产业部印发《关于进一步开展电信网络安全防护工作的实施意见》，并于2008年发布32项通信网络安全防护系列标准，指导和规范网络运行单位开展防护工作和落实安全防护措施。

开展网络与信息安全信息通报工作。2004年8月，在国家网络与信息安全协调小组办公室的指导下，成立国家网络与信息安全信息通报中心，与国家网络与信息安全协调小组成员单位和国家重要信息系统主管部门建立信息通报渠道。

规范整治恶意程序。为保护网民和软件运营商的合法权益，2009年4月，工业和信息化部印发《互联网网络安全信息通报实施办法》《木马和僵尸网络监测与处置机制》，防范和处置木马和僵尸网络引发的网络安全隐患，规范监测和处置行为。2011年12月，工业和信息化部印发《移动互联网恶意程序监测与处置机制》，建立对移动互联网恶意程序的样本捕获、认定、处置机制。通过开展系列专项治理行动，规范处置一批影响范围大、危害程度深的移动互联网恶意程序，有效保障互联网用户的知情权、选择权等合法权益。

（四）强化网络传播秩序管理

随着互联网技术、产业、应用以及跨界融合等方面取得积极进展，相关部门针对社会各界高度关注、人民群众反映强烈的网络传播秩序突出问题，积极开展网络执法活动。

打击网络淫秽色情。随着网络视听节目、博客和点对点网络等互联网新型应用发展普及，通过互联网组织淫秽色情表演、传播网络淫秽色情信息等违法行为逐渐高发。中央宣传部、工业和信息化部、公安部、国务院新闻办公室、原全国"扫黄打非"工作小组办公室等连续多年组织开展打击网络淫秽色情活动等系列专项行动，通过管理门户网站、微博客、社交网站以及即时通信群组等传播渠道，查处违法投放、宣传色情广告的广告联盟，清理整顿违法接入服务商等，营造清朗网络空间。

治理垃圾邮件和短信。伴随互联网电子邮件、通信短信息等服务的发展，一些含有虚假诱骗、低级庸俗以及垃圾广告等内容的电子邮件、短信息日益泛滥，影响日常生活、妨碍通信市场健康发展、扰乱社会秩序。《第十二次中国互联网络发展状况调查统计报告》显示，截至 2003 年 6 月，我国网民每周收到正常电子邮件7.2 封，垃圾邮件数 8.9 封，且呈现出传播速度快、影响范围广、"变种"频率高、破坏性强等特点。原信息产业部、公安部等自2004 年起开展垃圾电子邮件专项治理行动，按照"谁主管、谁负责，谁运营、谁负责"的原则，监督电子邮件服务单位履行反垃圾邮件责任，采取相应反垃圾邮件技术措施。原信息产业部印发《防范互联网垃圾电子邮件技术要求》《互联网广告电子邮件格式要求》等，成立互联网电子邮件举报受理中心，制定"绿色邮箱"有关标准。通过专项集中整治、发动社会监督、号召业界联合抵制等措施，垃圾电子邮件治理工作取得积极成效。

加强互联网药品信息服务监管。针对部分网站违法提供药品信息服务和药品交易服务等突出问题，原国家食品药品监督管理局于2008年4月印发《关于开展互联网药品信息服务和交易服务监督检查工作的通知》（国食药监市〔2008〕130号），严格互联网药品信息服务和交易服务审批程序和验收标准。2010年，原国家食品药品监督管理局与公安部、工业和信息化部联合开展为期3个月的集中打击利用互联网销售假药行动，关闭一大批非法宣传销售假药的网站，破获一批利用互联网销售假药的大案。2011年5月，原国家食品药品监督管理局会同相关部门印发《关于进一步严厉打击利用互联网发布虚假药品信息非法销售药品的通知》（国食药监稽〔2011〕222号），监管和处罚利用互联网销售虚假药品相关违法行为。

规范互联网地图和地理信息服务。互联网地图和地理信息服务迅速发展，在给用户工作、生活提供便利的同时，也出现了违法编制互联网地图、擅自提供信息服务等问题。为规范互联网地图和地理信息服务网站活动，2008年2月，原信息产业部、公安部、原国家测绘地理信息局等八部门联合发布《关于加强互联网地图和地理信息服务网站监管的意见》（国测图字〔2008〕1号），要求规范互联网地图编制、出版、登载和上传地理信息行为，深入开展国家版图意识和安全保密意识的宣传教育活动，杜绝损害国家主权、安全和民族尊严的"问题地图"在互联网上传播。2008年5月，全国国家版图意识宣传教育和地图市场监管协调指导小组印发《关于对互联网地图和地理信息服务违法违规行为进行专项治理的通知》（国图宣教管〔2008〕4号），积极查处互联网地图和地理信息服务网站的违法违规行为。

（五）加强网络交易服务监管

随着电子商务的发展，网络交易成为一种常见经济活动。相关部门针对网络交易乱象，积极加强网络商品交易监管，探索创新监管方式，规范网络交易行为。

打击网络违禁品交易。针对一些不法分子通过网络贩卖国家规定限制或禁止生产、购买、运输、持有的违禁品，危害社会治安和公共安全，2008 年 2 月，公安部、原信息产业部等部门联合印发《关于进一步加强违禁品网上非法交易活动整治工作的通知》（公通字〔2008〕14 号），要求各部门进一步理顺管理机制，明确职责分工，集中清理毒品、枪支弹药、窃听设备等违禁品的网上违法交易信息，整顿网络安全管理秩序和违禁品生产经营秩序，实现对违禁品网上非法交易活动的有效管控。

强化网上违法广告治理。互联网作为新兴媒介，为广告业提供了巨大发展空间。据统计，2004 年至 2010 年，全国网络广告经营额增长了 8 倍。与此同时，虚假违法广告问题也日益突出。各级市场监管部门（含原工商行政管理部门）先后组织开展了医疗、药品、保健食品等领域广告专项整治，打击网络色情低俗广告专项整治等，加强广告市场监管，规范广告发布活动。2010 年 1 月，原国家工商行政管理总局、中央宣传部、国务院新闻办公室、公安部、工业和信息化部等部门联合印发《2010 年虚假违法广告专项整治工作实施意见》（工商广字〔2010〕24 号），强化广告发布前审查把关、发布中动态监督、发布后依法查处，建立健全监管执法联动机制，加大源头治理力度，进一步增强联合监管的合力与实效，营造健康有序的广告市场环境。

第五节　网络司法持续推进

我国注重司法体制改革在法治建设中的重要作用。党的十六大报告提出，"推进司法体制改革"。党的十七大报告提出，"深化司法体制改革，优化司法职权配置，规范司法行为，建设公正高效权威的社会主义司法制度"。我国积极回应司法诉求，完善司法规则，创新司法模式，加强网络权益司法保护，捍卫网络空间公平正义。

一、推进司法工作信息化

随着涉网经济活动和社会活动不断增加，广大人民群众、企业和社会组织对司法便民和保障社会经济发展的需求日益迫切，我国审判机关和检察机关积极改革司法模式，保障涉网司法公正高效。

审判机关积极开辟网上立案、远程立案模式，建设"数字法庭"，利用网络技术增强审判能力，提高工作效率。[①]《最高人民法院工作报告（2003 年）》提出，改革完善审判机制，重点推行审判运行机制改革，落实以审判流程为重心的审判管理制度，运用网络等现代科技手段，实行统一立案，对案件审理的全过程进行跟踪，保证审判活动有序进行。2006 年，最高人民法院指导各级法院通过网上立案、巡回审判、预约开庭等方式，方便群众诉讼。2008

---

① 国务院新闻办公室：《中国的法治建设》白皮书，2008 年 2 月。

年，最高人民法院试行庭审网络直播，推进裁判文书网上公开制度。2009 年，最高人民法院制定司法公开的若干规定，全面推进审务公开，规范裁判文书上网和庭审直播，进一步拓展司法公开的广度和深度。2010 年，最高人民法院推广远程立案、"一站式"服务等举措，积极探索网上预约立案、送达、庭审等方式，积极推进裁判文书上网、案件信息查询、诉讼档案查阅等工作，加大司法公开力度。

检察机关加强对电子证据的收集和固定，利用网络扩大检务公开。2002 年，为加强诉讼监督，检察机关与看守所、监狱管理部门的计算机联网，实施网络化管理和动态监督。同时，加快信息化建设，开通检察专线网，多家检察院建成计算机局域网，推广举报电话自动受理系统、讯问监控系统和出庭公诉多媒体示证系统。[①] 2006 年，部分地方检察机关试点利用计算机网络对执法办案活动进行流程管理、过程控制和动态监督，促进严格公正文明执法。2007 年，最高人民检察院畅通控告申诉渠道，加强举报中心建设，提供网上举报、申诉和案件查询等服务。2009 年，最高人民检察院加快检察门户网站建设，推行网上受理信访、法律咨询、案件查询，有力提升检察工作质效。

二、加强网络权益司法保护

随着侵犯知识产权、侵害公民个人电子信息活动增多，网络诈骗、诽谤等违法犯罪行为频发，我国司法机关在司法实践工作中开

---

① 最高人民检察院：《最高人民检察院工作报告（2003 年）》，2003 年 3 月。

始探索涉网民商事疑难复杂案件以及新型网络犯罪行为的审判规则，完善相关司法解释。

（一）强化网络民事权益保护

这一阶段，我国审判机关针对网络领域个人信息保护、知识产权保护等问题，积极开展相关案件审理工作，强化公民网络民事权益保护。

探索保护个人信息相关权益的法律适用规则。互联网技术应用广泛发展的过程中，处理个人信息的场景日益多样，个人信息违规处理及泄露问题多发，甚至出现人肉搜索、网络暴力等违法犯罪行为，严重损害公民人身财产权益。对于利用信息网络侵害个人信息相关权益等典型案例，人民法院通过解释适用隐私权、名誉权侵权损害条款对当事人进行救济。例如，2008 年 12 月，北京市朝阳区人民法院对社会关注的"人肉搜索"案件作出一审判决，认定相关网站侵害当事人的隐私权和名誉权。

依法审理网络知识产权侵权纠纷。随着网络领域侵犯著作权、商标权、专利权等案件数量增多，2000 年起，最高人民法院陆续制定审理涉及计算机网络著作权纠纷案件系列相关司法解释，明确计算机软件侵犯著作权、商标权、专利权以及侵犯信息网络传播权等知识产权案件适用法律规则，及时审理网络域名权益纠纷，为审判机关准确审理涉及计算机网络纠纷案件适用法律提供指引。例如，2011 年 4 月，北京市高级人民法院对涉及互联网电视机的侵犯信息网络传播权的新类型纠纷案件"北京优朋普乐科技有限公司诉 TCL 集团股份有限公司、上海众源网络有限公司、深圳市迅雷网络技术有限公司、国美电器有限公司案"作出终审判决，认定 TCL 集团股份有限公司、上海众源网络有限公司、深圳市迅雷网络技术有限公司侵犯原告北京优朋普乐科技有限公司的信息网络传播权，应当承担共同侵权责任，共同赔偿原告经济损失。

（二）打击网络违法犯罪行为

这一阶段，传统犯罪与网络犯罪结合趋势日益明显，网络诈骗、网络盗窃、网络侵犯知识产权等涉网犯罪快速增长，制作、传播计算机病毒以及侵入、攻击计算机网络的相关犯罪逐渐增多，利用互联网传播淫秽色情及从事赌博等犯罪现象突出。据统计，1998 年至 2009 年，公安机关办理各类网络犯罪案件由 142 起增长到 4.8 万起。[1]

审判机关、检察机关依法履行职责，严厉打击网络犯罪。《最高人民法院工作报告（2000 年）》提出，"严厉打击利用计算机网络进行的各种犯罪"[2]，此后多年连续出台针对擅自经营电信业务、传播淫秽色情电子信息、网络赌博等犯罪行为的司法解释，明确相关网络犯罪的行为方式、入罪标准、量刑情节等。最高人民检察院积极参加打击淫秽色情网站、打击利用手机短信及网络进行诈骗、整治网络赌博违法犯罪等专项整治行动，有力维护社会稳定。地方司法机关积极落实要求，推动打击网络犯罪的实践走深走实。例如，2007 年 1 月深圳市南山区法院对腾讯公司《QQ 幻想》游戏非法"外挂"案件作出一审判决，判处主犯有期徒刑一年六个月。

---

① 国务院新闻办公室：《中国互联网状况》白皮书，2010 年 6 月。
② 最高人民法院：《最高人民法院工作报告（2000 年）》，2000 年 3 月。

第六节　网络法治宣传教育创新开展

这一阶段，我国深入开展法制宣传教育工作，进一步加大全民普法力度。党的十六大报告提出，"加强法制宣传教育，提高全民法律素质，尤其要增强公职人员的法制观念和依法办事能力"。党的十七大报告进一步提出，"深入开展法制宣传教育，弘扬法治精神，形成自觉学法守法用法的社会氛围"。我国创新和丰富法制宣传教育手段载体，通过建立专门普法网站等方式，逐步探索利用互联网平台开展法制宣传教育，宣传教育内容不断丰富，网络相关法律法规宣传力度持续加强。

一、创新网络法治宣传教育形式

随着互联网的普及，网络作为新兴媒介的重要作用得到重视，我国借助网络不断创新法制宣传教育的形式手段。2001 年 4 月，《中央宣传部、司法部关于在公民中开展法制宣传教育的第四个五年规划》指出，"要充分发挥大众传媒的作用，办好电台、电视台、报刊、网络的法制专栏、专题节目和法制系列讲座"。2006 年 3 月，《中央宣传部、司法部关于在公民中开展法制宣传教育的第五个五年规划》提出，利用网络等阵地，建设机关法制学习资料信息平台，为公务员学法提供条件，充分利用互联网平台开展法制宣传教育，办好法制宣传教育网站，创新网络法制教育形式。

制定互联网法制宣传教育专门文件。 2006 年 10 月，司法部、国务院新闻办公室、全国普法办公室印发《关于加强互联网法制宣传教育工作的意见》（司发通〔2006〕66号），明确了互联网法制宣传教育工作的重要意义、思想原则、目标任务、组织保障等，强调互联网法制宣传教育是法制宣传教育工作中的重要组成部分，并要求通过开发互联网法制宣传教育信息资源、增强互联网法制宣传教育特色、组织互联网法制宣传教育活动、建设好互动性栏目、增强服务功能等方式，努力提高互联网法制宣传教育水平。

推进普法相关网站建设工作。这一阶段，全国建立起一批法制宣传教育专业网站，政府网站、门户网站设置法制宣传教育内容，法制宣传教育阵地建设不断拓展。2001年6月，中国普法网正式成立，成为传播法治理念、提供法律服务的重要平台。2003年2月，中国政府法制信息网建立，开通法规规章草案网上征求意见、规范性文件网上备案等功能，为社会提供法制信息服务。互联网成为政府公开法治相关工作、发布法律法规信息的重要载体，以及与民沟通、收集对法律法规意见反馈的重要渠道。

二、拓展网络法治宣传教育内容和对象

我国在探索运用网络开展法制宣传教育的同时，逐步加强网络法律法规宣传普及、网络典型案例发布和网络法治文化培育，网络法治宣传教育的内涵不断丰富，覆盖面不断扩大，精准性不断提升。

加强法律法规阐释解读。坚持在互联网管理实践中开展实时普法，强化释法说理，推动法治宣传更富实效。例如，国家版权局等部门在打击网络侵权盗版专项治理"剑网行动"中，持续发布典

型案例，加强网络版权法治宣传。《电信条例》颁布后，原信息产业部组织全国电信条例知识竞赛等活动，地方通信管理部门通过媒体公开、答记者问等形式加大宣传，掀起学习条例热潮。

推进网络法治文化宣传。在法律法规知识普及之外，将普法融入网络文明和网络文化建设，积极营造学法守法用法氛围。2000年12月，原文化部、共青团中央等8家单位共同发起"网络文明工程"，光明网等15家网站提出遵守国家法律法规、依法建网、开展健康的网上活动以及积极推进网络物质文明和精神文明建设等倡议。北京大学、清华大学、中国人民大学、北京师范大学四所高校的大学生代表发出《大学生做文明网民倡议书》，号召自觉维护网络安全、建设网络文明、争做倡导和维护网络安全的先锋。①

重点群体法治宣传教育。行业普法有序开展，一些互联网行业组织和媒体网站通过发布自律规范、联合倡议等形式，助力提升从业人员法律意识，推动依法诚信经营。例如，中国互联网协会发布《互联网站禁止传播淫秽色情等不良信息自律规范》《抵制恶意软件自律公约》《博客服务自律公约》《反网络病毒自律公约》《中国互联网行业版权自律宣言》等自律规范。2008年2月，央视国际、人民网、新华网等中央网络媒体共同发起签署《中国互联网视听节目服务自律公约》。青少年普法逐步深入，通过丰富多彩的法治宣传教育活动，提升青少年网络法治意识和素养。例如，2004年起，共青团中央、司法部连续举办"全国青少年网上普法知识大赛"，促进广大青少年掌握法律常识，增强法制观念。

---

① 《做文明网民树网络新风》，《光明日报》2000年12月29日。

第七节　网络法治研究逐渐兴起

这一阶段，电子商务、网络知识产权、网络犯罪等问题引起了广泛关注，网络法治研究机构纷纷成立，相关学术期刊开始涌现，学术研讨持续开展，研究领域日渐丰富。

一、网络法治研究机构和学术刊物开始涌现

国家有关部门及高校进一步关注网络领域面临的法律问题和挑战，组建或者发起成立专门机构，研究探索网络法治前沿课题。

网络法治研究机构设立。2002 年 9 月，原国务院信息化工作办公室、公安部、原信息产业部、国家安全部、国家保密局、中国社科院法学所共同发起成立中国法学会信息法学研究会，致力于繁荣信息法学相关研究，为经济建设、法治建设和国家安全提供智力支撑。2004 年 4 月，北京大学法学院互联网法律中心成立，重点研究涉及网络传播、网络隐私、网络犯罪、网络安全等问题，并于2007 年 12 月创设北京大学互联网法律与政策论坛，推动相关立法，推广实务经验。2008 年 11 月，西安交通大学信息安全法律研究中心设立，从事信息安全法学研究、信息安全法学人才培养等工作。2009 年 8 月，北京邮电大学互联网治理与法律研究中心成立，开展网络法律与信息安全、电信法律制度、网络知识产权与版权保护等研究。

网络法治领域相关期刊创办。随着网络法治研究领域不断扩大、讨论逐渐增多、学术探索持续走深，相关学术期刊应运而生。2001 年，北京大学推出《网络法律评论》，设有专题特稿、知识产权、网络与数字经济、平台治理、竞争政策等栏目。同年，公安部第三研究所、中国计算机学会计算机安全专业委员会创办《信息网络安全》，解读国家网络安全重要方针政策，反映国内外网络安全发展趋势。2003 年，中国互联网协会和人民邮电出版社创办《互联网天地》，设有"互联网治理"专栏，对互联网相关监管治理工作进行跟踪研究。

二、网络法治研讨活动广泛开展

互联网的广泛应用，塑造了新型社会关系，也影响了传统法律关系的结构、要素和表现形式。在有关部门的指导和科研机构的推动下，围绕网络立法、网络版权、网络信息内容等重点问题的研究讨论广泛开展。2000 年 6 月，原信息产业部举办"2000 年中国国际互联网研讨暨展示会"，并组织"网络法律与知识产权"专题讲座。[①] 同年，中国法学会对网络立法、电子商务立法和信息化法制建设开展调研工作，与中国社科院法学所联合召开"互联网与法制建设"研讨会并提出相关立法建议。[②] 2000 年 12 月，中国互联网络信息中心在北京举办"域名纠纷与知识产权保护研讨会"。[③] 2007 年 5 月，中国互联网协会网络版权联盟举办"网络经济下的

---

① 孙琬钟主编：《中国法律年鉴（2001）》，2001 年 9 月，第 1127 页。
② 孙琬钟主编：《中国法律年鉴（2001）》，2001 年 9 月，第 806 页。
③ 孙琬钟主编：《中国法律年鉴（2001）》，2001 年 9 月，第 1127 页。

版权纠纷"研讨会，就《信息网络传播权保护条例》对网络服务提供者责任认定、网络著作权侵权案件等问题进行探讨。[①] 2010 年1 月，中国法学会主办"手机色情网站与网络诽谤治理"专家研讨会，探讨了手机色情网站与网络诽谤治理的法律现状、规制原则和制度建设方向。

三、网络法学研究领域不断拓展

这一阶段，网络法学研究主要关注互联网发展中较为突出和复杂的网络版权、网络安全与网络犯罪、网络案件管辖等问题，取得了一系列研究成果。

关注网络民商事行为规范。面对互联网对传统社会活动、商品交易的影响以及新的法律关系的出现，学界从网络诽谤、电子商务、网络版权等多个领域进行了研究。例如，在民事侵权方面，对网络诽谤的特殊性、主体责任分担等问题做了域外比较研究。在电子商务方面，对电子商务合同的效力、合同成立的时间与地点、数据电文传递中的要约承诺以及电子商务中假冒伪劣规制等问题进行了研究。在网络版权方面，就海量作品许可使用和报酬收取分配、网络服务提供者著作权侵权的法律责任等问题进行了研究。[②]

分析网络安全与网络犯罪特性。学界关注计算机犯罪和网络犯罪对当时刑法体系的挑战，总结网络犯罪的特征，研究了网络犯罪的管辖地确定与危害网络安全的犯罪认定问题。[③] 在计算机犯罪研

---

① 周成奎主编：《中国法律年鉴（2008）》，2008 年 9 月，第 832 页。

② 罗锋主编：《中国法律年鉴（2006）》，2006 年 8 月，第 724 页。

③ 孙琬钟主编：《中国法律年鉴（2002）》，2002 年 9 月，第 1117、1118 页。

究的基础上，从刑法角度提出危害互联网安全行为的刑法规制方案，对危害互联网运行安全、利用互联网危害国家安全和社会稳定、利用互联网破坏社会主义市场经济秩序和社会管理秩序等犯罪行为进行了研究。

研究网络案件管辖规则。互联网对传统的国际案件管辖体系产生了冲击，对此，学界提出了扩大平行管辖权、签订国际公约决定管辖、确定网络空间专门管辖规则、适用最密切原则确定管辖等改良传统管辖规则的观点。① 学界还结合中国实际探讨解决网络空间管辖问题，并开始研究网上仲裁模式、消费合同管辖权等更为具体的议题②。

第八节　网络法治国际交流合作积极推进

这一阶段，我国将互联网发展纳入国家经济发展和对外交往工作大局，参与互联网国际规则建设，持续加强同各国在互联网领域的交流合作，与国际社会共同维护全球互联网安全，促进互联网健康有序发展，分享互联网发展的机遇和成果。

一、参与网络领域国际规则建设

我国积极参与互联网国际规则的制定和推广，为维护全球互联网的安全、稳定和有序发展作出了贡献。

---

① 孙琬钟主编：《中国法律年鉴（2002）》，2002 年 9 月，第 1145 页。
② 刘法合主编：《中国法律年鉴（2004）》，2004 年 10 月，第 899 页。

支持联合国制定统一规则。坚定维护以国际法为基础的国际秩序，坚定维护以联合国宪章宗旨和原则为基础的国际法基本原则和国际关系基本准则，坚决维护国家主权、安全、发展利益，主张发挥联合国在国际互联网管理中的作用。助推联合国制定《创造全球网络安全文化的要点》宣言，同其他上海合作组织成员国向联合国大会提交"信息安全国际行为准则"，倡导各国加强网络安全、信息安全治理和国际合作。支持联合国制定《联合国国际贸易法委员会电子签名示范法》《联合国国际合同使用电子通信公约》等文件，规范全球电子商务活动，提供法律框架以促进跨境电子商务交易。

参与制定相关国际标准和规则。坚持技术研发和创新，主动参与互联网国际规则制定，涉及 3G、4G、IP、WLAN、网络安全、域名系统、云计算和电子商务等技术领域，其中有关国际化域名、IPv6 源地址认证、IPv4—IPv6 过渡技术等技术方案，成为互联网国际标准的组成部分。

二、加强对话交流与务实合作

我国始终支持加强互联网领域的国际交流合作，积极开展对话协商，加强双边、多边协作。

开展互联网领域双多边对话交流。秉承相互尊重、平等相待原则，为加强与世界各国在网络空间的交流合作，我国先后组织多个代表团，访问亚洲、欧洲、北美、南美、非洲等的 40 多个国家，将相关国家的成功经验应用到我国互联网发展与管理实践之中。与美国、英国、韩国分别举办"中美互联网论坛""中英互联网圆桌会议"和"中韩互联网圆桌会议",参加历届信息社会世界峰会（WSIS）及与互联网相关的其他重要国际或区域性会议。推动设立联合国互联网治理论坛（IGF），促进各利益相关方在互联网相关公共政策方面的讨论和对话。

加强网络安全国际执法司法合作。在打击网络犯罪领域，我国公安机关参加国际刑警组织亚洲及南太平洋地区信息技术犯罪工作组（The Interpol Asia-South Pacific Working Party on IT Crime）、中美执法合作联合联络小组（JLG），并与美国、英国、德国、意大利等国家举行双边或多边会谈，就打击网络犯罪进行磋商，处理了多个国家和地区有关网络犯罪的协查事宜。

推进网络法治研究国际交流合作。我国积极推进网络法治问题研究的国际交流合作。2007年，国家版权局与世界知识产权组织共同举办"互联网版权保护与产业发展"国际版权论坛，探讨全球化背景下版权保护对互联网产业发展及我国经济的影响。[①] 2009年与2010年，商务部、国家版权局与美国专利商标局、美国版权局召开圆桌会议，政产学研各界代表就网络版权问题开展讨论。[②] 2009年，最高人民法院主办知识产权司法保护国际研讨会，围绕互联网领域的著作权保护等问题开展学术研讨，加强网络司法交流互鉴。

---

① 周成奎主编：《中国法律年鉴（2008）》，2008年9月，第833页。
② 诸葛平主编：《中国法律年鉴（2010）》，2010年7月，第694页；诸葛平总编：《中国法律年鉴（2011）》，2011年8月，第807页。

第四章

网络法治建设高质量发展

（2012—2024 年）

　　党的十八大以来，中国特色社会主义进入新时代，我国网络法治进入高质量发展阶段。这一阶段，以互联网为代表的信息技术日新月异，引领了社会生产新变革，创造了人类生活新空间，拓展了国家治理新领域，极大提高了人类认识世界、改造世界的能力。同时，互联网的蓬勃发展也带来一系列新问题新挑战。适应互联网发展变化实践，在习近平新时代中国特色社会主义思想科学指引下，我国将依法治网作为全面依法治国和网络强国建设重要内容，努力构建完备的网络法律规范体系、高效的网络法治实施体系、严密的网络法治监督体系、有力的网络法治保障体系，网络法治建设取得历史性成就。

第一节　互联网向高质量发展迈进

这一时期，我国经济由高速增长转向高质量发展，处在转变发展方式、优化经济结构、转换增长动力的攻关期。2012年，我国智能手机出货量首次超过功能手机，手机超越台式电脑成为我国网民第一大上网终端。大数据、云计算、物联网、区块链、5G、人工智能等新兴技术推动互联网日益与传统行业领域相互渗透、逐渐融合，各种依托移动设备的新行业、新业态不断涌现。2014年2月，在中央网络安全和信息化领导小组第一次会议上，习近平总书记深刻指出："网络安全和信息化是事关国家安全和国家发展、事关广大人民群众工作生活的重大战略问题，要从国际国内大势出发，总体布局，统筹各方，创新发展，努力把我国建设成为网络强国。"这一阶段，我国信息基础设施建设步伐加快，网络技术创新突破，网络产业日渐繁荣，互联网全面赋能经济社会发展，我国从网络大国向网络强国阔步迈进。

一、基础设施规模不断壮大

基础设施对于经济社会发展具有战略性、基础性、先导性作用。党的十八大以来，我国大力推进基础设施体系化发展和规模化部署，取得显著成效，建成了全球规模最大、技术领先、性能优越的数字基础设施，整体水平实现跨越式提升，为我国经济高质量发展注入强大动力。

建成全球规模最大的网络基础设施。[①] 这一阶段，我国网络基础设施实现从铜线到光纤，从 3G 普及到 5G 商用，综合能力实现跨越提升，建成全球规模最大、技术最先进的 5G 网络，我国成为全球首个基于 5G 独立组网的国家[②]。截至 2023 年底，百兆及以上接入速率的用户数量达 6.01 亿，占总用户数的 94.5%；千兆及以上接入速率的用户数量突破 1.6 亿，占总用户数的 25.7%。我国 4G 基站数量达 629.5 万个，5G 基站数达 337.7 万座，覆盖所有地级市城区、县城城区，覆盖广度深度持续拓展。

全面深入推进互联网协议第六版（IPv6）规模部署和应用。构建高速率、广普及、全覆盖、智能化的下一代互联网，是加快网络强国建设、加速国家信息化进程、助力经济社会发展、赢得未来国际竞争新优势的紧迫要求。2017 年 11 月，中共中央办公厅、国务院办公厅印发《推进互联网协议第六版（IPv6）规模部署行动计划》，提出加快推进基于互联网协议第六版（IPv6）的下一代互联网规模部署，促进互联网演进升级和健康创新发展。中央网络安全和信息化委员会办公室、国家发展和改革委员会、工业和信息化部印发《关于加快推进互联网协议第六版（IPv6）规模部署和应用工作的通知》等文件，积极开展 IPv6 技术创新和融合应用试点工作。2012 年 6 月至 2022 年 6 月，我国 IPv6 地址数年复合增长率达 19.7%。[③] 截至 2023 年 12 月，我国 IPv6 地址资源总量达到

---

① 《制造业实力大幅提升信息通信业跨越发展》，《光明日报》2022 年 6 月 15 日。
② 《移动通信铸就中国科技创新典范》，《人民邮电报》2022 年 6 月 9 日。
③ 《从互联网统计数据看我国互联网行业发展成就及趋势》，《中国网信》2022 年第 10 期。

68042 万块（/32）①，IPv6 活跃用户数达 7.78 亿，用户占比达到 72.1%，用户规模居世界前列。移动网络 IPv6 流量占比达 60.88%，固定网络 IPv6 流量占比达 19.57%。网络基础设施已全部支持 IPv6。②

算力基础设施发展成效显著。算力是集信息计算力、网络运载力、数据存储力于一体的新型生产力，算力基础设施是新型信息基础设施的重要组成部分。2022 年 2 月，国家发展和改革委员会、中央网络安全和信息化委员会办公室等部门联合印发通知，在京津冀、长三角、粤港澳大湾区、成渝、内蒙古、贵州、甘肃、宁夏等 8 地启动建设国家算力枢纽节点，并规划了 10 个数据中心集群。目前，我国算力发展水平稳步提升，通用数据中心、智能计算中心持续加快部署，2023 年底，算力总规模达到 230EFLOPS（每秒百亿亿次浮点运算次数），智能算力比例持续提升，算力规模达 70EFLOPS，增速超过 70%。

物联网、车联网快速推进。物联网作为支撑数字经济的关键基础设施，应用领域深入工业、农业、环境、交通、物流、安保、家居、医疗健康、教育、金融、旅游等社会经济生活的方方面面。移动物联网连接数持续提升，2022 年 8 月，我国移动物联网终端用户数首次超出移动电话用户数，成为全球主要经济体实现首个"物超人"的国家。车联网在技术创新、应用示范、产业生态构建

---

① 中国互联网络信息中心（CNNIC）：《第 53 次中国互联网络发展状况统计报告》，2024 年 3 月。

② 《百舸扬帆正当时——习近平总书记指引我国数字基础设施建设述评》，《中国网信》2023 年第 2 期。

等方面走在世界前列。

自主建设、独立运行的全球卫星导航系统建成。北斗卫星导航系统是我国自主建设、独立运行的卫星导航系统，是为全球用户提供全天候、全天时、高精度的定位、导航和授时服务的国家重要空间基础设施，广泛应用于交通、通信传播等领域，成为推动经济社会发展的时空基石和重要引擎。2020 年 7 月，北斗三号全球卫星导航系统正式开通，北斗系统进入全球化发展新阶段。自建成开通以来，北斗系统运行连续稳定可靠，持续提供功能强大的卫星导航服务，高精度、短报文等特色服务能力得到充分验证。

二、关键核心技术创新突破

网络信息技术是全球研发投入最集中、创新最活跃、应用最广泛、辐射带动作用最大的技术创新领域，是全球技术创新的竞争高地。习近平总书记在中央网络安全和信息化领导小组第一次会议上讲话中指出："建设网络强国，要有自己的技术，有过硬的技术。"党的十八大以来，我国积极部署基础研究和前沿技术研究，紧紧牵住核心技术自主创新"牛鼻子"，着力推动核心技术发展从跟跑到并跑、领跑的转变。近年来，我国大数据、云计算、人工智能、区块链等技术加速创新，软件和集成电路技术加快发展，国产操作系统应用深入推进，量子通信、量子计算等领域实现原创性突破，世界超级计算机 500 强中上榜总数多年蝉联第一，光存储、基础软件、核心元器件等关键共性技术取得重要成果，部分领域形成全球竞争优势，为经济社会各领域的数字化转型提供了有力支撑。

　　移动通信技术实现跨越式发展。我国移动通信坚持国际化发展道路，以开放促竞争，以竞争促创新，不断突破关键核心技术。2013 年 12 月，工业和信息化部向中国移动、中国电信、中国联通颁发"LTE/第四代数字蜂窝移动通信业务（TD-LTE）"经营许可，我国通信行业正式开启 4G 时代。同年，我国启动 5G 研发，研究提出多项核心技术纳入 5G 国际标准。2019 年 6 月，工业和信息化部向中国电信、中国移动、中国联通、中国广电颁发基础电信业务经营许可证，批准四家企业经营"第五代数字蜂窝移动通信业务"。我国进入 5G 商用元年。以 5G 为代表的新一代信息技术正加速融入经济社会各领域各环节，成为数据资源畅通循环的关键支撑，以及引领产业智能化、绿色化、融合化转型升级的重要引擎。① 5G 与垂直行业广泛融合，为智能工厂、远程医疗、智能交通等提供高效连接服务，融合基础设施不断迭代升级。我国前瞻布局第六代移动通信（6G）网络技术储备，加大技术研发支持力度，在 6G 超大规模多输入多输出、通感一体、内生人工智能通信星地一体化网络等关键技术方面取得积极进展。

　　大数据技术能力显著提升。随着移动互联网产业的崛起，海量数据处理技术在电子商务、定向广告、智能推荐、社交网络等方面得到应用，成为重要创新驱动力。2015 年 8 月，国务院发布《促进大数据发展行动纲要》，明确提出"数据已成为国家基础性战略资源"，并对大数据整体发展进行顶层设计和统筹布局。《中华人民共和国国民经济和社会发展第十三个五年规划纲要》明确提出

---

　　① 《我国迎来 5G 规模化应用关键期》，《经济参考报》2023 年 11 月 2 日。

实施国家大数据战略，加快推动相关研发、应用及治理。我国数据资源的拥有量位居全球第二，占全球接近 10%。大数据技术高速发展，从面向海量数据的存储、处理、分析等核心技术延展到数据管理、流通、安全等周边技术，大数据技术体系发展完善。数据安全技术不断升级，隐私计算技术快速发展为数据共享开发和流通应用提供支撑。数据库、大数据平台、实时计算等技术框架逐渐成熟，已能够支撑拍字节（PB）级海量数据的高效存储和准实时计算。

云计算技术走向成熟。云计算作为信息技术发展和服务模式创新的集中体现，是数字化转型的重要基础。近年来，我国高度重视云计算技术发展，发布了一系列相关政策，将云计算作为新一代信息技术产业的重要发展方向和新兴业态加以扶持。我国云计算技术发展水平处于世界前列[①]，"一云多芯"的技术架构为各行各业应用场景提供技术支撑，云原生大数据技术产品成为产业变革浪潮，云计算技术从互联网向制造、政务、金融、医疗、教育等企业级市场拓展，为产业数字化、数字产业化注入了新动能。

人工智能技术创新发展。人工智能是引领未来的新兴战略性技术，是驱动新一轮科技革命和产业变革的重要力量。经过多年的积累，我国人工智能研发取得了重要进展，相关专利和论文数量在国际上居于前列，在语音识别、机器视觉、机器翻译领域全球领先。2012 年至 2022 年 9 月，全球人工智能专利累计申请量达 81 万件，

---

① 中国企业发展研究中心（新华社国家高端智库分中心）：《中国云计算创新活力报告 2.0》，2023 年 12 月。

我国占比 70%，全球专利累计授权量达 25 万件，我国占比 60%。[①]
2022 年底，生成式人工智能的涌现掀起了人工智能技术发展的新浪潮。截至 2024 年 3 月，我国已完成生成式人工智能服务备案达 117 款，涉及教育、文旅、交通等领域，其中千亿级参数规模以上的大模型超过 10 个，大模型数量位居世界第一梯队。

区块链技术突破应用。区块链技术的集成应用在新的技术革新和产业变革中起着重要作用，区块链技术应用已延伸到数字金融、物联网、智能制造、供应链管理、数字资产交易等多个领域。近年来，我国加快推动区块链技术与应用创新发展。2013 年至 2023 年 9 月，全球区块链专利申请量累计达 14.5 万件，累计授权量达 4.3 万件。同期，我国区块链专利申请量、授权量分别为 8.4 万件和 2.4 万件，持续位居全球首位。截至 2023 年 12 月，全球共有区块链企业超 1 万家，美国和中国分别占约四分之一。[②]

三、互联网产业蓬勃发展

新技术的加速应用，催生了新的互联网产业形态，有力推动产业结构优化升级。习近平总书记强调："充分发挥海量数据和丰富应用场景优势，促进数字技术和实体经济深度融合，赋能传统产业转型升级，催生新产业新业态新模式，不断做强做优做大我国数字经济。"党的十八大以来，我国互联网产业迈上新台阶，电信和互联网服务业、通信设备制造业收入总规模稳步增长，网络对经济社

---

① 中国互联网协会：《中国互联网发展报告（2023）》，电子工业出版社 2023 年版，第 86 页。
② 中国信息通信研究院：《区块链白皮书（2023 年）》，2023 年 12 月。

会发展的引领支撑作用日益凸显。

电信和互联网相关服务业飞速发展。电信业务收入保持稳定增长，2013 年至 2023 年，电信业务收入从 1.17 万亿元增长至 1.68 万亿元，移动数据流量业务收入持续超过 6000 亿元，电信业务总量增速持续超过国内生产总值（GDP）增速。2023 年，我国 5G 移动电话用户达到 8.05 亿户，位居全球第一。大数据、云计算等新兴业务快速发展。大数据产业规模高速增长，2022 年达 1.57 万亿元，大数据龙头企业快速崛起，初步形成了大企业引领、中小企业协同、创新企业不断涌现的发展格局。2022 年，我国云计算市场规模达 4550 亿元。

通信设备制造业支撑引领经济社会发展。2023 年，我国智能手机产量 11.4 亿台，出口 8.02 亿台；集成电路产量 3514 亿块，出口 2678 亿块。全年 5G 手机出货量 2.4 亿部，占据市场主流地位。

软件和信息技术服务业稳步增长。我国持续加强顶层设计，建立健全政策体系，产业规模效益快速增长，综合竞争力实现新的跃升。2023 年，全国软件和信息技术服务业规模以上企业超 3.8 万家，累计完成软件业务收入 12.3 万亿元，软件产品、信息技术服务、信息安全产品和服务、嵌入式系统软件等稳步增长[1]，为建设现代产业体系、构建新发展格局提供有力支撑。

互联网企业规范健康发展。我国不断优化平台经济发展环境，引导平台经济迈向高质量发展。互联网企业持续推进基础创新和应用创新，整体呈现良好发展态势，国际影响力不断提升。截至

---

[1]　工业和信息化部：《2023 年软件业经济运行情况》，2024 年 1 月 25 日。

2022 年底，我国价值超 10 亿美元的平台企业达 167 家。2023 年，我国规模以上互联网企业完成互联网业务收入 17483 亿元，同比增长 6.8%。

四、互联网全面赋能经济社会发展

随着网络覆盖面不断扩大，互联网已经成为人们获取信息和享受服务的重要渠道。2012 年 5 月，《互联网行业"十二五"发展规划》提出，"大力发展生产性、民生性互联网应用创新服务，支持健康向上的数字内容服务，构建互联网应用创新生态体系。"党的十八大以来，互联网新技术在教育、就业、社保、医疗卫生、体育、住房、交通、助残养老等领域深度应用，各类互联网应用繁荣发展，在经济社会发展中发挥了重要作用。

互联网普及率全面提升。我国已形成世界上最为庞大、生机勃勃的数字社会，网民规模位居全球第一。2011 年 12 月至 2023 年 12 月，我国网民规模从 5.13 亿增长到 10.92 亿，互联网普及率从 38.3% 提升到 77.5%，网民使用手机上网的比例从 72.2% 上升到 99.9%。互联网应用适老化改造行动持续推进，60 岁及以上老年网民占网民整体的比例大幅提升至 15.6%。未成年人使用互联网的广度和深度明显提升，2022 年未成年网民规模突破 1.93 亿，使用手机上网的未成年网民比例保持在 90% 左右。随着农村互联网基础设施水平不断提升，我国通信难、通信贵等问题得到历史性解决，网民群体进一步从城镇向农村群体延伸，农村互联网普及率从 2012 年 6 月的 23.2% 上升到 2023 年 12 月的 66.5%。

互联网与生产生活深度融合。近年来，农业、工业、金融、教育、医疗、交通、能源等重点领域加快网络技术创新应用，推动经济社会数字化转型。以网络购物、移动支付、线上线下融合等新业态新模式为特征的新型消费迅速发展，2023 年我国全年网上零售超过 15.42 万亿元，连续 11 年成为全球第一大网络零售市场。我国工业互联网产业规模稳步增长，产业活力不断提升。2022 年，工业互联网核心产业规模超 1.2 万亿元。工业互联网技术应用创新加速发展，平台体系加速构建，推动制造业等传统产业数字化、智能化转型。

"互联网+政务服务"建设成效显著。"互联网+政务服务"借助大数据、云计算、物联网等现代信息网络技术，实现了跨层级、跨地域、跨行业、跨部门的一体化服务模式，实现了网上"受理、办理、反馈"的线上服务和实体大厅线下服务的密切配合。截至 2022 年底，户籍证明、社保转接等 200 多项群众经常办理事项实现跨省通办，90% 以上的政务服务实现网上可办。截至 2023 年 12 月，我国在线政务服务用户规模达 9.73 亿，占网民整体比例达 89.1%。

网络文化产业繁荣发展。我国网络文化产业规模持续壮大，产业结构不断优化，内容供给质量不断提升，线上文化消费不断丰富。截至 2023 年 6 月，网络文学用户规模达 5.37 亿，阅读市场规模达 404.3 亿，作者规模达 2405 万，作品数量达 3620 万部。截至 2023 年 12 月，我国网络视听用户规模达 10.74 亿，网民使用率为 98.3%。

互联网开拓生态文明建设新路径。大数据、5G、人工智能等数字技术有机嵌入生态文明建设，在数字化与绿色化的深度融合中，不断提升生态文明建设的科学化、精细化、智能化水平。卫星遥感、无人机航拍、地面自动监测站、水下机器人、物联网等大数据采集技术的应用，不断拓展监测的准确度和时空广度，构建起覆盖大气、水、土壤、生态、海洋各类环境要素的多手段综合、响应快速的监测网络，实现生态环境要素全域监测感知。①

第二节　锚定依法治网之路勇毅前行

党的十八大以来，以习近平同志为核心的党中央在领导全面依法治国和建设网络强国的伟大实践中，提出一系列原创性的新理念新思想新战略，形成了习近平法治思想和习近平总书记关于网络强国的重要思想，指引我国依法治网深入推进。中国特色网络法治体系不断完善，走出了一条既符合国际通行做法、又有中国特色的依法治网之路。

一、推进网络法治建设的强大思想武器和科学行动指南

（一）习近平法治思想是全面依法治国的根本遵循和行动指南

党的十八大以来，党中央把全面依法治国纳入"四个全面"战略布局，放在党和国家事业发展全局中来谋划、来推进，作出一系列重大决策、提出一系列重要举措。党的十八届三中全会将推进法治中国建设作为全面深化改革的重要方面作出专门部署。党的十八届四中全会专题研讨全面推进依法治国，审议通过了《中共中央

---

① 《建设绿色智慧的数字生态文明（人民观察）》，《人民日报》2023 年 12 月 1 日。

关于全面推进依法治国若干重大问题的决定》。党的十九大把全面推进依法治国总目标写入习近平新时代中国特色社会主义思想"八个明确"，把"坚持全面依法治国"写入"十四个坚持"基本方略，明确提出深化依法治国实践，描绘了到 2035 年基本建成法治国家、法治政府、法治社会的目标。党的十九届三中全会决定组建中央全面依法治国委员会，健全党领导全面依法治国的制度和工作机制。党的十九届四中全会提出，坚持和完善中国特色社会主义法治体系，提高党依法治国、依法执政能力。党的二十大进一步丰富完善全面依法治国要求，提出"坚持走中国特色社会主义法治道路，建设中国特色社会主义法治体系、建设社会主义法治国家"，"坚持依法治国、依法执政、依法行政共同推进，坚持法治国家、法治政府、法治社会一体建设，全面推进科学立法、严格执法、公正司法、全民守法"。

在全面推进依法治国过程中，习近平总书记创造性提出了关于全面依法治国的一系列具有原创性、标志性的新理念新思想新战略，形成了习近平法治思想。习近平法治思想内涵丰富、论述深刻、逻辑严密、系统完备，其主要方面集中体现为"十一个坚持"：坚持党对全面依法治国的领导；坚持以人民为中心；坚持中国特色社会主义法治道路；坚持依宪治国、依宪执政；坚持在法治轨道上推进国家治理体系和治理能力现代化；坚持建设中国特色社会主义法治体系；坚持依法治国、依法执政、依法行政共同推进，法治国家、法治政府、法治社会一体建设；坚持全面推进科学立法、严格执法、公正司法、全民守法；坚持统筹推进国内法治和涉外法治；坚持建设德才兼备的高素质法治工作队伍；坚持抓住领导干部这个"关键少数"。习近平法治思想深刻阐明了全面依法治国的政治方向、重要地位、重点任务、重大关系、工作布局、重要保障，构成了一个富有开创性、实践性、真理性、前瞻性的科学思想体系。

在习近平法治思想指引下，《法治中国建设规划（2020—2025年）》公布实施，强调维护宪法权威，统筹推进法律规范体系、法治实施体系、法治监督体系、法治保障体系和党内法规体系建设，这是新中国成立以来第一个关于法治中国建设的专门规划，是新时代推进全面依法治国的纲领性文件。《法治社会建设实施纲要（2020—2025年）》对依法治理网络空间作出系统部署，指出要"推动社会治理从现实社会向网络空间覆盖，建立健全网络综合治理体系"，"全面推进网络空间法治化，营造清朗的网络空间"。网络空间成为全面推进依法治国的全新领域，网络法律体系成为中国特色社会主义法治体系的重要组成部分，网络法治工作成为全面依法治国在网信领域的重要实践。

（二）习近平总书记关于网络强国的重要思想为做好新时代网络安全和信息化工作指明前进方向、提供根本遵循

党的十八大以来，习近平总书记从信息化发展大势和国内国际大局出发，重视互联网、发展互联网、治理互联网，统筹推进网络安全和信息化工作，形成了内涵丰富、科学系统的习近平总书记关于网络强国的重要思想，为做好新时代网络安全和信息化工作指明了方向、提供了根本遵循。

习近平总书记关于网络强国的重要思想是一个辩证统一的有机整体，其科学内涵和核心要义集中体现为"五个明确"。**明确了网**

信工作在党和国家事业全局中的重要地位。习近平总书记指出，"没有网络安全就没有国家安全，没有信息化就没有现代化，网络安全和信息化事关党的长期执政，事关国家长治久安，事关经济社会发展和人民群众福祉"，"过不了互联网这一关，就过不了长期执政这一关，要把网信工作摆在党和国家事业全局中来谋划，切实加强党的集中统一领导"，"必须旗帜鲜明、毫不动摇坚持党管互联网，加强党中央对网信工作的集中统一领导，确保网信事业始终沿着正确方向前进"。这些重要论述深刻阐明了网络强国建设在巩固党的长期执政地位、建设社会主义现代化国家、维护总体国家安全、维护人民群众根本利益等方面的作用，明确提出了"党管互联网"这一重大政治原则。**明确了网络强国建设的战略目标**。习近平总书记指出："要站在实现'两个一百年'奋斗目标和中华民族伟大复兴中国梦的高度，加快推进网络强国建设。要按照技术要强、内容要强、基础要强、人才要强、国际话语权要强的要求，向着网络基础设施基本普及、自主创新能力显著增强、数字经济全面发展、网络安全保障有力、网络攻防实力均衡的方向不断前进，最终达到技术先进、产业发达、攻防兼备、制网权尽在掌握、网络安全坚不可摧的目标。"这些重要论述科学规划了网络强国的基本要素和战略目标，擘画了网络强国建设的宏伟蓝图。**明确了网络强国建设的原则要求**。习近平总书记指出："要坚持创新发展、依法治理、保障安全、兴利除弊、造福人民的原则，坚持创新驱动发展，以信息化培育新动能，用新动能推动新发展；坚持依法治网，让互联网始终在法治轨道上健康运行；坚持正确网络安全观，筑牢国家网络安全屏障；坚持防范风险和促进健康发展并重，把握机遇挑战，让互联网更好造福社会；坚持以人民为中心的发展思想，让亿万人民在共享互联网发展成果上有更多获得感。"这些重要论述鲜明指出了网络强国建设的基本原则和总体要求，体现了对网络强国建设内在规律的深刻把握。**明确了互联网发展治理的国际主张**。习近平总书记指出，"要坚持尊重网络主权、维护和平安全、促进开放合作、构建良好秩序等全球互联网治理的四项原则，倡导加快全球网络基础设施建设、打造网上文化交流共享平台、推动网络经济创新发展、保障网络安全、构建互联网治理体系等构建网络空间命运共同体的五点主张，强调发展共同推进、安全共同维护、治理共同参与、成果共同分享，携手建设和平、安全、开放、合作的网络空间"。这些重要论述，描绘了携手构建网络空间命运共同体的美好愿景，为推动全球互联网治理体系变革提供了中国方案、贡献了中国智慧。**明确了做好网信工作的基本方法**。习近平总书记指出："网信工作涉及众多领域，要加强统筹协调、实施综合治理，形成强大工作合力。要把握好安全和发展、自由和秩序、开放和自主、管理和服务的辩证关系，整体推进网络内容建设、网络安全、信息化、网络空间国际治理等各项工作。"这些重要论述蕴含了丰富的马克思主义思想方法和工作方法，具有很强的现实针对性和科学指导性，为新时代推进网信事业发展提供了科学的方法论。

2023 年 7 月 14 日至 15 日，全国网络安全和信息化工作会议在北京召开。习近平总书记对网络安全和信息化工作作出重要指示，指出党的十八大以来，我国网络安全和信息化事业取得重大成就，党对网信工作的领导全面加强，网络空间主流思想舆论巩固壮大，网络综合治理体系基本建成，网络安全保障体系和能力持续提升，网信领域科技自立自强步伐加快，信息化驱动引领作用有效发挥，网络空间法治化程度不断提高，网络空间国际话语权和影响力明显增强，网络强国建设迈出新步伐。习近平总书记鲜明提出网信工作的使命任务，明确"十个坚持"重要原则，并对网信工作提出要求。"十个坚持"重要原则具体包括：坚持党管互联网，坚持网信为民，坚持走中国特色治网之道，坚持统筹发展和安全，坚持正能量是总要求、管得住是硬道理、用得好是真本事，坚持筑牢国家网络安全屏障，坚持发挥信息化驱动引领作用，坚持依法管网、依法办网、依法上网，坚持推动构建网络空间命运共同体，坚持建设忠诚干净担当的网信工作队伍。

在习近平总书记关于网络强国的重要思想指引下，网络空间法治化程度不断提高，我国将"坚持依法管网、依法办网、依法上网"作为重大成就和重要原则，网络法治工作在网信事业高质量发展全局中的定位和作用更加凸显，肩负着新的更加重要的使命和任务，网络法治建设迈上了新的历史方位。

（三）将依法治网纳入全面依法治国工作布局和网络强国建设全局

推进依法治网是全面依法治国方略和网络强国战略的重要结合点。党的十八大以来，习近平总书记高度重视网络法治工作，强调要坚持依法管网、依法办网、依法上网，围绕依法治网这一重大时代课题，提出了一系列原创性的新理念新思想新战略，明确了网络法治在党和国家事业全局中的重要地位、战略目标、原则要求、国际主张和基本方法。习近平总书记关于网络法治的重要论述是习近平法治思想和习近平总书记关于网络强国的重要思想的重要组成部分，为做好新时代网络法治工作提供了根本遵循和行动指南。

深刻阐述了网络法治建设的时代要求。当前，中华民族伟大复兴战略全局、世界百年未有之大变局与信息革命时代潮流发生历史性交汇，新一轮科技革命和产业变革深入发展。习近平总书记准确把握人类社会正在经历信息革命的时代大势，强调"互联网不是法外之地"，"加强重点领域、新兴领域、涉外领域立法，统筹推进国内法治和涉外法治，以良法促进发展、保障善治"，"要把依法治网作为基础性手段，继续加快制定完善互联网领域法律法规，推动依法管网、依法办网、依法上网，确保互联网在法治轨道上健康运行"，等等。这些重要论述，科学标定了网络法治建设的时代背景和历史方位，充分体现了对信息时代发展脉搏的深刻洞察、对网络空间全新特征的精准把握，进一步深化了对网络法治建设历史必然性和现实紧迫性的认识。

科学指明了网络法治建设的实践路径。习近平总书记在深刻总结我国全功能接入国际互联网以来依法治网实践经验的基础上，聚焦新时代以来网络法治工作面临的新形势新任务新情况新问题，对网络法治建设作出全面部署，明确提出"以良法善治保障新业态新模式健康发展"，"要抓紧制定立法规划，完善互联网信息内容管理、关键信息基础设施保护等法律法规"，"要依法加强网络社会管理"，等等。这些重要论述，深深植根我国网络法治建设实践沃土，源于实践、指导实践、又被实践所验证，引领我国网络法治建设迈上新台阶，展现出坚实的实践根基、鲜明的实践导向和强大的实践伟力。

突出强调了网络法治建设的为民理念。网络法治与亿万人民群众的获得感、幸福感、安全感息息相关。习近平总书记多次强调，"要本着对社会负责、对人民负责的态度，依法加强网络空间治理"，"要依法严厉打击网络黑客、电信网络诈骗、侵犯公民个人隐私等违法犯罪行为"，"维护公民在网络空间的合法权益"，等等。这些重要论述，坚持网络法治为了人民、依靠人民、造福人民、保护人民，为网络法治建设注入了最深沉最持久的动力源泉和发展基础。

明确提出了网络法治国际交流合作的中国主张。习近平总书记创造性地提出了推进全球互联网治理体系变革的"四项原则"和构建网络空间命运共同体的"五点主张"，明确提出"各国应该共同努力，防范和反对利用网络空间进行的恐怖、淫秽、贩毒、洗钱、赌博等犯罪活动"，"中国愿同各国一道，加强对话交流，有效管控分歧，推动制定各方普遍接受的网络空间国际规则"，等等。这些重要论述，把法治作为推动全球互联网治理体系变革和构建网络空间命运共同体的重要保障，为网络法治建设提出了中国方案、贡献了中国智慧。

新时代网络法治建设坚持以习近平新时代中国特色社会主义思想特别是习近平法治思想和习近平总书记关于网络强国的重要思想为指导，积极探索构建与互联网发展相适应的法治体系，充分发挥法治在网络强国建设中的基础性作用，坚持依法管网、依法办网、依法上网，确保互联网在法治轨道上健康运行。

二、互联网管理领导体制日益健全

这一阶段，我国高度重视互联网发展治理，不断健全互联网管理领导体制。2013 年 11 月，党的十八届三中全会通过《中共中央关于全面深化改革若干重大问题的决定》，提出"坚持积极利用、科学发展、依法管理、确保安全的方针，加大依法管理网络力度，加快完善互联网管理领导体制，确保国家网络和信息安全"。

推进互联网管理领导体制改革。党的十八大以来，以习近平同志为核心的党中央主动顺应信息革命发展潮流，高度重视、统筹推进网络安全和信息化工作，全面加强党中央对网信工作的集中统一领导，改革和完善互联网管理领导体制。2014 年 2 月，习近平总书记主持召开中央网络安全和信息化领导小组第一次会议，亲自担任中央网络安全和信息化领导小组组长，着力加强党中央对网信工作的集中统一领导。2018 年 2 月，党的十九届三中全会通过《深化党和国家机构改革方案》，将中央网络安全和信息化领导小组改为委员会，负责网信领域重大工作的顶层设计、总体布局、统筹协调、整体推进、督促落实。同时，优化中央网络安全和信息化委员会办公室职责。习近平总书记指出："要发挥中央网络安全和信息化委员会决策和统筹协调作用，在关键问题、复杂问题、难点问题上定调、拍板、督促。"网信工作顶层设计和总体架构得以确立，网信领导体制更加理顺。同时，网信三级工作体系建设不断加快。目前，各省级、地市级党委均成立网络安全和信息化委员会，全国一体、上下协同的网信工作体系不断健全。

在中央网络安全和信息化委员会统筹协调推进下，相关部门依据职责进一步形成依法治网的强大合力。例如，《网络安全法》规定，国家网信部门负责统筹协调网络安全工作和相关监督管理工作；国务院电信主管部门、公安部门和其他有关机关依照该法和有关法律、行政法规的规定，在各自职责范围内负责网络安全保护和监督管理工作。《数据安全法》规定，工业、电信、交通、金融、自然资源、卫生健康、教育、科技等主管部门承担本行业、本领域数据安全监管职责；公安机关、国家安全机关等依照该法和有关法律、行政法规的规定，在各自职责范围内承担数据安全监管职责；国家网信部门依照该法和有关法律、行政法规的规定，负责统筹协调网络数据安全和相关监管工作。《个人信息保护法》规定，国家网信部门负责统筹协调个人信息保护工作和相关监督管理工作。国务院有关部门依照该法和有关法律、行政法规的规定，在各自职责范围内负责个人信息保护和监督管理工作。

群团组织在网络治理中发挥积极作用。习近平总书记指出："工会、共青团、妇联等群团组织要下大气力开展网上工作，亮出群团组织的旗帜，发出我们的声音，对模糊认识进行引导，对错误言论进行驳斥，让群众能在网上找到自己的组织、参加组织的活动。"这一阶段，工会、共青团、妇联等群团组织结合自身职责，直面互联网发展和治理中的重点问题，在网络治理中发挥了积极作用。全国总工会持续推进网上工作，提升职工网络素养，共青团中央多形式提升青年人网络素养、保护未成年人网络权益，全国妇女联合会开展多方行动，加强新时代妇女权益保障。

三、社会各方面力量积极参与网络治理

习近平总书记指出："要压实互联网企业的主体责任，决不能让互联网成为传播有害信息、造谣生事的平台。要加强互联网行业自律，调动网民积极性，动员各方面力量参与治理。"这一阶段，我国重视发挥社会各方面力量，网络治理取得积极成效。

（一）互联网行业自律机制逐步健全

行业组织是企业与政府之间的桥梁与纽带，具有联系政府、服务企业、促进行业自律的功能。这一阶段，我国互联网行业组织进一步发展成熟，在协助政府加强和改善互联网行业管理、反映互联网企业诉求和行业发展情况、组织制定互联网"行规行约"、维护互联网企业利益等方面发挥了积极作用。

互联网行业组织陆续成立。2013 年 3 月，原中国互联网上网服务营业场所行业协会（2017 年更名为中国互联网上网服务行业协会）正式成立。由原文化部主管，负责规范互联网上网服务营业场所经营秩序，保障互联网上网服务营业场所经营者和上网用户的合法权益，促进互联网上网服务行业的健康发展。2015 年 8 月，中国互联网发展基金会成立。该基金会是国家互联网信息办公室主管的全国性公募基金会，旨在资助中国互联网事业健康发展，促进网络正能量传播，助推国家网络安全和信息化发展，促进互联网领域国际及港澳台地区交流与合作等。2015 年 12 月，中国互联网金融协会成立。该协会是中国人民银行会同国家有关部门组织建立的国家级互联网金融行业自律组织，旨在通过自律管理和会员服务，规范从业机构市场行为，保护行业合法权益，推动从业机构更好地

服务经济社会发展，引导行业规范健康运行。2016年3月，中国网络空间安全协会成立。该协会是我国首个网络安全领域的全国性社会团体，由国家互联网信息办公室主管，旨在组织和动员社会各方面力量参与我国网络空间安全建设，促进我国网络空间的安全和发展。2018年5月，中国网络社会组织联合会成立。该联合会是国内网络安全和信息化领域的社会组织、相关机构等自愿结成的全国性、联合性、枢纽型非营利性社会组织，由国家互联网信息办公室主管，旨在积极发挥桥梁纽带作用，统筹协调社会各方资源，促进网络社会组织发展。

互联网行业组织促进行业健康发展。我国互联网领域相关行业组织充分发挥纽带桥梁作用，为互联网行业高质量发展提供有力支撑。促进互联网企业国际化发展，积极搭建国内外交流与合作的平台，支持和帮助互联网企业提档升级和"走出去"，鼓励企业建立创新研发中心，促进产业成果与海外项目对接落地，引导龙头企业、先进企业发挥好带头作用，推动加强企业间合作，促进产业链形成合力抱团出海，努力拓展海外市场。督促企业合规经营，积极倡导行业自律，通过建立互联网平台对话机制、互联网重大问题研究机制、互联网企业纠纷调解机制等方式，团结政产学研各方力量，广泛凝聚行业共识，积极探索行业自律、自治的新模式和新方法，共同营造行业健康发展良好生态。加强产业支撑，依托职业技能培训、大赛、特色产业园计划，以及各类专家讲座和交流活动，加强产业专业人才培育，推广先进的数字化转型路径经验，普惠服务中小微企业，助力产业数字化升级。

（二）平台企业履责水平不断提升

习近平总书记指出："我国互联网企业由小到大、由弱变强，在稳增长、促就业、惠民生等方面发挥了重要作用。"这一阶段，我国平台经济保持较快增长，平台企业在网络治理中发挥着越来越重要的作用。

网络平台参与维护网络空间秩序。加强安全防护和个人信息保护，如向用户普及安全防护知识，设置账号冻结、解冻等安全工具，建立用户投诉维权机制等，对用户合法权益进行保护。加强网络信息内容管理，如在平台服务使用规范中列举违规内容类别及判断标准，加强对平台内容的规范管理，开展专项治理活动等。加强平台秩序维护，如部分平台制定全过程服务规则，有效保护用户权益，规范平台运营行为。强化消费者权益保护，如以平台数据对用户诚信水平进行量化评级，推出即时退款、退货、维权等分级服务。突出重点群体权益保护，如上线未成年人家长服务平台，针对未成年人沉迷网络、不理性消费、共用账号等问题为家长提供个性化解决方案。

（三）网民积极参与网络治理

网民是网络空间的建设者，也是网络治理的参与者。习近平总书记指出："让互联网成为我们同群众交流沟通的新平台，成为了解群众、贴近群众、为群众排忧解难的新途径，成为发扬人民民主、接受人民监督的新渠道。"近年来，我国网民积极参与网络治理，在网络内容建设和网络空间治理等方面发挥着积极作用。

网民积极参与网络法治建设。例如，在《网络安全法》《个人信息保护法》《未成年人网络保护条例》《网络信息内容生态治理规定》等法律法规制定过程中，广大网民积极提出意见建议，促进完善网络法律制度。同时，我国不断拓宽网民举报监督渠道，及时受理处理网民投诉举报，保障网民通过举报监督等方式积极参与网络空间治理。例如，中央网信办违法和不良信息举报中心指导全国各级网信举报工作部门、主要网站平台畅通举报渠道，加大违法和不良信息受理处置力度，推动构建良好网络生态，2023 年共受理处置网民举报线索 2.06 亿件。

第三节　网络法律体系基本形成

习近平总书记高度重视网络立法工作，深刻指出，"要抓紧制定立法规划，完善互联网信息内容管理、关键信息基础设施保护等法律法规"，"要加快网络立法进程，完善依法监管措施，化解网络风险"，"以良法善治保障新业态新模式健康发展"。党的十八届四中全会通过的《中共中央关于全面推进依法治国若干重大问题的决定》指出，"加强互联网领域立法，完善网络信息服务、网络安全保护、网络社会管理等方面的法律法规，依法规范网络行为"。截至目前，我国制定出台网络领域立法 150 余部，基本形成了以宪法为根本，以法律、行政法规、部门规章和地方性法规、地方政府规章为依托，以传统立法为基础，以网络内容建设与管理、网络安全和信息化等网络专门立法为主干的网络法律体系，搭建起我国网络法治的"四梁八柱"，为网络强国建设提供了坚实的制度保障。

一、建立健全网络安全和信息化基础制度

网络和信息技术迅猛发展，深度融入我国经济社会的各个方面，极大改变和影响人们的社会活动和生活方式，在促进技术创新、经济发展、文化繁荣、社会进步的同时，网络攻击、网络侵入等非法活动威胁着网络安全。如何切实保障网络安全，促进信息化健康发展，成为这一阶段的重要问题。为落实党中央要求，回应人民群众期待，2016 年 11 月，十二届全国人大常委会第二十四次会议通过《网络安全法》，自 2017 年 6 月 1 日起施行。

《网络安全法》是我国第一部全面规范网络安全和信息化的基础性法律，是我国网络立法的重要里程碑。该法确立了网络安全基本原则，明确了网络安全和信息化领域基础制度，对于落实总体国家安全观，维护国家网络空间主权、安全和发展利益具有十分重要的意义，为推进网络强国建设提供了重要法律保障。

明确网络发展与促进制度。《网络安全法》确立了网络安全与信息化发展并重原则，明确国家遵循积极利用、科学发展、依法管理、确保安全的方针，推进网络基础设施建设和互联互通，鼓励网络技术创新和应用，支持培养网络安全人才，建立健全网络安全保障体系，提高网络安全保护能力。同时，以专章形式规定"网络安全支持与促进"制度，明确国家建立和完善网络安全标准体系，支持网络安全技术的研究开发和应用，推进网络安全社会化服务体系建设，鼓励开发网络数据安全保护和利用技术，支持创新网络安全管理方式，支持做好网络安全宣传教育和人才培养等。

建立网络运行安全制度。《网络安全法》要求网络运营者按照网络安全等级保护制度的要求，履行相应的网络安全保护义务。明确保障网络产品和服务安全，规定网络产品和服务提供者的安全义务，包括不得设置恶意程序，及时向用户告知安全缺陷、漏洞等风险，持续提供安全维护等，并将网络关键设备和网络安全专用产品的安全认证和安全检测制度上升为法律规定。设专节对关键信息基础设施的运行安全作出规定，明确实行重点保护，规定由国务院制定关键信息基础设施的具体范围和安全保护办法，并对关键信息基础设施运营者的安全保护义务、关键信息基础设施保护统筹协调机制、关键信息基础设施安全保护工作部门的职责等作出规定。

规定保障网络数据安全制度。《网络安全法》要求网络运营者采取数据分类、重要数据备份和加密等措施，防止网络数据泄露或者被窃取、篡改。规定加强个人信息保护，防止个人信息被非法获取、泄露或者非法使用。明确关键信息基础设施的运营者在境内运营中收集和产生的个人信息和重要数据应当在境内存储；因业务需要，确需向境外提供的，应当按照国家网信部门会同国务院有关部门制定的办法进行安全评估。

确立网络信息安全制度。《网络安全法》确立网络身份管理制度，明确网络运营者处置违法信息的义务，规定网络运营者发现法律、行政法规禁止发布或者传输的信息的，应当立即停止传输，采取消除等处置措施，防止信息扩散，保存有关记录，并向有关主管部门报告。规定发送电子信息、提供应用软件不得含有法律、行政法规禁止发布或者传输的信息。明确国家网信部门和有关部门依法履行网络信息安全监督管理职责。

明确网络违法犯罪防范治理制度。《网络安全法》明确依法惩治网络违法犯罪活动，维护网络空间安全和秩序。规定任何个人和组织不得从事非法侵入他人网络、干扰他人网络正常功能、窃取网络数据等危害网络安全的活动，禁止提供专门用于实施危害网络安全活动的程序、工具，禁止利用网络实施诈骗、传授犯罪方法等违法犯罪活动或利用网络发布违法犯罪活动信息。明确建设、运营网络或者通过网络提供服务应当采取技术措施和其他必要措施防范网络违法犯罪活动。此外，还对网络安全监测预警和应急制度建设作出了有关规定。

规定维护网络空间主权制度。《网络安全法》将维护网络空间主权和国家安全作为立法宗旨，明确在中华人民共和国境内建设、运营、维护和使用网络以及网络安全的监督管理适用该法。规定国家采取措施，监测、防御、处置来源于中华人民共和国境内外的网络安全风险和威胁，保护关键信息基础设施免受攻击、侵入、干扰和破坏。提出国家积极开展网络空间治理、网络技术研发和标准制定、打击网络违法犯罪等方面的国际交流与合作，推动构建和平、安全、开放、合作、有序的网络空间，建立多边、民主、透明的网络治理体系。

二、深入构建网络运行安全制度

在《网络安全法》和有关法律法规基础上，我国深入构建网络运行安全法律制度，完善网络安全等级保护制度，建立健全关键信息基础设施保护体系，加强网络安全风险评估和审查，有效应对网络安全风险。

（一）网络安全等级保护制度

《网络安全法》规定国家实行网络安全等级保护制度，明确网络运营者应当按照网络安全等级保护制度的要求，履行制定内部安全管理制度和操作规程，确定网络安全负责人，采取防范计算机病毒和网络攻击、网络侵入等危害网络安全行为的技术措施，采取监测、记录网络运行状态、网络安全事件的技术措施并按照规定留存相关的网络日志等义务。在《网络安全法》相关规定基础上，2018年 3 月，公安部印发《网络安全等级保护测评机构管理办法》（公信安〔2018〕765 号），进一步明确网络安全等级保护测评机构管理要求，提高等级测评能力和服务水平。此外，《邮政业寄递安全监督管理办法》（中华人民共和国交通运输部令 2020 年第 1 号）、《在线旅游经营服务管理暂行规定》（中华人民共和国文化和旅游部令第 4 号）、《互联网保险业务监管办法》（中国银行保险监督管理委员会令 2020 年第 13 号）、《征信业务管理办法》（中国人民银行令〔2021〕第 4 号）、《电力行业网络安全等级保护管理办法》（国能发安全规〔2022〕101 号）、《电力可靠性管理办法（暂行）》（中华人民共和国国家发展和改革委员会令第 50 号）、《证券期货业网络和信息安全管理办法》（中国证券监督管理委员会令第 218号）、《卫生健康统计工作管理办法》（国家卫生健康委员会令第12 号）、《银行保险机构操作风险管理办法》（国家金融监督管理总局令 2023 年第 5 号）等部门规章及规范性文件也作出相关规定，在邮政、文化和旅游、保险等行业中进一步落实和细化网络安全等级保护制度。

（二）关键信息基础设施安全保护制度

关键信息基础设施是经济社会运行的神经中枢，是网络安全的重中之重。保障关键信息基础设施安全，对于维护国家网络空间主权和国家安全、保障经济社会健康发展、维护公共利益和公民合法权益具有重大意义。在《网络安全法》基础上，为进一步保障关键信息基础设施安全，维护网络安全，2021 年 7 月，国务院公布《关键信息基础设施安全保护条例》，共六章五十一条，明确关键信息基础设施范围、认定机制和保护工作原则目标，明确监督管理体制和关键信息基础设施运营者责任义务，对关键信息基础设施运营者落实网络安全责任、建立健全网络安全保护制度、设置专门安全管理机构、开展安全监测和风险评估、规范网络产品和服务采购活动等作出具体规定，为加快提升关键信息基础设施安全保护能力提供制度保障。2023 年 4 月和 12 月，交通运输部相继发布《公路水路关键信息基础设施安全保护管理办法》《铁路关键信息基础设施安全保护管理办法》，细化对公路、水路、铁路关键信息基础设施的安全保护和监督管理工作要求。

（三）网络安全审查制度

为进一步提高网络产品和服务安全可控水平，防范网络安全风险，维护国家安全，2017 年 5 月，国家互联网信息办公室公布《网络产品和服务安全审查办法（试行）》，就网络安全审查制度作出专门规定，明确网络安全审查的工作机制、审查程序和审查重点等问题。此后，为进一步加强关键信息基础设施供应链安全保障，2020 年 4 月，国家互联网信息办公室联合国家发展和改革委员会、工业和信息化部、公安部等十一部门公布《网络安全审查办法》。2021 年 12 月，国家互联网信息办公室联合工业和信息化部、公安部、国家安全部等十三部门公布修订后的《网络安全审查办法》，进一步完善了网络安全审查的范围与程序等，将网络平台运营者开展数据处理活动影响或者可能影响国家安全等情形纳入网络安全审查，并明确掌握超过 100 万用户个人信息的网络平台运营者赴国外上市必须申报网络安全审查，持续完善网络安全审查制度。

此外，《反间谍法》、《关键信息基础设施安全保护条例》、《公安机关互联网安全监督检查规定》（中华人民共和国公安部令第151 号）、《证券期货业网络和信息安全管理办法》（中国证券监督管理委员会令第 218 号）等有关法律法规也对网络产品和服务安全等作出了相应规定，进一步提升了网络安全保护水平。

三、建立完善数据安全和个人信息保护制度

这一阶段，数据安全已经成为事关国家安全与经济社会发展的重大问题，个人信息保护日益引起社会各界广泛关注。我国不断建立数据安全和个人信息保护基本制度，完善相关配套规定。

（一）数据安全制度

党中央高度重视数据安全问题，习近平总书记指出，"要切实保障国家数据安全"，"加快法规制度建设"。党的十九届四中全会通过的《中共中央关于坚持和完善中国特色社会主义制度　推进国家治理体系和治理能力现代化若干重大问题的决定》，明确将数据作为新的生产要素。按照党中央部署和贯彻落实总体国家安全观

的要求，2021 年 6 月，十三届全国人大常委会第二十九次会议通过《数据安全法》。

《数据安全法》作为数据安全领域的基础性立法，为我国数据安全提供了重要法律保障，对于更好维护数据安全、充分发挥数据要素价值具有重要意义。

建立数据安全与发展制度。《数据安全法》坚持安全与发展并重原则，设专章对支持促进数据安全与发展的措施作了规定，保护个人、组织与数据有关的权益，提升数据安全治理和数据开发利用水平。包括实施大数据战略，制定数字经济发展规划；支持数据相关技术研发和商业创新；推进数据相关标准体系建设，促进数据安全检测评估、认证等服务的发展；培育数据交易市场；支持采取多种方式培养专业人才等。

完善数据安全制度。《数据安全法》建立数据分类分级保护制度，明确各地区各部门确定重要数据保护具体目录，对列入目录的数据进行重点保护。建立集中统一、高效权威的数据安全风险评估、报告、信息共享、监测预警机制，加强数据安全风险信息的获取、分析、研判、预警工作。建立数据安全应急处置机制，有效应对和处置数据安全事件。确立数据安全审查制度和出口管制制度。明确任何国家或者地区在与数据和数据开发利用技术等有关的投资、贸易等方面对我国采取歧视性措施，我国可以根据实际情况对等采取措施。

明确数据安全保护义务。《数据安全法》明确开展数据处理活动应当遵守法律法规，符合社会公德和伦理。规定开展数据处理活动应当按照法律、行政法规的规定建立健全全流程数据安全管理制度，组织开展数据安全教育培训，采取相应的技术措施和其他必要措施，保障数据安全。明确开展数据处理活动应当加强风险监测、定期开展风险评估，及时处置数据安全事件，并履行相应的报告义务。同时，《数据安全法》对数据交易中介服务和数据处理相关服务等作出规范，对向境外提供数据、公安机关和国家安全机关因依法履行职责需要调取数据作出规定。

建立政务数据安全与开放制度。《数据安全法》对推进电子政务建设，提升运用数据服务经济社会发展的能力提出要求。同时，规定国家机关收集、使用数据的条件和程序，并要求落实数据安全保护责任，保障政务数据安全；对国家机关委托他人建设、维护电子政务系统及存储、加工政务数据的审批要求和监督义务作出规定；要求国家机关按照规定及时准确公开政务数据，制定政务数据开放目录，构建政务数据开放平台，推动政务数据开放利用。

在此基础上，为规范汽车数据处理活动，保护个人、组织的合法权益，维护国家安全和社会公共利益，促进汽车数据合理开发利用，2021 年 8 月，国家互联网信息办公室、工业和信息化部等五部门联合公布《汽车数据安全管理若干规定（试行）》，明确汽车数据处理活动的原则、个人信息保护、重要数据处理活动和汽车数据安全监督管理和保障等有关规定。2022 年 12 月，工业和信息化部印发《工业和信息化领域数据安全管理办法（试行）》，进一步落实数据分类分级保护要求，明确工业和信息化领域数据安全管理制度。

（二）个人信息保护制度

随着我国信息化建设不断推进，信息技术广泛应用，信息网络快速普及，滥用个人信息以及电信网络诈骗等违法犯罪活动时有发生。在数字经济发展和网络法治建设进程中，我国逐步建立并不断发展完善个人信息保护法律制度，系统构建个人信息权益全链条保护的法律屏障。

逐步深化个人信息保护框架建设。2012 年 12 月，十一届全国人大常委会第三十次会议通过《全国人民代表大会常务委员会关于加强网络信息保护的决定》，明确了公民个人电子信息保护的基本原则和规则。此后，我国不断完善充实个人信息保护法律框架体系。2013 年 7 月，工业和信息化部公布《电信和互联网用户个人信息保护规定》（中华人民共和国工业和信息化部令第 24 号），明确电信和互联网用户个人信息的保护范围、用户个人信息收集和使用原则规则、代理商管理、安全保障、监督检查等制度；2013 年 10 月，修改后的《消费者权益保护法》规定，消费者在购买、使用商品和接受服务时，享有个人信息依法得到保护的权利；2016 年 11 月，《网络安全法》进一步完善了个人信息保护的制度规则；2018 年 8 月，《电子商务法》明确电子商务经营者的个人信息保护义务；2019 年 8 月，国家互联网信息办公室公布的《儿童个人信息网络保护规定》（国家互联网信息办公室令第 4 号）加强对儿童个人信息的网络保护；2020 年 5 月，《民法典》在人格权编以专章形式对隐私权和个人信息保护进行明确，对民事领域的个人信息保护问题作了系统规定。

制定个人信息保护专门立法。信息领域的新技术、新业态、新模式不断涌现，个人信息的应用领域更加宽广，处理主体和处理场景更加复杂多样，加强个人信息保护的任务更加艰巨，亟需进一步增强法律规范的系统性、权威性和针对性，在个人信息保护方面形成更加完备的制度，提供更加有力的法律保障。为进一步保护个人信息权益，规范个人信息处理活动，促进个人信息合理利用，2021年 8 月，十三届全国人大常委会第三十次会议通过《个人信息保护法》，该法成为我国第一部个人信息保护专门法律。

健全个人信息处理规则。《个人信息保护法》明确处理个人信息应当遵循合法、正当、必要、诚信的原则，具有明确、合理的目的，限于实现处理目的的最小范围，公开处理规则，保证信息准确，采取安全保护措施等。确立以"告知—同意"为核心的个人信息处理规则，并根据个人信息处理的不同环节、不同个人信息种类作出针对性规定。同时，《个人信息保护法》分别设专节，规定处理敏感个人信息和国家机关处理个人信息的规则。此外，国家互联网信息办公室、工业和信息化部、公安部、国家市场监督管理总局先后联合印发《App 违法违规收集使用个人信息行为认定方法》（国信办秘字〔2019〕191 号）、《常见类型移动互联网应用程序必要个人信息范围规定》（国信办秘字〔2021〕14 号），明确移动应用程序收集使用个人信息的范围和违法违规情形等。

明确个人信息处理活动中个人的权利和处理者义务。《个人信息保护法》明确在个人信息处理活动中个人的各项权利，包括知情权，决定权，查阅、复制权，可携带权，更正、补充权，删除权等，并要求个人信息处理者建立个人行使权利的申请受理和处理机制。同时，明确个人信息处理者的合规管理和保障个人信息安全等义务，要求其按照规定制定内部管理制度和操作规程，采取相应的安全技术措施，并指定负责人对其个人信息处理活动进行监督；定期对其个人信息活动进行合规审计；对处理敏感个人信息、向境外提供个人信息等高风险处理活动，事前进行个人信息保护影响评估；履行个人信息泄露通知和补救义务等。此外，还明确了履行个人信息保护监管职责的部门。

（三）数据跨境流动管理制度

随着数字经济的蓬勃发展，数据和个人信息跨境需求快速增长。同时，由于不同国家和地区的法律制度、保护水平等方面存在差异，数据和个人信息出境安全风险也相应凸显，既影响个人信息权益，又关系国家安全和社会公共利益。

根据《网络安全法》《数据安全法》《个人信息保护法》相关规定，2022年7月，国家互联网信息办公室公布《数据出境安全评估办法》，提出数据出境安全评估坚持事前评估和持续监督相结合、风险自评估与安全评估相结合等原则，明确了申报数据出境安全评估的情形，提出了数据出境安全评估的具体要求，规定数据处理者在申报数据出境安全评估前应当开展数据出境风险自评估并明确了重点评估事项。此外，还明确了数据出境安全评估程序、监督管理制度、法律责任以及整改要求等。2022年11月，国家市场监督管理总局、国家互联网信息办公室发布《关于实施个人信息保护认证的公告》（国家市场监督管理总局、国家互联网信息办公室公告2022年第37号），进一步完善我国数据出境安全管理制度体系。2023年2月，国家互联网信息办公室公布《个人信息出境标准合同办法》（国家互联网信息办公室令第13号），提出通过订立标准合同的方式开展个人信息出境活动应当坚持自主缔约与备案管理相结合、保护权益与防范风险相结合，保障个人信息跨境安全、自由流动。2023 年 6 月，国家互联网信息办公室与香港特区政府创新科技及工业局签署《关于促进粤港澳大湾区数据跨境流动的合作备忘录》，促进粤港澳大湾区数据跨境安全有序流动，推动粤港澳大湾区高质量发展。此外，公布《关于实施个人信息保护认证的公告》（国家市场监督管理总局、国家互联网信息办公室公告 2022 年第 37 号）、《粤港澳大湾区（内地、香港）个人信息跨境流动标准合同实施指引》（国家互联网信息办公室、香港创新科技及工业局公告 2023 年 3 号）等，促进个人信息合理利用和跨境安全有序流动。

2024 年 3 月，国家互联网信息办公室公布《促进和规范数据跨境流动规定》，对数据出境安全评估、个人信息出境标准合同、个人信息保护认证等数据出境制度作出优化调整，明确了重要数据出境安全评估申报标准，提出未被相关部门、地区告知或者公开发布为重要数据的，数据处理者不需要作为重要数据申报数据出境安全评估；规定了免予申报数据出境安全评估、订立个人信息出境标准合同、通过个人信息保护认证的数据出境活动条件；设立自由贸易试验区负面清单制度；明确应当申报数据出境安全评估的两种数据出境活动情形。同时，明确了应当订立个人信息出境标准合同或者通过个人信息保护认证的数据出境活动条件，并对数据出境安全评估的有效期限和延期申请、数据安全保护义务和监督管理责任、与数据出境安全管理其他规定的衔接适用等作了规定。

四、持续健全网络信息内容建设与管理制度

党中央高度重视网络信息内容建设与管理。党的十八大报告提

出，"加强和改进网络内容建设，唱响网上主旋律"。党的十九大报告提出，"加强互联网内容建设，建立网络综合治理体系，营造清朗的网络空间"。党的二十大报告进一步强调，"健全网络综合治理体系，推动形成良好网络生态"。这一阶段，我国落实《网络安全法》要求，以《互联网信息服务管理办法》为基础，进一步完善网络信息内容建设与管理法律制度。

（一）网络信息服务管理制度

互联网新闻信息服务管理制度。互联网新闻信息服务管理是互联网信息服务管理的重中之重。2017年5月，国家互联网信息办公室公布《互联网新闻信息服务管理规定》，对互联网新闻信息服务许可管理、互联网新闻信息的监督管理执法、互联网新闻信息服务提供者主体责任等内容作出了详细规定。同年5月，国家互联网信息办公室印发《互联网新闻信息服务许可管理实施细则》，对《互联网新闻信息服务管理规定》的相关概念、许可条件和申请材料等进行了细化，明确了传播平台服务提供者应当制定完善的平台账号用户管理制度、用户协议和投诉举报处理机制。同年10月，国家互联网信息办公室印发《互联网新闻信息服务单位内容管理从业人员管理办法》，对从业人员行为规范、从业人员教育培训、从业人员监督管理等问题进行了明确。

网络出版管理制度。2016年2月，原国家新闻出版广电总局、工业和信息化部公布《网络出版服务管理规定》，结合网络出版产业发展情况和问题，以《出版管理条例》和《互联网信息服务管理办法》为依据，明确管理职责，进一步厘清网络出版服务等概念表述，科学设定网络出版服务许可的准入条件，细化网络出版服务的管理要求，进一步明确网络出版服务单位的内容审核责任，强化事中事后监管要求，明确相关法律责任。

网络游戏管理制度。原文化部于2017年12月修订发布《网络游戏管理暂行办法》（中华人民共和国文化部令第57号），明确申请网络游戏经营活动的条件等，进一步强化网络游戏内容管理，并对网络游戏的研发、推广、运营、消费、终止等全流程经营活动进行了制度规范。此外，《文化部关于规范网络游戏运营加强事中事后监管工作的通知》（文市发〔2015〕6号）、《国家新闻出版署关于进一步严格管理切实防止未成年人沉迷网络游戏的通知》（国新出发〔2021〕14号）、《教育部办公厅等六部门关于进一步加强预防中小学生沉迷网络游戏管理工作的通知》（教基厅函〔2021〕41号）等文件进一步规范网络游戏市场秩序，保护消费者和企业合法权益，促进网络游戏行业健康有序发展。

互联网文化管理制度。为加强对互联网文化的管理，保障互联网文化单位的合法权益，促进我国互联网文化健康、有序发展，2017年12月，原文化部修订发布《互联网文化管理暂行规定》，明确从事互联网文化活动的原则，完善许可和备案要求。同时，要求互联网文化单位不得提供载有反对宪法确定的基本原则，危害国家统一、主权和领土完整等内容的文化产品，并设置了相应的法律责任。此外，2015年8月，原国家新闻出版广电总局修订《互联网视听节目服务管理规定》，完善互联网视听节目服务活动的信息内容管理要求。2016年12月，原文化部发布《网络表演经营活动管理办法》（文市发〔2016〕33号）。2021年8月，文化和旅游部发布《网络表演经纪机构管理办法》（文旅市场发〔2021〕91号），进一步加强网络表演管理，规范网络文化市场秩序。

互联网宗教信息服务管理制度。为规范互联网宗教信息服务，保障公民宗教信仰自由，2021年12月，国家宗教事务局、国家互联网信息办公室、工业和信息化部等五部门联合公布《互联网宗教信息服务管理办法》，明确从事互联网宗教信息服务应当向所在地省级人民政府宗教事务部门提出申请，并对许可条件、申请材料、使用名称、办理时限、内容规范、管理规则等作了规定；明确网上讲经讲道应当由取得《互联网宗教信息服务许可证》的宗教团体、宗教院校和寺观教堂组织开展。

（二）网络信息内容治理制度

完善网络信息内容管理相关立法。2015年12月，十二届全国人大常委会第十八次会议通过《反恐怖主义法》，要求电信业务经营者、互联网服务提供者落实网络安全、信息内容监督制度和安全技术防范措施，防止含有恐怖主义、极端主义内容的信息传播，并明确了对含有恐怖主义、极端主义内容的信息的处置要求。2018年4月，十三届全国人大常委会第二次会议通过《英雄烈士保护法》，明确任何组织和个人不得在公共场所、互联网或者利用广播电视、电影、出版物等，以侮辱、诽谤或者其他方式侵害英雄烈士的姓名、肖像、名誉、荣誉。2021年4月，十三届全国人大常委会第二十八次会议通过《中华人民共和国反食品浪费法》，规定网络音视频服务提供者发现用户制作、发布、传播宣扬量大多吃、暴饮暴食等浪费食品的节目或者音视频信息时的处置义务。2023年4月，十四届全国人大常委会第二次会议修订《反间谍法》，明确新闻、广播、电视、文化、互联网信息服务等单位应当面向社会有针对性地开展反间谍宣传教育，并明确电信业务经营者、互联网服务提供者对涉及间谍行为的网络信息内容或者网络攻击等风险的处置措施。2023 年 10 月，十四届全国人大常委会第六次会议通过《爱国主义教育法》，明确网络信息服务提供者应当加强网络爱国主义教育内容建设，制作、传播体现爱国主义精神的网络信息和作品，开发、运用新平台新技术新产品，生动开展网上爱国主义教育活动。

构建网络信息内容生态治理制度。为落实党的十九大关于加快建立网络综合治理体系的重要部署，按照"正能量是总要求、管得住是硬道理、用得好是真本事"的要求，2019 年 12 月，国家互联网信息办公室公布《网络信息内容生态治理规定》，将前期网络内容管理的各项制度，以部门规章的形式进行了集中化的统筹安排。该规定以网络信息内容为主要治理对象，以建立健全网络综合治理体系、营造清朗的网络空间、建设良好的网络生态为目标，突出"政府、企业、社会、网民"等多元主体参与网络生态治理的主观能动性，明确网络信息内容生产者、网络信息内容服务平台、网络信息内容服务使用者以及网络行业组织在网络生态治理中的权利与义务。

在此基础上，2022 年 6 月，国家互联网信息办公室公布《互联网用户账号信息管理规定》（国家互联网信息办公室令第 10 号），进一步划定账号信息注册、使用和账号信息管理的底线、红线，明确责任义务，维护网络空间良好生态。此外，国家互联网信息办公室印发《即时通信工具公众信息服务发展管理暂行规定》

《互联网用户账号名称管理规定》《互联网信息搜索服务管理规定》《互联网直播服务管理规定》《移动互联网应用程序信息服务管理规定》《互联网跟帖评论服务管理规定》《互联网论坛社区服务管理规定》《网络音视频信息服务管理规定》《互联网用户公众账号信息服务管理规定》《互联网群组信息服务管理规定》《微博客信息服务管理规定》《互联网弹窗信息推送服务管理规定》等规范性文件，依法加强网络信息内容生态治理，营造风清气正的网络空间。

（三）新技术新应用新业态信息服务管理制度

建立区块链信息服务管理制度。区块链作为一项新兴技术，具有难以篡改、匿名性等特性。2019 年 1 月，为规范区块链信息服务活动，维护国家安全和社会公共利益，保护公民、法人和其他组织的合法权益，促进区块链技术及相关服务的健康发展，国家互联网信息办公室公布《区块链信息服务管理规定》，明确区块链信息服务的概念、监管机构和监管体制，明确区块链信息服务提供者的信息内容安全管理主体责任、技术条件要求、内部管理机制建设、真实身份验证等义务，并明确备案管理要求等监管制度。在此基础上，国家互联网信息办公室公布《关于区块链信息服务备案管理系统上线的通告》，进一步便利区块链信息服务备案工作，促进区块链信息服务健康发展。

深化人工智能治理制度。2021 年 12 月，为规范互联网信息服务算法推荐活动，弘扬社会主义核心价值观，维护国家安全和社会公共利益，促进互联网信息服务健康有序发展，国家互联网信息办公室、工业和信息化部等四部门联合公布《互联网信息服务算法推荐管理规定》，明确了算法推荐服务提供者的信息服务规范、用户权益保护及相关监督管理制度。2022 年 11 月，为加强互联网信息服务深度合成管理，弘扬社会主义核心价值观，维护国家安全和社会公共利益，保护公民、法人和其他组织的合法权益，国家互联网信息办公室、工业和信息化部等三部门联合公布《互联网信息服务深度合成管理规定》，明确了深度合成相关概念界定、部门职责、导向要求和监管制度，明确了深度合成数据和技术管理规范。2023 年 7 月，为促进生成式人工智能健康发展和规范应用，维护国家安全和社会公共利益，保护公民、法人和其他组织的合法权益，国家互联网信息办公室、工业和信息化部等七部门联合公布《生成式人工智能服务管理暂行办法》。《办法》是全球首部生成式人工智能专门立法，明确了促进生成式人工智能技术发展具体措施，规定生成式人工智能服务基本规范；明确国家坚持发展和安全并重、促进创新和依法治理相结合的原则，采取有效措施鼓励生成式人工智能创新发展，对生成式人工智能服务实行包容审慎和分类分级监管。

确立新技术新应用安全评估制度。为依法指导服务提供者建立健全信息安全管理制度和安全可控的技术保障措施，科学规范开展新技术新应用安全评估工作，发挥新技术新应用安全评估风险防范预警作用，维护国家安全和公共利益，保护公民、法人和其他组织的合法权益，2017 年 10 月，国家互联网信息办公室印发《互联网新闻信息服务新技术新应用安全评估管理规定》，要求服务提供者建立健全新技术新应用安全评估管理制度和保障制度，自行组织或配合开展评估，及时改进完善必要的信息安全保障制度措施。要求服务提供者调整增设新技术新应用，应当建立健全信息安全管理制度和安全可控的技术保障措施，不得发布、传播法律法规禁止的信息内容。强化互联网新闻信息服务提供者内容管理主体责任，促进互联网新闻信息服务健康有序发展，规范互联网新闻信息服务新技术新应用安全评估。2018年11月，国家互联网信息办公室和公安部公布《具有舆论属性或社会动员能力的互联网信息服务安全评估规定》，明确具有舆论属性或社会动员能力的互联网信息服务提供者自主开展安全风险评估的具体要求。

五、加快完善信息化发展制度

这一阶段，我国信息化发展法律制度稳步推进，持续健全基础设施和资源管理、数字政府建设、数据要素安全与发展等制度，不断优化信息化发展环境。

（一）基础设施和资源管理制度

2014年9月，工业和信息化部公布《工业和信息化部关于废止和修改部分规章的决定》（中华人民共和国工业和信息化部令第28号），对《公用电信网间互联管理规定》《电信服务质量监督管理暂行办法》《电信设备进网管理办法》《电信网码号资源管理办法》进行修正，进一步完善相关行政审批要求，健全网间互联、电信服务质量、电信设备进网和电信网码号资源管理制度。2017年7月，工业和信息化部修订《电信业务经营许可管理办法》（中华人民共和国工业和信息化部令第42号），按照简政放权、放管结合、优化服务等要求，进一步完善电信监管，建立电信业务综合管理平台、信用管理制度、信息年报和公示制度、失信名单和惩戒制度，完善事中事后监管体系。2017 年 8 月，工业和信息化部公布《互联网域名管理办法》，明确国家和地方通信管理部门的职责分工，完善域名服务许可制度，规范域名注册服务活动，完善域名注册信息登记和个人信息保护制度等。2018 年 5 月，工业和信息化部印发《通信建设工程质量监督管理规定》（中华人民共和国工业和信息化部令第 47 号），加强通信建设工程质量监督管理，保证通信建设工程质量。

（二）数字政府建设制度规则

党中央、国务院高度重视加强数字政府建设，提出构建协同高效的政府数字化履职能力体系，构建数字政府全方位安全保障体系，构建科学规范的数字政府建设制度规则体系，构建开放共享的数据资源体系，构建智能集约的平台支撑体系，以数字政府建设全面引领驱动数字化发展等目标要求。

加强政府信息在线发布和公开。2014 年 11 月，国务院办公厅印发《关于加强政府网站信息内容建设的意见》（国办发〔2014〕57 号），部署进一步做好政府网站信息内容建设工作，提出明确政府网站信息内容建设总体要求、加强政府网站信息发布工作、提升政府网站传播能力、完善信息内容支撑体系、加强组织保障等五方面措施，着力解决部分政府网站内容更新不及时、信息发布不准确、意见建议不回应等问题。2019 年 4 月，国务院公布修订后的《政府信息公开条例》，明确各级人民政府应当加强政府信息资源的规范化、标准化、信息化管理，加强互联网政府信息公开平台建设，推进政府信息公开平台与政务服务平台融合，提高政府信息公开在线办理水平，并对利用政府网站等公开政府信息提出了明确制度要求。

推进政务数据开放共享制度建设。我国加快法律制度建设，推动政务信息系统互联和公共数据共享，充分发挥政务信息资源共享在深化改革、转变职能、创新管理中的重要作用。除《数据安全法》以专章形式明确政务数据安全与开放外，2016年9月，国务院印发《政务信息资源共享管理暂行办法》（国发〔2016〕51号），对政务部门在履行职责过程中制作或获取的，以一定形式记录、保存的文件、资料、图表和数据等各类信息资源，包括政务部门直接或通过第三方依法采集的、依法授权管理的和因履行职责需要依托政务信息系统形成的信息资源共享活动进行了明确。2022年9月，国务院办公厅印发《全国一体化政务大数据体系建设指南》，就整合构建全国一体化政务大数据体系作出部署，提出要加强数据汇聚融合、共享利用，促进数据高效流通使用，充分释放政务数据资源价值，不断提高政府管理水平和服务效能，为推进国家治理体系和治理能力现代化提供有力支撑。

推进政务信息化建设。2019年12月，国务院办公厅印发《国家政务信息化项目建设管理办法》（国办发〔2019〕57号），规范国家政务信息化建设管理，推动政务信息系统跨部门跨层级互联互通、信息共享和业务协同，强化政务信息系统应用绩效考核。2021年12月，国家发展改革委印发《"十四五"推进国家政务信息化规划》（发改高技〔2021〕1898号），提出强化依法治国信息化基础，围绕全面依法治国需要，提升科学立法、严格执法、公正司法的信息化支撑能力，提高立法监督、协商议政、审判、检察、司法行政等相关领域的业务协同治理水平。在此基础上，各省（自治区、直辖市）发布二十余部信息化建设有关地方性法规，落实国家政务信息化有关要求。

（三）数据要素安全与发展制度

为发挥数据的基础资源作用和创新引擎作用，加快形成以创新为主要引领和支撑的数字经济，我国加快通过立法规范数据处理活动，完善数据安全治理体系，以安全保发展、以发展促安全。

明确数据要素安全与发展要求。在《数据安全法》以专章形式明确数据安全与发展的基础上，为加快构建数据基础制度，充分发挥我国海量数据规模和丰富应用场景优势，激活数据要素潜能，2022 年 12 月，中共中央、国务院印发《关于构建数据基础制度更好发挥数据要素作用的意见》，强调要建立保障权益、合规使用的数据产权制度，建立合规高效、场内外结合的数据要素流通和交易制度，建立体现效率、促进公平的数据要素收益分配制度，建立安全可控、弹性包容的数据要素治理制度。截至 2023 年 12 月，贵州、上海、北京、广东等多个省市出台大数据发展有关的地方性法规，有效推动数据要素价值释放。

六、不断健全网络市场运行管理制度

（一）网络市场运行制度

建立网络市场基础法律制度。这一阶段，我国电子商务迅速发展，在转方式、调结构、稳增长、促就业、惠民生等方面发挥了重要作用。2018 年 8 月，十三届全国人大常委会第五次会议通过《电子商务法》。该法确立了电子商务经营者的分类监管制度，将电子商务经营主体分为电子商务平台经营者、平台内经营者以及通过自建网站、其他网络服务销售商品或者提供服务的电子商务经营者，并提出相应义务要求。同时，该法明确了电子商务合同的订立与履行问题，对电子支付、快递等作出规范，并完善了电子商务交易保障制度，包括电子商务数据信息保护、市场秩序与公平竞争、消费者权益保护、争议解决机制等。此外，还就支持、促进和保障跨境电子商务发展作了专门规定。该法是我国首部专门规范电子商务领域的综合性、基础性法律，对保障电子商务各方主体权益、规范电子商务行为、维护市场秩序、促进电子商务持续健康发展具有重要作用。2020 年 5 月，《民法典》进一步明确了电子合同的属性、成立时间、成立地点，不同标的物类型、交付方式等。

细化网络市场管理规则。2013 年 10 月，我国修正《消费者权益保护法》，明确网络购物"七日无理由退货"等制度，强化网络经营者消费者权益保护主体责任。2017 年 12 月，原国家食品药品监督管理总局公布《医疗器械网络销售监督管理办法》（中华人民共和国国家食品药品监督管理总局令第 38 号），加强医疗器械网络销售和医疗器械网络交易服务监督管理。2020 年 10 月，国家市场监督管理总局公布修订后的《网络购买商品七日无理由退货暂行办法》（国家市场监督管理总局令第 31 号），进一步落实《消费者权益保护法》中有关七日无理由退货规定，保护消费者合法权益。2024 年 3 月，国务院公布《中华人民共和国消费者权益保护法实施条例》，细化和补充了经营者义务，完善了网络消费相关规定。

《电子商务法》出台后，我国继续推进完善电子商务管理各项制度。市场主体登记管理制度不断完善。2022 年 3 月，国家市场监督管理总局公布《中华人民共和国市场主体登记管理条例实施细则》（国家市场监督管理总局令第 52 号），进一步强调电子商务经营者的信息披露和公示义务。网络购物、互联网广告、网络招聘等制度建立健全。2022 年 4 月，国家市场监督管理总局公布《明码标价和禁止价格欺诈规定》（国家市场监督管理总局令第 56 号），规定明确七种典型价格欺诈行为，灵活规定网络交易明码标价的形式。2023 年 2 月，国家市场监督管理总局公布《互联网广告管理办法》（国家市场监督管理总局令第 72 号），对利用互联网媒介进行的商业广告活动进行规范。

建立互联网新业态专门制度。数字经济新业态新模式快速涌现，在为经济社会发展带来巨大动力和潜能的同时，也对社会治理、产业发展等提出了新的挑战。2016 年 7 月，为更好地满足社会公众多样化出行需求，促进出租汽车行业和互联网融合发展，规范网络预约出租汽车经营服务行为，保障运营安全和乘客合法权益，交通运输部、工业和信息化部、公安部等七部门公布《网络预约出租汽车经营服务管理暂行办法》（中华人民共和国交通运输部、中华人民共和国工业和信息化部、中华人民共和国公安部、中华人民共和国商务部、国家工商行政管理总局、国家质量监督检验检疫总局、国家互联网信息办公室令 2016 年第 60 号），并于 2019 年、2022 年进行两次修订，明确了网约车经营服务的定义和管理要求。2016 年 8 月，为加强对网络借贷信息中介机构业务活动的监督管理，促进网络借贷行业健康发展，原中国银行业监督管理委员会、工业和信息化部、国家互联网信息办公室等联合公布《网络借贷信息中介机构业务活动管理暂行办法》（中国银行业监督管理委员会、中华人民共和国工业和信息化部、中华人民共和国公安部、国家互联网信息办公室令2016年第1号），规范网络借贷信息中介机构业务活动，保护出借人、借款人、网络借贷信息中介机构及相关当事人合法权益。2020年8月，文化和旅游部公布《在线旅游经营服务管理暂行规定》（中华人民共和国文化和旅游部令第4号），明确在线旅游经营服务管理制度，规范在线旅游市场秩序，保障旅游者合法权益。2020年12月，人力资源和社会保障部公布《网络招聘服务管理规定》（中华人民共和国人力资源和社会保障部令第44号），规定网络招聘服务管理制度。

（二）网络市场竞争秩序管理制度

构建网络市场反不正当竞争制度规则。2017年11月，我国修订《反不正当竞争法》，根据互联网领域反不正当竞争的客观需要，增加互联网不正当竞争行为条款，规定经营者不得利用技术手段在互联网领域从事不正当竞争行为。2019年4月，我国修改《反不正当竞争法》，对非法获取商业秘密的行为方式进行针对性修改，增加"电子侵入"作为侵犯商业秘密的新型手段。

在《反不正当竞争法》基础上，相关部门公布了一系列配套法规，包括《网络交易管理办法》（国家工商行政管理总局令第60号）、《网络商品和服务集中促销活动管理暂行规定》（国家工商行政管理总局令第77号）、《规范促销行为暂行规定》（国家市场监督管理总局令第32号）、《网络交易监督管理办法》（国家市场监督管理总局令第37号）、《明码标价和禁止价格欺诈规定》（国家市场监督管理总局令第56号）等，不断充实网络市场公平竞争管理制度体系，保障我国网络市场有序发展。

完善网络市场反垄断法律制度规则。2022 年 6 月，我国修改《反垄断法》，建立健全公平竞争审查制度，增加网络市场反垄断条款的原则性规定，并进一步明确网络市场中滥用市场支配地位、垄断协议等禁止性规则和经营者集中审查制度。在《反垄断法》基础上，国家市场监督管理总局于 2023 年公布《制止滥用行政权力排除、限制竞争行为规定》（国家市场监督管理总局令第 64 号）、《禁止垄断协议规定》（国家市场监督管理总局令第 65 号）、《禁止滥用市场支配地位行为规定》（国家市场监督管理总局令第 66 号）、《经营者集中审查规定》（国家市场监督管理总局令第 67 号）、《禁止滥用知识产权排除、限制竞争行为规定》（国家市场监督管理总局令第 79 号）等部门规章，进一步细化网络市场反垄断规则。

七、着力丰富网络权益保障制度

（一）网络民事权益保障制度

《民法典》《电子商务法》等相关立法在数据、网络虚拟财产、电子合同、个人信息保护与网络侵权责任等方面进行规定，及时回应了信息时代对民事权益保障所提出的挑战。

明确网络人格权保护制度。为体现立法对人格权制度的高度重视，回应社会对加强人格权保护的呼声，解决人格权保护领域出现的新情况和新问题，《民法典》采用"人格权"独立成编的立法形式，明确了自然人享有肖像权、名誉权、荣誉权、隐私权等具体人格权利以及基于人身自由、人格尊严产生的其他人格权益，在人格权的创设、人格权的合理使用、个人信息保护、肖像侵权、网络名誉侵权等问题上作了具体规定，充分体现了信息时代人格权保护的适应性改变。

夯实数据和网络虚拟财产保护法律基础。随着数字技术迭代升级、数字经济迅猛发展，数据和网络虚拟财产的应用场景越来越丰富，对法律制度规范提出新的挑战。《电子商务法》出台，规定国家维护电子商务交易安全，保护电子商务用户信息，鼓励电子商务数据开发应用，保障电子商务数据依法有序自由流动。《民法典》在第一编"总则"的第五章"民事权利"部分，以专条对数据和网络虚拟财产的保护作了原则性规定，确立了依法保护数据和网络虚拟财产的原则。

完善网络侵权保护制度。随着互联网的快速发展，网络侵权行为越来越复杂，为更好保护网络用户和网络服务提供者的合法权益，《民法典》在《侵权责任法》《电子商务法》《消费者权益保护法》等立法经验和相关实践经验基础上，细化网络侵权责任的具体规则，明确了侵权人、被侵权人以及网络服务提供者的权利义务及相应责任。《民法典》在第七编"侵权责任"部分对网络侵权责任进行了更为详细的规定，包括完善网络用户、网络服务提供者利用网络侵害他人民事权益的网络侵权责任制度，细化网络侵权责任归责原则和责任承担方式的具体规定，修改完善网络侵权的"通知—删除"规则。

厘清涉网重点问题民事权益司法保护规则。2012 年 12 月，最高人民法院发布《关于审理侵害信息网络传播权民事纠纷案件适用法律若干问题的规定》（法释〔2012〕20 号），明确了信息网络传播权民事纠纷涉及的基本概念、侵权行为表现形式、共同侵权认定、"避风港"规则适用、注意义务的严格程度、管辖问题等，并于 2020 年进行修订。2014 年 8 月，针对利用信息网络侵害他人人身权益案件中出现的问题和审判实践的需求，最高人民法院发布《关于审理利用信息网络侵害人身权益民事纠纷案件适用法律若干问题的规定》（法释〔2014〕11 号），适用于利用信息网络侵害他人姓名权、名称权、名誉权等人身权益引发的纠纷案件；结合互联网技术的发展，合理确定管辖法院和诉讼程序；明确了网络服务提供者采取的删除、屏蔽、断开链接等必要措施是否"及时"认定问题；明确了网络服务提供者是否"知道或者应当知道"侵权的认定问题；明确了网络用户或者网络服务提供者转载网络信息行为的过错及程度认定问题；明确了个人信息保护范围；明确了"非法删帖""网络水军"等互联网灰色产业的责任承担问题；加大被侵权人的司法保护力度。2020 年 12 月，最高人民法院修订《关于审理涉及计算机网络域名民事纠纷案件适用法律若干问题的解释》（法释〔2020〕19 号），进一步明确了网络域名民事纠纷案件的受理、侵权损害赔偿、停止侵权措施等问题。2021 年 7 月，最高人民法院发布《关于审理使用人脸识别技术处理个人信息相关民事案件适用法律若干问题的规定》（法释〔2021〕15 号），严格遵循《民法典》人格权编及相关法律的规定精神，坚持问题导向、需求导向，针对实践中反映较为突出的问题，从明确侵权责任、合同规则以及诉讼程序等方面作出规定，适用于平等民事主体之间因使用人脸识别技术处理人脸信息所引起的相关民事纠纷，从人格权和侵权责任角度明确了滥用人脸识别技术处理人脸信息行为的性质和责任，从物业服务、格式条款效力、违约责任承担等角度对人民群众普遍关心的问题予以回应，对涉及个人信息的死者人格利益保护作出规定。

（二）未成年人网络保护制度

我国未成年网民规模不断扩大，2022 年未成年网民规模已达 1.93 亿，未成年人互联网普及率已达 97.2%，如何保护未成年人在网络空间的合法权益，成为网络空间治理的一项重点任务。

推进未成年人网络保护相关立法。《网络安全法》规定国家支持研究开发有利于未成年人健康成长的网络产品和服务，依法惩治利用网络从事危害未成年人身心健康的活动。2020 年 10 月，我国修订《未成年人保护法》，增设"网络保护"专章，对加强未成年人网络素养教育、强化未成年人网络内容管理、加强未成年人个人信息保护和网络沉迷防治等作出专门规定，保护未成年人的网络合法权益。《互联网信息服务算法推荐管理规定》明确，算法推荐服务提供者向未成年人提供服务的，应当依法履行未成年人网络保护义务，便利未成年人获取有益身心健康的信息；不得向未成年人推送可能影响未成年人身心健康的信息，不得利用算法推荐服务诱导未成年人沉迷网络。

制定未成年人网络保护专门立法。2023 年 10 月，国务院公布《未成年人网络保护条例》，促进提升未成年人网络素养，加强对涉及青少年身心健康内容的网络信息内容规范，健全网络产品和服务沉迷防治机制，防范网络欺凌，加强未成年人个人信息网络保护，推动家庭、学校、有关部门和社会组织形成社会共治机制，汇聚保护合力；推进对未成年人权益的司法保护，与《刑法》《治安管理处罚法》等相衔接，明确违反条例规定、侵犯未成年人合法权益行为的法律责任。《未成年人网络保护条例》是我国出台的第一部专门性的未成年人网络保护综合立法，聚焦解决未成年人网络保护领域的重点问题，是落实未成年人网络保护工作的重要举措，进一步为有效保护未成年人在网络空间的身心健康和安全奠定了制度基础。此外，《儿童个人信息网络保护规定》加强对儿童个人信息的网络保护。

（三）其他群体和场景网络保护制度

健全老年人、残疾人等群体网络权益保障制度。我国通过多层次、多维度立法，弥合老年人、残疾人等特殊群体的数字鸿沟，使其能够更加平等广泛地融入数字社会，享受数字时代红利。2022 年10 月，十三届全国人大常委会第三十七次会议修订《妇女权益保障法》，明确妇女的姓名权、肖像权、名誉权、荣誉权、隐私权和个人信息等人格权益受法律保护。2012 年 6 月，国务院公布《无障碍环境建设条例》，以专章形式规定"无障碍信息交流"，明确县级以上人民政府应当将无障碍信息交流建设纳入信息化建设规划，并采取措施推进信息交流无障碍建设等。《数据安全法》明确国家支持开发利用数据提升公共服务的智能化水平，规定提供智能化公共服务，应当充分考虑老年人、残疾人的需求，避免对老年人、残疾人的日常生活造成障碍。2023 年 6 月，十四届全国人大常委会第三次会议通过《无障碍环境建设法》，明确利用财政资金建立的互联网网站、服务平台、移动互联网应用程序，应当逐步符合无障碍网站设计标准和国家信息无障碍标准；鼓励新闻资讯、社交通讯、生活购物、医疗健康、金融服务、学习教育、交通出行等领域的互联网网站、移动互联网应用程序，逐步符合无障碍网站设计标准和国家信息无障碍标准。

明确新业态劳动者权益保护制度。为深入贯彻落实党中央、国务院决策部署，支持和规范发展新就业形态，切实维护新就业形态劳动者劳动保障权益，促进平台经济规范健康持续发展，人力资源和社会保障部、国家发展和改革委员会、交通运输部等多部门共同印发《关于维护新就业形态劳动者劳动保障权益的指导意见》，明确了劳动者权益保障责任，进一步规范了平台用工关系，对维护好新就业形态劳动者的劳动报酬、合理休息、社会保险、劳动安全等权益作了明确要求。《互联网信息服务算法推荐管理规定》明确，算法推荐服务提供者向劳动者提供工作调度服务的，应当保护劳动者取得劳动报酬、休息休假等合法权益，建立完善平台订单分配、报酬构成及支付、工作时间、奖惩等相关算法。

完善个人网络求助保障制度。2023年12月，十四届全国人大常委会第七次会议修改《中华人民共和国慈善法》，对个人求助行为及个人求助网络服务平台作出规定，一方面要求求助人和信息发布人应当对信息真实性负责，不得通过虚构、隐瞒事实等方式骗取救助；另一方面明确从事个人求助网络服务的平台应当经国务院民政部门指定，对通过其发布的求助信息真实性进行查验。同时，授权国务院民政部门会同网信、工业和信息化等部门制定具体管理办法。

八、系统构建网络刑事法律制度

（一）立法修法惩治网络违法犯罪

充实涉网相关刑事规定。2015年8月，十二届全国人大常委会第十六次会议通过《刑法修正案（九）》，进一步明确了网络服务提供者履行信息网络安全管理的义务，加大对信息网络犯罪的刑罚力度，加强公民个人信息保护。增设拒不履行网络安全管理义务罪，强化互联网服务提供者的网络安全管理责任；增设非法利用信息网络罪，有针对性地对尚处于预备阶段的网络犯罪行为独立入罪；增设帮助信息网络犯罪活动罪，针对明知他人利用信息网络实施犯罪，为其犯罪提供互联网接入、服务器托管、网络存储、通讯传输等技术支持，或者提供广告推广、支付结算等帮助的行为独立入罪；增设编造、故意传播虚假信息罪，严厉打击编造虚假的险情、疫情、灾情、警情，在信息网络或者其他媒体上传播，或者明知是上述虚假信息，故意在信息网络或者其他媒体上传播，严重扰乱社会秩序的行为。2020 年 12 月，十三届全国人大常委会第二十四次会议通过《中华人民共和国刑法修正案（十一）》，将"通过信息网络向公众传播"这一行为方式明确为侵犯著作权罪犯罪行为方式之一，加大对网络知识产权犯罪的刑法保护，回应了数字经济对知识产权保护带来的新挑战。

出台反电信网络诈骗综合治理立法。为预防、遏制和惩治电信网络诈骗活动，加强反电信网络诈骗工作，保护公民和组织的合法权益，维护社会稳定和国家安全，2022 年 9 月，十三届全国人大常委会第三十六次会议通过《反电信网络诈骗法》，共七章五十条，明确反电信网络诈骗工作的基本原则，明确电信网络诈骗的概念和适用范围，规定反电信网络诈骗犯罪工作机制和各部门职能分工，明确宣传教育防范机制，完善电话卡、物联网卡、金融账户、互联网账号有关管理制度，统筹推进各类反制技术措施建设，为利用大数据反诈提供制度支持，加强对涉诈非法服务、设备、产业的治理，加强综合施策，进行全链条治理。该法坚持源头治理、综合治理，针对电信网络诈骗发生的信息链、资金链、技术链、人员链等各环节作出制度规范，补齐行业监管漏洞和短板，是一部从根本上、制度上预防、遏制和打击电信网络诈骗违法犯罪的新兴领域立法，构筑了电信网络诈骗的防火墙。

（二）出台司法解释明确刑事司法适用规则

2013年9月，最高人民法院、最高人民检察院公布《关于办理利用信息网络实施诽谤等刑事案件适用法律若干问题的解释》（法释〔2013〕21号），明确利用信息网络实施诽谤犯罪的行为方式、入罪标准、适用公诉程序的条件；明确利用信息网络实施寻衅滋事、敲诈勒索、非法经营等犯罪的行为方式及具体认定；明确将信息网络界定为包括以计算机、电视机、固定电话机、移动电话机等电子设备为终端的计算机互联网、广播电视网、固定通信网、移动通信网等信息网络，以及向公众开放的局域网络。2016年9月，最高人民法院、最高人民检察院、公安部联合公布《关于办理刑事案件收集提取和审查判断电子数据若干问题的规定》（法发〔2016〕22号），规范电子数据的收集提取和审查判断等问题。2017年5月，最高人民法院、最高人民检察院公布《关于办理侵犯公民个人信息刑事案件适用法律若干问题的解释》（法释〔2017〕10号），进一步明确公民个人信息的范围，对侵犯公民个人信息罪的定罪量刑标准和相关法律适用问题作了系统规定。

2019年10月，最高人民法院、最高人民检察院联合公布《关于办理非法利用信息网络、帮助信息网络犯罪活动等刑事案件适用法律若干问题的解释》（法释〔2019〕15 号），明确拒不履行网络安全管理义务罪、非法利用信息网络罪、帮助信息网络犯罪活动罪等的行为认定和定罪量刑标准。2023 年 9 月，最高人民法院、最高人民检察院、公安部联合印发《关于依法惩治网络暴力违法犯罪的指导意见》（法发〔2023〕14 号），明确网络暴力的罪名适用规则、网络暴力违法行为的处理规则、惩治网络暴力违法犯罪的政策原则等，对网络暴力违法犯罪案件的法律适用和政策把握问题作了全面、系统的规定。

九、稳步健全涉外网络法律制度

网络领域涉外立法是我国参与网络空间治理的基础保障，是构建网络空间命运共同体的重要组成部分。这一阶段，我国涉外网络立法的深度和广度得到大幅拓展，《民法典》《个人信息保护法》《电子商务法》《网络安全法》等法律明确了网络领域涉外法治相关规则。

适应高水平对外开放工作的需要，制定实施《外商投资法》，完善外商投资准入前国民待遇加负面清单管理制度，依法保护外资企业合法权益，坚决依法惩处侵犯外商合法权益行为。注重履行同各国达成的多边和双边协议。例如，《个人信息保护法》明确中华人民共和国缔结或者参加的国际条约、协定对向中华人民共和国境外提供个人信息的条件等有规定的，可以按照其规定执行。规定中华人民共和国主管机关根据有关法律和中华人民共和国缔结或者参加的国际条约、协定，或者按照平等互惠原则，处理外国司法或者执法机构关于提供存储于境内个人信息的请求。

坚持用规则说话，靠规则行事，维护国家主权、安全、发展利益，保护我国公民、组织的合法权益。2021年6月，出台《中华人民共和国反外国制裁法》，为我国依法反制外国歧视性限制措施提供有力的法治支撑和保障。2022年9月，出台《反电信网络诈骗法》，规定与有关国家、地区、国际组织建立有效合作机制，通过开展国际警务合作等方式，提升在信息交流、调查取证、侦查抓捕、追赃挽损等方面的合作水平，有效打击遏制跨境电信网络诈骗活动。

第四节 严格规范公正文明网络执法全面推进

法律的生命力在于实施，法律的权威也在于实施。这一阶段，互联网融入到社会生活的各个方面，为人民群众生产生活、交流交往、创新创造提供了全新平台，也给网络执法带来新挑战。党的十八届四中全会通过《中共中央关于全面推进依法治国若干重大问题的决定》，提出"创新执法体制，完善执法程序，推进综合执法，严格执法责任"，"坚持法治国家、法治政府、法治社会一体建设"。党的十九大报告指出，"坚持依法治国、依法执政、依法行政共同推进"。党的二十大报告对"扎实推进依法行政"作出明确要求。这一阶段，我国坚持严格规范公正文明执法，建立健全网络行政执法机制，稳步推进重点领域执法，保障网络空间规范有序，全面保护人民群众合法权益。

一、健全规范网络执法机制

我国在网络领域依法全面履行政府职能，不断推进行政执法体制机制改革，建立健全符合网络空间特点的执法模式，完善网络执法程序，丰富网络执法手段，提升网络执法质效。

（一）建立健全符合网络空间特点的执法模式

这一阶段，我国一些领域仍然存在执法协同机制不完善、风险防范能力不强等问题，亟待深入推进执法机制改革，探索符合网络空间特点的执法模式。为进一步加强跨部门综合监管，2023 年 2 月，国务院办公厅印发《关于深入推进跨部门综合监管的指导意见》（国办发〔2023〕1 号），要求聚焦问题多发和高风险领域，构建多部门联动响应的风险隐患监测预警机制，实现风险隐患动态监测、科学评估、精准预警和及时处置，加强跨部门、跨区域、跨层级业务协同，切实增强监管合力，提高综合监管效能。这一阶段，我国加强涉网行政执法资源统筹，建立健全跨部门的网络执法工作协调机制，加强线索移送、信息共享、案情通报等方面的协作配合，提升依法治网的协作能力，严厉打击电信网络诈骗、网络赌博、网络传销、网络谣言、网络暴力等违法犯罪行为①。

（二）全面规范网络执法程序

我国不断完善网络执法程序，提高网络执法的科学化、规范化、标准化水平。2017 年 5 月，国家互联网信息办公室公布《互联网信息内容管理行政执法程序规定》（国家互联网信息办公室令

---

① 国务院新闻办公室：《携手构建网络空间命运共同体》白皮书，2022 年 11 月。

第 2 号），明确了执法主体、管辖及相关程序要求。2023 年 3 月，落实新修订的《中华人民共和国行政处罚法》（以下简称《行政处罚法》）和《国务院关于进一步贯彻实施〈中华人民共和国行政处罚法〉的通知》的有关要求，国家互联网信息办公室修订公布了《网信部门行政执法程序规定》（国家互联网信息办公室令第 14 号），明确网信部门实施行政执法应当坚持处罚与教育相结合；规定网信部门行政执法地域管辖、级别管辖、指定管辖、移送管辖等制度；规范立案、调查取证、审核、决定、送达、执行等行政执法程序要求，规定法制审核、重大处罚案件集体讨论决定等制度；进一步明确了网信部门与其他行政机关、司法机关之间开展执法协助的制度化通道。2023 年 5 月，工业和信息化部公布《工业和信息化行政处罚程序规定》（中华人民共和国工业和信息化部令第 63 号），针对通过电信网络实施的违法行为发生地难以确定的情况，规定住所地、网络接入地等作为违法行为发生地，便于管理部门确定管辖。此外，《公安机关互联网安全监督检查规定》（公安部令第 151 号）、《广播电视行政处罚程序规定》（国家广播电视总局令第 11 号）、《市场监督管理行政处罚程序规定》（国家市场监督管理总局令第 61 号）等均对网络相关执法活动程序予以明确。

（三）不断丰富网络执法方式

我国信息技术发展迅速、应用广泛，数字经济飞速发展，信息网络违法犯罪案件也随之快速增长，亟待丰富执法手段，提升执法效能。这一阶段，我国建立网络行政执法案例指导制度，实行适应网络特点的执法方式，综合运用行政处罚、警示告诫、信用监管、指导约谈、技术治理等多种方式，努力做到宽严相济、法理相融、精准施策，实现网络执法法律效果和社会效果相统一。

完善失信约束制度。《国务院关于建立完善守信联合激励和失信联合惩戒制度加快推进社会诚信建设的指导意见》（国发〔2016〕33 号）明确，对严重破坏网络空间传播秩序等严重失信行为依法依规采取联合惩戒措施。此外，《中共中央办公厅、国务院办公厅印发〈关于推进社会信用体系建设高质量发展促进形成新发展格局的意见〉的通知》、《国务院办公厅关于进一步完善失信约束制度构建诚信建设长效机制的指导意见》（国办发〔2020〕49 号）等提出，推动社会信用体系建设，完善失信惩戒机制。

运用多种执法手段。国家有关部门综合运用执法约谈、责令整改、下架移动应用程序、暂停功能或更新、关闭网站、处理责任人、通报等多种网络执法手段，依法科学精准执法。例如，2023 年，全国网信系统共约谈网站 10646 家，责令 453 家网站暂停功能或更新，下架移动应用程序 259 款，关停小程序 119 款，督促相关网站平台依法依约关闭违法违规账号 127878 个，推动相关企业提升合规水平，网络生态突出乱象得到有效遏制，网络生态环境更加清朗。工业和信息化部组织建设信息通信行业反诈大平台，完善大数据驱动、行业内外协同联动的技防体系，筑牢技术屏障，织牢安全防护网。

（四）持续推进网络执法监督检查

国家互联网信息办公室等部门持续加强网络执法监督检查力度，不断完善网络执法监督检查工作体系，强化对网络执法工作的日常监督、重点监督、专项监督和年度监督，探索优化执法监督工作机制，着力推动提升网络执法专业性和规范性。各级网信部门和相关部门严格落实法律法规规章规定，从线索核查、办理程序、法律法规适用、保障当事人权益等方面不断规范网络执法行为、提升案件办理质量，确保案件事实认定清楚、证据确凿充分、适用法律准确、程序合规合法、处罚精准适当，做到严格规范公正文明执法。落实行政执法责任制和责任追究制度，加大整改通报、问责激励力度，防止和克服地方、部门保护主义和执法工作中的利益驱动，有力维护法律权威。

二、全面保护个人信息权益

伴随数字经济的快速发展，非法收集、买卖、使用、泄露个人信息等违法行为日益增多，严重侵害了人民群众人身财产安全，影响了社会经济正常秩序。《网络安全法》《数据安全法》《个人信息保护法》公布实施后，国家有关部门在个人信息保护领域持续发力。

2019年以来，国家互联网信息办公室会同工业和信息化部、公安部、国家市场监督管理总局开展移动互联网应用程序违法违规收集个人信息专项治理，有效整治移动互联网应用程序强制索取、过度索取、超范围收集个人信息、违法违规使用个人信息等问题。针对电信和互联网领域个人信息保护突出问题，工业和信息化部持续多年组织开展移动互联网应用程序侵害用户权益专项整治，通报、下架违法违规移动互联网应用程序。同时，依法对部分具有重大社会影响的个人信息违法行为实施严格行政处罚。例如，2022年7月，国家互联网信息办公室依据《网络安全法》《数据安全法》《个人信息保护法》《行政处罚法》等法律法规，对滴滴全球股份有限公司处人民币 80.26 亿元罚款，并对其相关负责人处以罚款。2022 年，国家邮政局、公安部、国家互联网信息办公室联合部署开展邮政快递领域个人信息安全治理专项行动，对主要寄递企业和重点电商平台开展远程技术测试和现场督导，全面部署和推广快递隐私面单，阻断个人信息泄露源头。截至 2023 年底，全行业隐私运单日均使用量超过 3.6 亿单，隐私运单使用率大幅提升，极大地促进了寄递用户个人信息保护。

三、切实保障网络安全

筑牢网络安全防线是实现互联网健康发展的重要前提和基础。我国持续在网络基础资源、重要网络系统、网络数据等领域开展安全执法工作，有效防范化解安全风险，体系化构建网络时代的安全环境。

在网络基础资源领域，强化网站、域名、IP 地址等基础资源管理，通过完善预警机制等举措，强化安全保障。在重要网络系统领域，深化网络系统安全防护，持续监测网络安全威胁，有效防治网络系统遭受大规模服务攻击等重大安全事件。在网络数据领域，提升数据安全保护监管能力，通过建立安全监测体系、实施分类分级管理等手段，强化工业互联网、车联网、5G 应用等领域的数据安全执法。

2019 年 7 月，工业和信息化部等十部门印发《加强工业互联网安全工作的指导意见》（工信部联网安〔2019〕168 号），明确工业互联网安全工作规范和监管规则。网信部门在网络安全领域加大执法力度，依法依规查处一批怠于履行网络安全责任的违法违规企业。2021 年 5 月至 8 月，国家互联网信息办公室会同工业和信息化部、公安部、国家市场监督管理总局在全国范围内组织开展摄像头偷窥黑产集中治理，处置有害信息 3 万余条、违法账号 5600 余个，下架违规产品 3000 余件，对 14 家视频监控移动互联网应用程序厂商进行约谈，对 700 余家企业联网摄像头开展排查，处置安全隐患 90 余个。2022 年，针对"光影换脸秀""交友吧""趣卡点"等新技术新应用未经评估上线且存在安全风险的移动互联网应用程序，依法予以下架处置。针对具有舆论属性或社会动员能力且存在未按要求开展安全评估等违法违规行为的"空空语音"等 44 款移动互联网应用程序，依法予以下架处置。2023 年，下架"山地卡车运输""纯白之旅"等一批违法违规移动互联网应用程序，下架"AI 写作导师""写作全能王"等一批存在较大安全风险并未按国家有关规定开展安全评估工作的移动互联网应用程序。

四、积极营造清朗网络空间

伴随数字经济的快速发展，各类互联网违法犯罪行为日益增多，严重侵害人民群众人身财产安全，影响了社会经济正常秩序。这一阶段，我国加大重点领域执法力度，保障网络空间规范有序。

开展网络信息内容生态治理。网络空间是亿万民众的精神家园，网络生态关系人民群众切身利益。自 2013 年起，原全国"扫黄打非"工作小组办公室持续部署开展"净网"专项行动，依法严肃查处制作、贩卖、传播淫秽色情信息的行为。相关部门聚焦虚假信息、网络暴力、算法滥用等人民群众反映强烈的突出问题，持续开展"清朗"系列专项行动。例如，《网络信息内容生态治理规定》施行后，国家互联网信息办公室部署开展专项行动集中整治"饭圈"乱象、网络暴力、网络谣言、网络水军等问题，清理互撕谩骂、拉踩引战、造谣攻击等违法违规信息，网络水军带节奏、恶意营销等情况明显减少，风清气正的网络生态持续向好。

全面强化未成年人网络保护。随着手机和电脑使用的低龄化，未成年人进行网络游戏、网课、网络购物等时间长、频率高，加之未成年人防骗意识薄弱，遭受网络违法犯罪侵害的风险日益加剧。我国坚持对未成年人优先保护、特殊保护，构建有利于未成年人上网的良好环境。原全国"扫黄打非"工作小组办公室持续多年开展"护苗"专项行动，着力清查含有妨害少年儿童身心健康内容的互联网音视频、游戏、小说、动漫等，严厉打击涉未成年人淫秽色情网络信息。近年来，国家互联网信息办公室开展未成年人网络环境专项治理行动，围绕网络违法和不良信息、网络沉迷、网络不良社交等影响未成年人身心健康成长的问题重点整治，压实网站平台主体责任，为未成年人成长营造健康的网络环境。

五、持续规范网络市场秩序

我国平台经济快速发展，成为推动经济增长的重要引擎，但也出现了网络制假售假、业务同质化竞争、资本无序扩张等扰乱市场秩序等问题，影响平台经济规范健康发展。我国市场监管部门持续加大关系人民群众切身利益重点领域的执法力度，营造良好网络市场环境、维护广大网络交易主体合法权益。

整治扰乱网络交易秩序行为。随着网络购物新业态快速发展，消费领域制假售假犯罪活动持续向网上转移。为做好打击网络商标侵权和销售假冒伪劣商品等重点工作，2015年6月，原国家工商行政管理总局部署"红盾网剑"专项行动，突出对网络交易平台的监管督导，强化平台责任落实，强化网络交易商品定向跟踪监测以及网络交易监管执法。2016年5月，原国家工商行政管理总局印发《2016网络市场监管专项行动方案》（工商办字〔2016〕87号），重点整治网络交易平台和网络商标侵权、销售假冒伪劣商品、虚假宣传、刷单炒信等突出违法问题。2017—2023年，国家市场监督管理总局、中央宣传部、工业和信息化部等多部门连续7年开展网络市场监管专项行动（"网剑行动"），集中治理网上销售侵权假冒伪劣商品违法行为，重拳打击网上非法交易野生动植物及其制品活动，整治网上发布违法广告等突出问题，督促网络交易平台停止相关违法行为，有效维护公平竞争秩序和消费者合法权益，促进网络经济规范健康持续发展。

全面规范网络平台竞争秩序。聚焦大型互联网平台"二选一"垄断、价格欺诈、低价倾销等社会关注、群众反映强烈的问题，国家市场监督管理总局通过行政约谈、行政指导、规则指引等多种监管手段，打击垄断和不正当竞争行为，依法保障中小企业平台、消费者合法权益。例如，2021年4月，国家市场监督管理总局认定阿里巴巴集团控股有限公司对平台内商家提出"二选一"要求，排除、限制了中国境内网络零售平台服务市场的竞争，构成滥用市场支配地位行为，责令其停止违法行为并处以182.28亿元的罚款，同时发出《行政指导书》，要求其全面整改，并连续3年向国家市场监督管理总局提交自查合规报告。2021—2023年，依法审结涉及平台企业经营者集中申报案件 68 件，禁止 1 件。2023 年 4 月，部署开展反不正当竞争"守护"专项执法行动，提升市场竞争整体质量和水平。2023 年 6 月起，部署开展为期 5 个月的优化平台协议规则专项行动，规范平台企业利用协议规则诱导消费者自动续费、擅自扩大不适用七天无理由退货的商品范围、向平台内商家收取不合理费用等突出问题，引导 854 家平台企业对协议规则进行全面自查，帮助平台企业补充协议规则 982 个，督促指导平台企业修改优化协议规则 2698 个。

六、稳步推进网络出版和网络版权执法

我国不断探索、准确把握网络环境下网络出版和版权创造、保护、运用的特点规律，依法开展有关执法活动。

切实加强网络游戏管理。为防范未成年人沉迷网络游戏，保障未成年人健康成长，2019 年 10 月，国家新闻出版署印发《关于防止未成年人沉迷网络游戏的通知》（国新出发〔2019〕34 号），就网络游戏用户账号实名注册、规范向未成年人提供付费服务、探索实施适龄提示等提出明确要求；推动建成网络游戏防沉迷实名验证系统，并实现合规上线运营游戏全部接入。2021 年 8 月，国家新闻出版署印发《关于进一步严格管理切实防止未成年人沉迷网络游戏的通知》（国新出发〔2021〕14 号），针对未成年人过度使用甚至沉迷网络游戏问题，进一步严格管理措施，明确严格落实网络游戏用户账号实名注册和登录要求。

规范开展网络文学出版管理。不断推进实施《出版管理条例》《网络出版服务管理规定》等，规范管理网络文学出版活动。例

如，2020 年 6 月，国家新闻出版署印发《关于进一步加强网络文学出版管理的通知》（国新出发〔2020〕11 号），明确内容审核机制、登载发布行为、社会效益评价考核、评奖推选活动管理、规范市场秩序、履行属地管理职责等方面要求，并加强网络文学阅评监测，依法查处网络文学相关违法活动，推动网络文学繁荣健康发展。

持续开展网络版权专项治理。国家版权局联合国家互联网信息办公室、工业和信息化部、公安部等部门持续开展"剑网行动"，对网络视频、网络音乐、网络文学、网络游戏等领域进行治理。2015 年 10 月，国家版权局印发《关于规范网盘服务版权秩序的通知》，要求网盘服务商应当建立必要管理机制，运用有效技术措施，主动屏蔽、移除侵权作品，防止用户违法上传、存储并分享他人作品。"剑网 2018"专项行动中，为打击未经许可通过网络转载他人作品、侵犯新闻作品著作权的行为，国家版权局先后推动相关网络服务商对 12.44 万个侵权账号进行封禁，对 47.53 万篇侵权文章进行处置。2019 年起，国家版权局持续发布重点作品版权保护预警名单，要求网络服务商就预警院线电影、体育赛事等重点作品采取保护措施，截至 2023 年底已预警 47 批、401 部作品。2021 年，国家版权局积极推动国内外权利人及组织与网络交易平台建立版权保护合作机制，构建打击跨国网络侵权盗版行为的信息沟通机制。截至 2021 年底，国家新闻出版署将 3029 家大型网站纳入重点监管，通过"双随机一公开"检查、热播热映作品预警保护、网站版权管理制度完善等措施，音视频网站版权秩序明显改善，正版率大幅提高，有力推动版权产业健康发展。

七、深入打击网络违法犯罪活动

这一阶段，我国公安机关持续推进专项治理，依法严厉打击黑客攻击、电信网络诈骗、网络侵权盗版等网络违法犯罪，不断压缩网络违法犯罪活动空间，净化网络环境。

惩治网上突出违法犯罪。坚持积极回应人民群众对依法打击网络违法犯罪活动的新期待，聚焦网上突出违法犯罪和网络乱象，坚持"全链打击、生态治理"策略，有力维护网络空间安全和网上秩序稳定。自 2018 年起，公安部连续 5 年组织全国公安机关开展"净网"专项行动。截至 2022 年 7 月，共依法侦办黑客攻击破坏、"网络水军"、网络黑产等人民群众深恶痛绝的网络犯罪案件 25.5 万件，抓获犯罪嫌疑人 38.5 万人，维护人民群众切身利益。

特别是针对电信网络诈骗突出问题，2015 年，公安机关牵头成立打击治理电信网络诈骗犯罪工作机制，政法、金融、工业和信息化、网信等部门各司其职、密切配合，共同开展打击治理电信网络诈骗犯罪的各项工作，有效遏制电信网络诈骗犯罪高发态势。2023 年 8 月至 12 月，此类案件发案数连续下降，打击治理工作取得显著成效。

针对热点事件中谣言高发等突出问题，2023 年 4 月至 7 月，公安机关开展为期 100 天的网络谣言专项整治，集中查处整治一批网上造谣传谣违法犯罪活动。截至 2023 年底，全国公安机关已侦办网络谣言类案件 4800 余起，依法查处造谣传谣人员 6300 余名，依法关停违法违规账号 3.4 万个。

深化打击网络犯罪国际合作。针对网络犯罪跨越国境的趋势特点，公安机关加强国际执法合作，及时接收、核查各国执法部门通过双边、多边渠道提交的网络犯罪线索协查请求，与各国执法部门开展密切合作，携手打击跨国网络犯罪。例如，2022 年 3 月至 6 月，我国警方在国际刑警组织框架下，与其他 75 个成员国警方共同参与反诈"曙光行动"，捣毁设在多国的诈骗窝点 1770 个，逮捕犯罪嫌疑人 2000 余名，拦截非法资金 5000 余万美元。

第五节　网络司法全面推进

随着互联网新技术新应用新业态的快速发展，网络空间承载法律关系更为丰富多元，给网络空间司法保障带来了新挑战。《中共中央关于全面推进依法治国若干重大问题的决定》提出，"保证公正司法，提高司法公信力"。我国坚持司法公正、司法为民，适应互联网时代司法需求，以网络信息技术赋能传统司法，依法解决新型网络纠纷，打击网络犯罪，维护人民群众合法权益。

一、全面深化网络空间司法建设

这一阶段，我国司法机关积极回应互联网时代社会法治需求，探索司法活动与网络技术深度融合的新路径、新领域、新模式，推动网络空间司法建设创新发展。

（一）积极探索网络审判新模式

随着互联网产业与经济社会发展深度融合，我国法院系统准确把握时代脉搏，运用网络信息技术赋能传统司法，完善网络司法规则，革新网络司法模式，依法解决新型网络纠纷，让人民群众享受更加公平公正、公开透明、高效便捷、普惠均等的网络司法服务。

设立专业化互联网审判机关。2017 年 6 月，中央全面深化改革领导小组第三十六次会议审议通过《关于设立杭州互联网法院的方案》。2018 年 7 月，中央全面深化改革委员会第三次会议审议通过《关于增设北京互联网法院、广州互联网法院的方案》。近年来，三家互联网法院按照依法有序、积极稳妥、遵循司法规律、满足群众需求的要求，探索涉网案件诉讼规则，完善审理机制，提升审判效能，为维护网络安全、化解涉网纠纷、促进互联网和经济社会深度融合等提供司法保障，并在案件审理、平台建设、诉讼规则、技术运用、网络治理等方面，形成了一批可复制可推广的经验。截至 2022 年底，三家互联网法院共受理涉互联网案件 42.9 万件，审结 41.5 万件，在线立案申请率为 98.5%。

提升涉网案件审判水平。近年来，以互联网法院为代表的各地法院不断完善专业化审判机制，提升涉网案件审判水平，从初期普遍审理网络著作权、网络借贷、网络购物、利用网络侵犯人格权等一般性、大批量的互联网纠纷，逐步发展到审理涉及算法规制、数据权属交易、网络平台治理等新型复杂和互联网特性突出的案件。例如，杭州互联网法院审理全国首例大数据权属案，对数据产品权益司法保护路径进行了有益探索。广州互联网法院审理的"网络传销行政复议案"中，支持行政监管部门依法查处以新型网络营销为名进行网络传销的行为，有效规范互联网市场秩序。从 2021 年起，最高人民法院陆续发布《人民法院在线诉讼规则》（法释〔2021〕12 号）、《人民法院在线调解规则》（法释〔2021〕23 号）、《人民法院在线运行规则》（法发〔2022〕8 号），基本建立我国互联网司法程序规则体系，逐步完善司法在线诉讼机制。

深入推进法院信息化建设。我国法院紧紧抓住人工智能蓬勃发展的时代机遇，全面推进智能技术在司法工作中的深度应用，为案件审理、审判监督、司法管理、社会治理提供全方位智能辅助和决策参考。最高人民法院部署推广电子卷宗随案同步生成和深度应用，牵头建设"法信"平台，为法官办案提供全面、便捷的智能检索、智推服务。人民法院积极开发各类智能化办案辅助平台，积极应用智能化手段完善监督管理机制，大力推进司法大数据建设。我国法院将司法公开作为互联网技术在司法领域应用的重要切入点。2013 年以来，最高人民法院全面推进审判流程、庭审活动、裁判文书和执行信息四大公开平台建设，覆盖审判执行全部环节，及时、有效、充分地保障人民群众知情权、参与权、监督权。其中，中国裁判文书网于 2013 年 7 月开通，截至 2024 年 3 月，累计公布 1.45 亿份生效裁判文书，访问总量达 1095.81 亿次。2024 年 2 月，人民法院案例库上线并向社会开放。

（二）有力推进数字检察工作

检察机关依法能动履行刑事、民事、行政、公益诉讼"四大检察"职责，明确网络检察工作顶层设计，推进检察工作信息化建设，创新开展纠纷解决和推动企业合规工作，努力为经济社会高质量发展提供有力司法保障。

明确检察机关网络法治顶层设计。2021 年 6 月，党中央印发《中共中央关于加强新时代检察机关法律监督工作的意见》，将"依法惩治和有效预防网络犯罪，推动健全网络综合治理体系，营造清朗的网络空间"作为当前及今后一个时期检察工作的一项重要任务。面对新时代网络法治工作的新要求，2023 年 4 月，最高人民检察院印发《关于加强新时代检察机关网络法治工作的意见》，围绕党的二十大关于健全网络综合治理体系的重要部署，结合检察机关履职实际，从网络立法、执法、司法、普法以及法治研究、队伍建设等方面，对加强新时代检察机关网络法治工作提出具体要求。

创新开展纠纷解决和推动企业合规工作。最高人民检察院针对在线办理民商事案件的特点，加强与互联网法院、互联网科技企业、行业协会等的沟通，主动融入互联网司法保护大格局，防范和化解网络空间风险和矛盾。依法办理涉企业数据产权民事监督案件，推进数据要素合规高效流通交易。

2021 年 6 月，最高人民检察院、司法部等九部门联合印发《关于建立涉案企业合规第三方监督评估机制的指导意见（试行）》（高检发〔2021〕6 号），探索在网络数字领域适用涉案企业合规改革和第三方监督评估机制，推动涉案互联网企业积极主动开展合规建设，通过制定合规管理规范，弥补监督管理漏洞，建立健全合规管理的制度机制，有效预防网络违法犯罪。探索以事后合规整改促进企业事前合规建设，结合办理的典型案例，推动网络监管部门、第三方组织、互联网企业研究制定数据合规规范指引，推动建立健全公共数据、企业数据、个人数据分类分级管理机制，保障数字经济健康发展。

积极推进数字检察工作建设。检察机关充分运用大数据推进法律监督全面深化，促进网络诉源治理，加强检务科学管理。2014年，检察机关开通人民检察院案件信息公开网，全面建成全国检察机关统一的案件信息公开系统，正式运行案件程序性信息查询、法律文书公开等平台，着力构建开放、动态、透明、便民的阳光司法机制。2018年以来，检察机关研发上线全国检察业务应用系统2.0、检答网、听证网等系统，实施智慧检务工程，跨部门数据共享和协同办案成效显现，检察信息化向着"高质效保障检察工作开展"目标迈进。同时，最高人民检察院印发《智慧检务工程建设指导方案（2018—2020年)》《"十四五"时期检察工作发展规划》，进一步明确检察信息化工作发展方向，更好服务经济社会高质量发展。

二、切实加强网络权益司法保护

这一阶段，人民群众生产生活方式日益从线下向线上延伸，网络纠纷逐渐增多，网络犯罪数量不断上升。党的十九大报告指出，"深化司法体制综合配套改革，全面落实司法责任制，努力让人民群众在每一个司法案件中感受到公平正义"。我国完善涉及网络知识产权、人格权、网络交易、网络不正当竞争、电信网络诈骗等领域的民事和刑事裁判规则，细化法律适用标准；依法办理各类涉网案件，保障网络空间主体合法权益，公平正义在网络空间得到有力彰显。

（一）保障网络平台依法经营

网络平台日益成为重要的市场主体，平台权利义务边界亟待明确。我国司法机关积极通过司法裁判、公益诉讼等形式，依法解决网络平台纠纷，合理确定网络平台责任，推动网络平台健康有序发展。

保护网络平台相关主体权益。我国法院通过典型案例不断确立各类网络交易行为合法边界，明确网络平台经营者、平台内经营者和消费者等相关主体的权利义务。2018 年，北京互联网法院审理中国音乐著作权协会诉斗鱼公司等侵犯网络传播权案，明确以直播为主营业务的网络平台公司，在享有其签约主播直播成果的知识产权和商业利益的同时，还应当为签约主播未经授权播放他人音乐的行为承担相应侵权赔偿责任。2019 年，广州互联网法院在俞某诉华多公司等网络服务合同纠纷案中，认为除非有证据证明网络主播应当履行明确、具体的合同义务，否则用户在网络直播中的打赏行为通常可认定为赠与，完善了对网络活动中赠与行为的认定。加强对外卖骑手、快递小哥、网约车司机等新业态劳动者合法权益的保护。2020 年，苏州市中级人民法院审理苏州云霆公司诉蒙某确认劳动关系纠纷案，明确应当在尊重双方合意的基础上，综合考察考勤、派单、工资发放等实质性管理因素，对外卖骑手与用人单位之间的劳动关系进行认定，劳动者成立个体工商户不影响劳动关系的认定。

细化反垄断和反不正当竞争认定标准。这一阶段，以订立协议固定价格、限制产量、划分市场和滥用市场支配地位为特点的经济垄断屡禁不止。我国检察机关积极探索公益诉讼案件办理，针对

"二选一"不正当竞争等提起公益诉讼，取得积极效果。我国审判机关进一步明确垄断和不正当行为的认定标准，保障各类市场主体公平参与竞争。2015年，北京知识产权法院审理搜狗公司等诉奇虎公司等不正当竞争纠纷案，明确互联网产品或服务提供者在提供互联网产品或服务过程中，不得干扰其他互联网产品或服务的正常运行，不得干扰其他互联网产品或服务在网络用户终端的共存。2018年，深圳市中级人民法院对深圳微源码公司诉腾讯公司滥用市场支配地位纠纷案作出判决，认为界定相关市场应当从涉诉行为所具体指向的商品出发，从需求者角度进行需求替代分析，根据需求者对商品功能用途的实际需求对发生在互联网环境下的活动进行区分。2021年，江苏省高级人民法院审理美团、饿了么不正当竞争案，认为美团要求平台商户"二选一"构成不正当竞争。

（二）保护公民网络空间民事权益

司法机关顺应新时代人民群众对网络司法保护的迫切需求，坚持以人民为中心的发展思想，强化公民网络民事权益司法保护。

提升网络侵害人格权行为规制力度。这一阶段，侵害人格权的形式与内容更加多样，危害越发凸显。我国司法机关充分发挥审判职能作用，加强对网络侵权的司法应对，健全网络权益保护重点规则。2014年8月，最高人民法院印发《关于审理利用信息网络侵害人身权益民事纠纷案件适用法律若干问题的规定》（法释〔2014〕11号），为正确审理利用信息网络侵害他人人身权益作出指引。2021年2月，广州互联网法院发出全国首例人格权侵害禁令，保护未成年人隐私，防范化解信息泄露风险，助力营造未成年人健康成长网络环境。2022年，审判机关在司法政策中完善人格权侵害禁令、人身安全保护令等规定，出台人脸识别司法解释，审理可视门铃侵害邻里隐私、扫码点餐侵犯个人信息、社交软件私自收集用户信息等案件，为隐私权和个人信息保护构筑"防火墙"。

加大公民个人信息司法保护力度。近年来，我国检察机关围绕敏感个人信息保护，特定群体、重点领域个人信息保护等加大公益诉讼办案力度，积极探索建立民事公益诉讼惩罚性赔偿制度。依法严惩"数据黑企""行业内鬼"以及批量泄露、买卖、"暗网"交易公民个人信息、非法收集在校学生和老年人等群体公民个人信息、利用"爬虫""撞库"等技术手段非法收集公民个人信息等犯罪。审判机关通过司法裁判明确用户个人信息商业使用规则和边界，督促互联网企业加强对个人信息的保护。2017 年 6 月至 2021 年 6 月，全国法院审结侵犯公民个人信息刑事案件 9743 件，生效判决人数 21726 人，对 3803 名被告人判处三年以上有期徒刑。

（三）强化网络知识产权审判工作

随着我国互联网高速发展，网络空间成为知识产权侵权违法行为的重要发生地，网络环境下的知识产权保护日益成为知识产权审判的重点。

2020 年 9 月，最高人民法院印发《关于审理涉电子商务平台知识产权民事案件的指导意见》（法发〔2020〕32 号），进一步细化涉电子商务平台经营者采取必要措施、权利人发出侵权通知等裁判规则，平衡保护知识产权权利人、平台经营者、平台内经营者、消费者等相关主体的合法权益。2021 年至 2022 年 6 月，最高人民检察院会同国家版权局等相关部门对 92 件重大侵权盗版案件进行联合挂牌督办，其中近半数为网络侵犯著作权案件。2022 年 2 月，最高人民检察院制定《关于全面加强新时代知识产权检察工作的意见》，探索完善互联网领域知识产权保护制度。2022 年 12 月，审判机关审理涉"非同质化通证（NFT）数字作品"侵权案，为 NFT 数字作品法律性质和交易流通提供司法参考，推动有力规范和促进"元宇宙"新兴技术和产业的发展。2023 年 2 月，最高人民法院、国家知识产权局联合印发《关于强化知识产权协同保护的意见》（国知发保字〔2023〕3 号），强化涉网络知识产权审判工作。2023 年 11 月，北京互联网法院审理一起"人工智能文生图"著作权纠纷案，认为在创作中利用了人工智能技术的涉案图片具备独创性，可以被认定为作品，应受到著作权法保护，从司法审判层面探索人工智能著作权法律适用。

（四）严厉打击重点类型网络犯罪

随着网络技术发展，传统型犯罪日益向互联网迁移，以互联网为手段的新型网络犯罪不断凸显，危害日益严重。我国司法机关依法加强对电信网络诈骗、网络贩卖枪支爆炸物、网络贩毒、网络淫秽色情等各类网络犯罪活动的惩治力度，确保网络空间秩序安定有序。

打击电信网络诈骗犯罪。2016 年 12 月，最高人民法院、最高人民检察院、公安部出台《关于办理电信网络诈骗等刑事案件适用法律若干问题的意见》（法发〔2016〕32 号），明确办理电信网络诈骗犯罪案件的法律适用标准，坚决打击电信网络诈骗等犯罪。最高人民法院会同有关部门发布防范和打击电信网络诈骗犯罪通告，对在规定期限内拒不投案自首的依法从严惩处。2021 年 6 月，最高人民法院、最高人民检察院、公安部印发《关于办理电信网络诈骗等刑事案件适用法律若干问题的意见（二）》（法发〔2021〕22 号），进一步明确惩治、打击电信网络诈骗及其关联犯罪的法律适用。检察机关依法全链条打击电信网络诈骗及关联犯罪，积极参与"断卡""断流""拔钉"等专项行动。审判机关依法惩治帮助信息网络犯罪活动罪等。通过审理刷单返利、虚假理财、交友陷阱等电信网络诈骗案件，揭露新型诈骗手段，助力全民反诈。2017 年 1 月至 2023 年 6 月，全国法院一审审结电信网络诈骗犯罪案件 15.7 万件。

惩治网络暴力相关犯罪。针对网络暴力"按键伤人""按键杀人"，严重扰乱社会秩序的情况，2023 年 9 月，最高人民法院、最高人民检察院、公安部联合印发《关于依法惩治网络暴力违法犯罪的指导意见》（法发〔2023〕14 号），对网络暴力违法犯罪案件的法律适用作出全面规定。检察机关深挖背后的产业链利益链，严厉打击"网络水军"造谣引流、舆情敲诈、刷量控评、有偿删帖等行为涉嫌的相关犯罪，加强典型案例发布曝光，净化网络舆论环境。审判机关审理涉网络"水军"、网络"黑公关"等案件，严惩散布虚假信息、危害网络生态的犯罪行为，依法治理网络空间。

第六节　网络法治宣传教育迈上新台阶

这一阶段，互联网受众群体不断扩大，网络法治宣传教育的影响力与日俱增。党的十八届四中全会指出，"推动全社会树立法治意识。坚持把全民普法和守法作为依法治国的长期基础性工作"。党的二十大报告进一步提出，"深入开展法治宣传教育，增强全民法治观念"。中央和地方有关单位落实"谁立法谁普法""谁执法谁普法""谁管理谁普法""谁服务谁普法"理念，不断深化普法工作，网络法治宣传教育成为新时代法治建设的重要一环。

一、拓展"互联网+普法"模式

随着互联网所能联通的海量终端以及对社会生活的广泛介入，互联网在普法工作中的作用更加显著。《中央宣传部、司法部关于在公民中开展法治宣传教育的第七个五年规划（2016—2020 年）》提出，充分运用互联网传播平台，加强新媒体新技术在普法中的运用。《法治社会建设实施纲要（2020—2025 年）》提出，运用新媒体新技术普法，推进"智慧普法"平台建设。《中央宣传部、司法部关于开展法治宣传教育的第八个五年规划（2021—2025 年）》提出，创新普法方法手段，建设融"报、网、端、微、屏"于一体的全媒体法治传播体系，使互联网变成普法创新发展的最大增量。"互联网+普法"成为开展普法工作、拓展普法模式的重点。

丰富网络法治宣传载体形式。互联网媒体能够发挥内容、渠道、资源优势，结合不同群体普法需求，运用图解、动漫、短视频、网络直播、网络音乐等多种形式创作大量网络普法作品。人民网推出"学法时习之"融媒体项目，光明网开设"法治护我心"网络普法专栏，法治网策划"E 法护未来"网上主题宣传项目，多角度、全方位、立体化做好法治宣传。最高人民法院联合人民日报社策划制作融媒体产品《民法典版成语新说》，结合成语典故，以水墨动画形式探索法治宣传新解。中国法学会联合互联网平台开展"法治百科"项目，积极组织广大法学法律专家对热点法律类词条进行权威编审。天津市利用"虚拟主播+AI 技术"，推出《天津网络法治相声小剧场》。重庆市针对虚假流量、网络谣言、未成年人网络保护等群众关心的热点话题，打造《网信说法》微短剧普法品牌。

深化网络法治宣传矩阵建设。网络法治宣传教育广泛应用全媒体传播模式，有效提升了法治宣传的普及率和实效性。司法部、全国普法办打造中国普法"一网两微一端"普法品牌，积极运用新媒体新技术开展普法。云南省充分利用"两微一端"等平台，探索开发普法移动互联网应用程序及普法微视频，构筑集网站、微博、微信、移动客户端于一体的"互联网+普法"矩阵集群和微信塔群。新疆维吾尔自治区加强"法治新疆"网站和微信平台建设管理，持续推进法治宣传与"民族团结一家亲"等活动深度融合，努力营造全社会尊法学法守法用法浓厚氛围。

开展网络法治主题宣传活动。普法作品征集、微视频比赛等更多"键对键"的线上活动和"面对面"的线下普法相互融合、相得益彰，让网络法治宣传教育惠及更广泛社会群体。司法部、国家互联网信息办公室、全国普法办从 2017 年开始每年开展"我与宪法"微视频征集，并将优秀作品公示发布。央视网推出《宪在进行时》《大法官开庭》等节目，生动讲述宪法故事，有力推进宪法知识普及宣传。国家网络安全宣传周围绕关键信息基础设施防护、个人信息保护、数据安全治理、反电信网络诈骗、青少年网络保护等开展法治宣传活动，宣传网络安全理念、普及网络安全法律知识。中央网信办先后策划推出"全国网信普法进校园""全国网信普法进网站""全国网信普法进机关、进企业""全国网络普法行"等品牌活动，开展系列普法宣传，重点展示党的十八大以来我国网络法治建设取得的重大成就、网络领域重要法律法规、网络法治典型案例以及各地网络法治工作成果等，网络访问量突破42亿次。

二、着力宣传网络法律法规

《中央宣传部、司法部关于在公民中开展法治宣传教育的第七个五年规划（2016—2020年）》指出，要大力宣传互联网领域的法律法规，教育引导网民依法规范网络行为，促进形成网络空间良好秩序。《中央宣传部、司法部关于开展法治宣传教育的第八个五年规划（2021—2025年）》强调，要深入宣传与社会治理现代化密切相关的法律法规，大力宣传总体国家安全观和国家安全法、网络安全法等法律法规。《网信系统法治宣传教育第八个五年规划（2021—2025年）》明确把学习宣传贯彻习近平法治思想作为网络普法的首要任务，深入学习宣传习近平法治思想的重大意义、丰富内涵、精神实质和实践要求，提出突出学习宪法、民法典和其他涉互联网重要法律法规等。

注重在网络立法全过程开展宣传。在《网络安全法》《数据安全法》《个人信息保护法》等网络法律法规制定过程中，利用线上线下渠道，通过公开征求意见、研讨论证等方式，广泛听取、充分吸纳公民、法人、其他组织等各方意见。网络法律法规公布实施时还通过召开新闻发布会、答记者问和专家解读等方式答疑释惑。例如，2023 年 10 月，司法部、国家互联网信息办公室有关负责人就《未成年人网络保护条例》进行了答记者问，介绍了条例的出台背景、总体思路和主要制度设计。各地网信部门、网络媒体组织形式多样的线上线下普法活动，积极营造关爱保护未成年人健康成长的网上舆论氛围。

积极在网络执法、司法实践中加强宣传。国家版权局连续七年召开网络版权保护与发展大会，公布打击网络侵权盗版典型案件，提升了公众网络版权意识。中国网络文明大会网络法治论坛发布《党的十九大以来网络法治典型案事例》，集中开展以案释法。最高人民法院对案件情形、裁判结果和法律依据进行及时有效公开，充分释法说理。聚焦打击网络谣言、保护隐私安全等重点执法行动，央视网等媒体及时推出原创海报和宣传专题，宣传网络法律法规。民众以更加生动直观的方式了解网络法律知识，从旁观者变为参与者、支持者、宣传者。

三、加强重点对象网络法治宣传

法律的权威源自人民内心拥护和真诚信仰。我国围绕领导干部、青少年、互联网企业从业人员等重点对象开展网络法治宣传，有效提升普法宣传针对性和实效性，增强了重点群体的法治意识和法治素养。

提升领导干部网络法治素养。2021 年 6 月，《中央宣传部、司法部关于开展法治宣传教育的第八个五年规划（2021—2025 年）》提出，实行公民终身法治教育制度，把法治教育纳入干部教育体系、国民教育体系、社会教育体系。2023 年 8 月，中共中央办公厅、国务院办公厅印发《关于建立领导干部应知应会党内法规和国家法律清单制度的意见》，要求根据需要学习网络安全法、数据安全法等，统筹发展和安全，提高领导干部运用法律武器防范化解重大风险的能力，增强依法斗争本领。各部门抓好"关键少数"，将习近平法治思想、重要网络法律法规列入领导干部专题学法、初任培训、任职培训等学习培训活动，将推进法治建设情况列入年终述职内容，切实推动学法用法落到实处。

加强青少年网络法治宣传教育。青少年网民在我国网民中的占比逐步增大，是网上学习、交流、生活最活跃的参与者、实践者，其合法权益也更易受到网络违法活动的侵害。我国从保护青少年网络权益，促进青少年健康成长、全面发展出发，开展丰富多彩的网络法治宣传教育，构建政府、社会、学校、家庭共同参与的网络法治宣传教育格局，全面提升青少年网民法治意识和法治素养。教育部打造"全国青少年普法网"，通过知识竞赛、演讲活动、"宪法晨读"等形式开展"学宪法讲宪法"系列活动。中央广播电视总台新闻频道《法治在线》联合最高人民检察院开展《守护少年的你》融媒体行动，播发系列"法治公开课"，推出"专业记者+法治副校长"连麦直播等活动。中国网络社会组织联合会开展"E路护航·E路平安"青少年网络保护系列活动，以权威解读在线直播、素养教育空中课堂推进青少年网络保护。浙江省长兴县打造"青春e时代"青少年网络普法教育基地，结合红色教育资源创新开展网络普法。

强化互联网企业依法经营意识。我国重视加强对互联网企业的网络法治教育培训，把网络法律法规特别是《网络安全法》《数据安全法》《个人信息保护法》等与经营活动、行业发展密切相关的法律法规纳入企业入职培训、日常培训。国家互联网信息办公室、司法部等举办全国网信普法进企业活动，面向互联网企业集中宣讲重点互联网法律法规，提升企业员工法律素养及专业素质，弘扬法治观念，推动树立法治意识。支持互联网行业组织为互联网企业及其从业人员提供形式多样的法律宣传教育，鼓励互联网行业组织督促企业坚持经济效益和社会效益并重的价值导向，通过完善行业规范、出台行业标准、发布诚信倡议等方式，引导互联网企业积极履行法律义务和社会责任。

第七节　网络法治研究繁荣发展

这一阶段，互联网新技术、新应用、新业态涌现，法治研究面对的问题更加庞杂，网络立法、执法、司法、普法实践探索突破，促进网络法治研究的发展与创新。网络法治研究新型智库与研究基地不断涌现，网络法治领域期刊进一步丰富，人才培养持续加强，学术界形成了一批立足中国实际、体现全球视野的研究成果，网络法治研究实现繁荣发展。

一、网络法治研究机构发展壮大

我国积极推进网络法治研究机构建设，加强专门研究力量，着力打造"智囊团""思想库""人才库"，为开展网络法治研究提供重要支撑。

有关单位指导研究机构建设。这一阶段，中央网信办成立中国网络空间研究院，为网络安全和信息化领域的重大战略规划、政策决策、重大立法、技术创新等提供支撑。中国法学会信息法学研究会更名为中国法学会网络与信息法学研究会，重点研究网络与信息法学基本理论问题，成立中国法学会网络法治研究方阵①。工业和信息化部、最高人民法院、最高人民检察院、中国社会科学院等分别批准或指导设立中国信息通信研究院互联网法律研究中心、中国应用法学研究所互联网司法研究中心、最高人民检察院理论研究所网络犯罪研究中心、中国社会科学院法学研究所网络与信息法研究室等研究机构。

高校建立网络法治学术机构。截至2023年12月，国内已有百所以上网络法治相关研究机构，高校成为建立相关机构的主要主体。除已经成立网络法治研究机构的北京大学、西安交通大学等高校外，中国人民大学、中国政法大学、清华大学等高校加快建立网络法治研究机构，围绕网络治理、网络犯罪、网络著作权、计算法学等领域进行了深度探索，对网络法治领域基础性和前瞻性问题开展跨学科交叉研究，积极促进法学与科技发展及网络法治实践的交融汇通。

互联网企业网络法治研究机构不断发展。适应互联网蓬勃发展实践和自身业务实际需要，互联网企业加强网络法治机构建设，积极开展互联网发展政策和网络法治研究。例如，腾讯、阿里巴巴、百度、抖音、京东、美团等互联网企业加强网络法治研究力量，聚

---

① 伍晓梅主编：《中国法律年鉴（2018）》，2018年10月，第702页。

焦数字经济、网络安全、个人信息保护等热点问题开展研究，并积极与有关部门、高校、国际组织等主体进行网络法治研究交流与互动，参与推动我国网络法治建设。

二、网络法治研究期刊不断丰富

研究期刊深刻反映社会现实问题的焦点所在和学术发展的前沿领域。这一阶段，关注网络法治领域的专门期刊或专辑进一步丰富，法学领域的重点期刊持续刊发网络法治领域最新成果，成为推动网络法治建设的重要平台和阵地。

网络法治领域相关期刊进一步增多。2022 年 1 月，由中央网信办主管的《中国网信》杂志创刊，开设网络法治栏目，宣传解读国家重大网络立法、刊发网络法治前沿研究成果。中国法学会网络与信息法学研究会出版会刊《网络信息法学研究》，汇集国内外网络信息法领域理论性、前瞻性、创新性研究成果。2023 年 2 月，由最高人民法院主管的《数字法治》创刊，聚焦推进数字中国建设与法治建设，研究我国数字时代法治建设的重大理论和实践焦点、难点问题。

法学专业期刊高度关注网络法治领域。知名法学期刊聚焦网络法治领域最新成果，围绕"数据治理""网络与信息法学"等设置专栏。2022 年，《中国法学》《法学研究》《法商研究》《法学》《法学家》等中国法学核心科研评价来源期刊（CLSCI）刊发网络法学论文共计 351 篇，达到全年总刊发量的 18.86%，相关研究涉及网络与信息法、网络与宪法发展、数据权属与交易、数字经济等网络治理实践前沿的多个热点问题，助力拓展网络法治建设的理论深度。

三、网络法治人才培养持续加强

我国高度重视网络法治人才教育工作，积极面对网络发展实践所产生的重大理论问题，解决教学科研和法治实践的人才需求。2023 年 2 月，中共中央办公厅、国务院办公厅印发《关于加强新时代法学教育和法学理论研究的意见》，提出推进法学和网络工程等学科交叉融合发展，培养高质量复合型法治人才，适应"互联网+教育"新形态新要求，创新教育教学方法手段。

网络法治相关学科和专业设置逐渐完备。2018 年 9 月，教育部会同中央政法委印发《关于坚持德法兼修实施卓越法治人才教育培养计划 2.0 的意见》（教高〔2018〕6 号），在卓越法律人才教育培养计划基础上，启动实施卓越法治人才教育培养计划 2.0，重点推进法学学科体系、学术体系、话语体系创新以及发展"互联网+法学教育"等改革任务和重点举措。教育部组织修订网络空间安全、法学、法律等一级学科和专业学位类别简介及要求，并引导支持相关高校自主设置网络法学、网络空间安全执法技术、网络与信息法学、计算法学等二级学科。截至 2023 年 12 月，国内已有逾 50 所科研院校开展网络法学学科建设和研究。2024 年，国务院学位委员会第八届学科评议组、全国专业学位研究生教育指导委员会编修的《研究生教育学科专业简介及其学位基本要求（试行版）》"法学"专业介绍中，正式将"网络与信息法学"列为法学二级学科。

网络法治相关课程和教材不断涌现。众多高校开展网络法学研究相关课程教学，开设网络与信息安全、法律与人工智能、网络法学、区块链与电子证据、法律数据分析等融合法律知识与计算机科学、统计学知识的跨学科跨专业课程。网络法治教材建设积极推进。网络法、计算法、数据法、个人信息保护法等领域的教材不断丰富，为网络法治人才培养提供重要支持。

四、网络法治研究领域不断拓展

移动互联网发展在网络法治领域创生出一系列前沿论点，网络法治研究成为法学研究各个领域均需面对和思考的问题。我国网络法治研究围绕网络治理整体思路和网络法治热点问题不断拓展，体系持续完善，观点不断创新深化。

（一）网络治理研究深入开展

关注政府管理与社会治理。有关研究围绕政府管理和社会组织如何在网络空间中更好发挥作用展开。提出在提高政府管理的法治化、规范化和公开化水平并增强其效能和正当性的同时，积极发挥互联网行业组织作用，通过鼓励完善行业规范、出台行业标准、发布诚信倡议等方式，促进网络治理体系的健全和完善。

聚焦互联网平台治理。学界关注互联网平台治理问题，在反垄断和反不正当竞争、数据安全、数字经济等具体领域，围绕平台管理制度构建、平台法定义务与法律责任设置、大型网络平台特别义务、平台创新发展激励机制、平台自治与政府管理的关系等问题开展研究，为促进平台经济健康有序发展提供智力支持。

研究新技术新应用新业态发展治理。学界积极推进网络法治理论创新，把握产业结构转型升级脉络，主动研究人工智能等新技术新应用新业态前沿问题。研究提出人工智能、数字经济相关立法框架和制度建议，研究虚拟财产、数据产权等法律解决方案，分析卫星导航、第六代移动通信、量子技术等的法律制度前沿趋势。

（二）网络法治学术观点推陈出新

随着互联网业态的极大丰富与影响力的显著提升，我国在网络侵权、互联网金融、网络犯罪等多个领域的研究持续深化，对提升我国网络治理水平与国际影响力起到推动作用。

关注数据和个人信息权属保护。相关研究注意到互联网时代数据的开放共享对数据产业发展具有基础性意义，需处理好数据产业发展、个人信息和数据权利保护之间的关系。相关研究关注个人信息利用和保护的激励平衡，探究通过个人信息处理者内部治理机制与外部执法威慑的协调应用，确认个人信息相关权利边界，完善侵害个人信息行为的惩治规范体系，有效促进个人信息保护体系构建。

聚焦网络侵权规则构建。相关研究围绕《民法典》《消费者权益保护法》等展开，在讨论网络侵权主体匿名性、传播快捷性、影响广泛性、不可逆转性等特征的基础上，提出强化人格权保护、明确网络侵权传播扩散责任、完善个人信息保护规范等方案，积极应对网络空间权益保护的新问题新挑战。

研究网络版权中的权益平衡。学界长期以来关注网络版权保护问题，跟踪研究新技术新业态新模式发展中的知识产权保护。相关研究围绕"避风港原则"的完善、网络游戏版权保护、生成式人工智能的版权问题等进行了讨论，为处理好技术产业发展和权益保护之间的关系、更好统筹发展和安全、促进创新和依法治理相结合提供理论参考。

分析互联网市场竞争规则。针对互联网市场业态丰富、流量计价、多边市场的特点，学界重点关注竞争中的相关市场界定及市场支配地位的认定问题，并围绕互联网企业独家交易等垄断行为的特殊性、互联网产业经营者集中救济、爬虫协议的法律性质等问题进行研究。在《反不正当竞争法》加入"互联网专条"的基础上，相关研究进一步聚焦互联网竞争行为的定性问题，并针对恶意不兼容、广告屏蔽、数据爬取等行为的认定展开讨论。

关注互联网金融风险防范与监督。相关研究关注互联网金融多节点连接、风险扩散快的基本特征及新的表现形式，围绕金融特许制、强制信息披露等传统监管工具对互联网金融的作用展开讨论，探究监管的统一性和协调性，推动完善互联网金融监管法律制度体系。也有研究从优先保障网络账户安全、差异化监管以及线上和线下保护相结合的原则出发，探索建立互联网账户安全保障制度、互联网金融消费者保护监管制度以及互联网金融消费纠纷在线解决机制等。

此外，相关研究还围绕涉网案件管辖、电子证据、互联网劳动关系认定等前沿问题展开，进一步拓展网络法治研究的广度和深度，为网络法治建设提供有益支持。

第八节　网络法治国际交流合作开拓新局面

这一阶段，互联网让国际社会越来越成为你中有我、我中有你的命运共同体，各国人民在网络空间休戚与共、利益攸关。我国积极开展网络法治国际交流合作，坚持在独立自主、完全平等、互相尊重的基础上，与世界各国一道，共同参与全球网络治理体系变革，促进全球共同分享互联网发展的机遇和成果，携手构建网络空间命运共同体。

一、积极推进网络领域国际规则建设

习近平总书记指出，国际社会应该在相互尊重、相互信任的基础上，加强对话合作，推动互联网全球治理体系变革，共同构建和平、安全、开放、合作、有序的网络空间，建立多边、民主、透明的全球互联网治理体系。我国坚定维护国际公平正义，坚定维护以联合国为核心的国际体系、以国际法为基础的国际秩序、以《联合国宪章》宗旨和原则为基础的国际关系基本准则。支持各国平等参与网络国际治理，制定各方普遍接受的网络空间国际规则。

宣介网络空间治理规则主张。2020 年 9 月，我国提出《全球数据安全倡议》，并分别于 2021 年 3 月和 2022 年 6 月同阿拉伯国家联盟、中亚五国发表《中阿数据安全合作倡议》《"中国+中亚五国"数据安全合作倡议》，为讨论制定全球数据安全规则提供蓝本。2023 年 2 月，我国发布《全球安全倡议概念文件》，积极推进落实全球在网络安全等方面的合作方向和平台机制。2023 年 10 月，发布《全球人工智能治理倡议》，围绕人工智能发展、安全、治理三方面系统阐述了人工智能治理中国方案，为各方普遍关切的人工智能发展与治理问题提出建设性解决思路，为相关国际讨论和规则制定提供了中国方案。

　　支持发挥联合国在网络国际治理中的主渠道作用。习近平总书记指出："在网络问题上，联合国要发挥主渠道作用，讲规则、讲主权、讲透明，尊重各国在信息安全上的关切，实现共同治理。"我国支持联合国制定打击网络犯罪全球性公约，共提并推动联合国大会通过决议，设立政府间特设专家委员会，并建设性参与公约谈判，呼吁尽早达成具有权威性、普遍性的公约，为国际社会合作应对网络犯罪挑战提供法律基础。注重发挥联合国在应对国际信息安全威胁领域的关键作用，与上海合作组织其他成员国共同向联合国提交"信息安全国际行为准则"更新案文。深入参与《全球数字契约》制定进程，为促进全球数字治理作出贡献。推动联合国达成"网络空间负责任国家行为框架"，明确主权平等、和平解决争端、禁止使用武力、不干涉他国内政等国际法重要原则适用于网络空间，明确应建立全球性、可操作的信息技术产品供应链安全标准。拓展与联合国专门机构的网络事务合作，参与由联合国教科文组织制定的《人工智能伦理建议书》，并与世界知识产权组织在域名规则制定和域名争议解决领域开展广泛合作。

　　深度参与制定区域性网络治理规则。2017 年 9 月，我国推动金砖网络安全工作组达成《金砖国家网络安全务实合作路线图》。积极参与版权国际规则制定，推动《视听表演北京条约》于 2020 年 4 月生效，成为新中国成立以来第一个在我国缔结、以我国城市命名的国际知识产权条约。2020 年 11 月，我国签署《区域全面经济伙伴关系协定》（RCEP），与其他 14 个成员国一道，围绕电子认证和签名、在线消费者保护、在线个人信息保护、网络安全、数据跨境流动、知识产权保护等领域形成区域规则，其中电子商务章节成为目前全球覆盖区域最广、内容全面、水平较高的电子商务国际规则。积极推进加入《全面与进步跨太平洋伙伴关系协定》（CPTPP）和《数字经济伙伴关系协定》（DEPA），参与数字经济领域高标准规则制定。

二、广泛开展网络法治国际交流合作

我国支持网络法治领域的国际交流与合作，积极开展对话协商、交流互鉴，不断拓展深化平等、开放、合作的全球伙伴关系，以共进为动力、以共赢为目标，共同推进网络国际治理。

推进网络法治相关双多边对话交流。建立中俄信息安全磋商机制、中美执法及网络安全对话、中欧网络工作组机制、中法网络事务对话机制、中国—东盟网络事务对话机制、中日韩网络安全事务磋商机制等对话机制，举办"2019 中德互联网经济对话""中英互联网圆桌会议""中韩互联网圆桌会议""中古（巴）互联网圆桌论坛""中巴（西）互联网治理研讨会""中国—中亚峰会""中国—东盟信息港论坛""中国—东盟数字合作吹风会""中非互联网发展与合作论坛"等活动，与相关国家和地区在网络政策法规和治网实践等方面开展务实交流，及时回应各方关切，平等协商解决分歧。与泰国、印度尼西亚等签署网络安全合作备忘录，加强网络安全政策法规交流分享，共同促进网络安全能力建设。

深化网络版权国际交流合作。大力发展以世界知识产权组织为主的版权多边合作关系，加强与相关国家的版权双边交流机制，积极稳妥处理版权双多边事务，进一步拓宽版权合作模式。建立健全版权国际应对联动机制，积极与相关国家和国际组织开展合作，不断提高保障能力，加强海外版权保护，切实维护中国版权企业的海外权益。利用世界知识产权组织平台，展示我国版权优秀案例示范点实践经验，贡献中国智慧和中国方案，向世界展现真实、立体、全面的中国版权工作，切实增强国际传播能力建设，进一步提升我国国际版权领域影响力。

强化国际网络执法司法合作。我国与多国达成网络安全领域合作共识，在打击网络恐怖主义、电信网络诈骗等方面开展深层次务实合作。在打击网络恐怖主义方面，通过联合反恐演习、联合边防行动、警务合作、司法协助等多种形式，不断深化与相关国家交流合作，携手应对威胁挑战，共同维护世界和平和地区稳定。在打击电信网络诈骗方面，开展国际执法司法合作，与多国联合侦办跨境重大案件，取得明显成效。2023 年 8 月，中国、泰国、缅甸、老挝四国警方启动合作打击赌诈集团专项联合行动，共同建立专项行动综合协调中心，并针对赌诈猖獗的区域设立联合行动点，严厉打击电信网络诈骗、网络赌博等犯罪。

加强未成年人网络保护交流合作。积极开展未成年人网络保护法治建设国际交流合作，与世界各国一道，参与网络空间国际治理，携手推进未成年人网络保护。围绕应对儿童网络欺凌、治理儿童色情信息、利用新兴技术保护儿童网络安全等议题，积极与联合国儿童基金会、国际互联网举报热线联合会等国际组织以及英国、德国、阿联酋等国相关部门开展交流合作，分享未成年人网络保护治理经验。加入"WePROTECT 终结网络儿童性剥削全球联盟"，与全球 200 多个政府、企业和民间社会组织一道努力打击儿童网上性剥削及性虐待，为儿童创造更加安全的网络环境。

三、努力搭建网络法治国际交流平台

习近平总书记指出："各国应该推进互联网领域开放合作，丰富开放内涵，提高开放水平，搭建更多沟通合作平台，创造更多利益契合点、合作增长点、共赢新亮点，推动彼此在网络空间优势互补、共同发展。"党的十八大以来，我国积极搭建与世界互联互通的国际平台和与国际互联网共建共享的中国平台，为世界各国在网络法治领域密切联系、增进了解、促进互信发挥了积极作用。

搭建世界互联网大会网络法治交流平台。自 2014 年起，连续十年举办世界互联网大会乌镇峰会，邀请各国政府、国际组织、互联网企业、智库、行业协会、技术社群等各界代表参加。大会组委会发布《携手构建网络空间命运共同体》概念文件，提出"尊重网络主权，《联合国宪章》确立的主权平等原则是当代国际关系的基本准则，同样适用于网络空间"。2020 年发布《携手构建网络空间命运共同体行动倡议》，提出开展数据安全和个人信息保护及相关规则、标准的国际交流合作，推动符合《联合国宪章》宗旨的个人信息保护规则标准国际互认。开展未成年人保护立法经验交流，打击针对未成年人的网络犯罪和网络欺凌，进一步完善打击网络犯罪与网络恐怖主义的机制建设。支持并积极参与联合国打击网络犯罪国际公约谈判，有效协调各国立法和实践，合力应对网络犯罪和网络恐怖主义威胁。

搭建多层次网络法治国际交流平台。通过金砖国家合作机制、上海合作组织、亚非法律协商组织、东盟地区论坛等多边平台，就网络立法、执法、司法、普法等网络法治建设情况深入交流观点、

经验和做法。支持互联网行业组织建立中国互联网治理论坛等国际
交流平台，围绕数字包容、数据治理等议题开展交流研讨，促进中
外互联网社群增进共识，共同解决互联网行业发展面临的问题。鼓
励专家学者通过学术论坛、研讨交流会等多种平台，围绕数字经
济、数据安全、人工智能治理等网络法治前沿问题，与国际同行开
展学术交流，分享研究成果。

第 五 章

中国网络法治未来展望

过去的 30 年，我国顺应全球信息化发展大势，立足本国国情和依法治网规律，走出了一条既符合国际通行做法，又有中国特色的依法治网之路。网络法治既是数字治理的基本方式，也是数字文明建设的重要特征。当前，世界之变、时代之变、历史之变正以前所未有的方式展开，我国网络法治在面对宝贵发展机遇的同时，也面临着新的风险挑战。新时代网络法治新图景正在徐徐展开，新征程上我们将深入学习领会习近平新时代中国特色社会主义思想特别是习近平法治思想和习近平总书记关于网络强国的重要思想，准确把握网络法治建设新形势新任务，筑法治之基、行法治之力、积法治之势，构建更加完善的中国特色网络法治体系，切实以网络空间法治化助力中国式现代化，为全球互联网发展治理贡献中国网络法治方案，助力构建世界网络法治文明新形态。

一、网络法治建设面临新形势新任务

新一代信息技术日新月异，信息化大潮风起云涌，互联网的飞速发展引领了社会生产新变革，创造了人类生活新空间，拓展了国家治理新领域。我国作为全球最大的发展中国家和网民数量最多的国家，正在阔步迈向网络强国，如何统筹好发展和安全，始终确保互联网在法治轨道上健康运行，成为一项重大而紧迫的课题。

发展新质生产力提出新任务。新质生产力是创新起主导作用，摆脱传统经济增长方式、生产力发展路径，具有高科技、高效能、高质量特征，符合新发展理念的先进生产力质态。当前，新一轮科技革命和产业变革深入发展，数据资源成为新生产要素，信息技术成为新创新高地，信息网络成为新基础设施，数字经济成为新经济引擎，信息化成为新治理手段，信息化数字化发展从根本上改变了传统生产方式和发展模式，为推进中国式现代化提供了强大的发展动能、有效的共享机制、丰富的物质文化供给、可靠的高质量发展路径、有利的外部发展环境。① 发展新质生产力，促进网信事业高质量发展，需要更好发挥网络法治的引领、规范和保障作用。

网络空间风险呈现新特征。互联网在快速发展、全面融入人民群众生产生活的同时，各类社会风险向网络空间传导趋势明显，网上网下风险交织叠加。从网络安全看，关系国计民生的关键信息基础设施网络安全问题突出，网络空间军事化趋势加剧，各类网络违法犯罪活动时有发生。从技术风险看，5G、云计算、大数据、人

---

① 《习近平总书记关于网络强国的重要思想概论》，人民出版社 2023 年版，第116 页。

工智能、卫星互联网等网络信息技术的飞跃发展，给人类生产生活带来广泛而深刻的影响，也不断带来新的风险。从国家治理看，信息化带来生产生活方式深刻变化，就业结构和利益结构深度调整，其中的风险不可小觑。从国际治理看，网络领域国际竞争日趋激烈，网络霸权主义对世界和平与发展构成新的威胁，网络空间冲突对抗风险上升。愈发凸显的各类风险隐患要求我们持续推进依法治网，全面提升依法维护开放安全能力，坚决守住安全底线。

人民群众新期待增添新动力。互联网通达亿万群众、连接党心民心，法治作为互联网治理的基本方式，与人民群众的获得感、幸福感、安全感息息相关。迈向新的发展阶段，人民群众对促进信息化发展、加强网络安全保障、维护网络合法权益、营造良好网络生态提出了更高要求。习近平总书记强调："我们要本着对社会负责、对人民负责的态度，依法加强网络空间治理"。必须始终坚持人民至上，把体现人民利益、反映人民愿望、维护人民权益、增进人民福祉落实到网络法治建设全过程各方面。

全面依法治国明确新要求。当前，网络空间成为全面推进依法治国的新兴领域，网络法治体系成为中国特色社会主义法治体系的重要组成部分，网络法治建设成为全面依法治国在网信领域的重要实践。推进新时代网络法治建设，必须坚持以习近平总书记关于网络强国的重要思想为指引，探索构建与互联网发展相适应的法治体系，充分发挥法治在网络强国建设中的基础性作用，推动依法管网、依法办网、依法上网，确保互联网在法治轨道上健康运行。

全球网络治理凸显新趋势。世界各国网络法治建设步伐不断加快，网络安全、平台治理、新技术新应用治理等引起全球关注。网络空间具有全球性，任何国家都难以仅凭一己之力实现对网络空间的有效治理。面对网络空间新情况、全球网络法治建设新趋势，需要进一步推动国际社会坚持共商共建共享，深化务实合作，完善网络空间对话协调机制，研究制定全球互联网治理规则，使全球互联网治理体系更加公正合理，更加平衡地反映大多数国家意愿和利益。

二、中国特色网络法治体系更加完善

建设中国特色网络法治体系是中国网络法治建设的总目标，也是在法治轨道上建设网络强国的重要抓手。展望未来，我国将始终坚持把依法治网作为全面依法治国和网络强国建设的重要内容，持续丰富和深化体系建设理念，推进构建更加完备的网络法律规范体系、更加高效的网络法治实施体系、更加严密的网络法治监督体系和更加有力的网络法治保障体系。

持续丰富和深化网络法治体系建设理念。我国将始终坚持依法治网理念，深入推进新时代网络法治建设，坚定不移走中国特色依法治网之路。进一步践行人民至上理念，让人民群众在网络法治发展中有更多获得感、幸福感和安全感。进一步推动高质量发展和高水平安全良性互动，以网络空间法治化助力中国式现代化。进一步结合中国具体实际与中华优秀传统法律文化，深刻把握信息革命的"时"与"势"，推进网络法治理念、内容等全方位创新。进一步构建网络法治建设新格局，更好发挥各方主体的主动性和创造性，协力推进网络空间法治化。进一步倡导开放合作，尊重各国自主选择网络法治道路和模式，促进交流互鉴，携手共创人类法治文明新形态，推动建设更加美好的世界。

形成更加完备的网络法律规范体系。适应把握新发展阶段、贯彻新发展理念、构建新发展格局的要求，加强网络领域重点立法，进一步形成中央立法和地方立法相结合、国内立法和国际规则相协调、传统立法和专门立法相衔接，覆盖信息化发展、网络安全、网络信息内容建设与管理等多个领域的网络法律体系。加快推进数字经济、人工智能、网络平台、大数据、云计算等新兴领域立法，加强促进新技术新应用发展的法律制度供给，为新质生产力发展提供制度保障。积极完善虚假信息治理、反网络暴力等制度规范，营造风清气正的网络空间。统筹网络综合立法和"小快灵"立法，积极应对网络安全、数据安全等各类风险挑战。坚持科学立法、民主立法、依法立法，增强网络立法系统性、整体性、协同性、时效性。

形成更加高效的网络法治实施体系。深入推进网络执法协调机制建设，推动形成横向协同、纵向联动的全国网络行政执法工作机制。推进严格规范公正文明网络执法，进一步加强执法规范化建设，健全执法机制，完善执法程序。健全适应互联网发展治理新特点的监督管理执法措施，增强网络执法针对性、实效性。聚焦人民群众反映强烈的突出问题，依法严厉打击侵害公民网络空间合法权益、危害网络安全、宣扬恐怖主义和极端主义等违法犯罪活动。加强网络司法治理，准确把握互联网发展司法需求，依法妥善处理涉网案件，让人民群众在每一个网络司法案件中都感受到公平正义。拓展网络普法新格局，加强优质内容供给，深化普法品牌创建，弘扬网络法治精神，培育网络法治文化，形成亿万网民参与普法、普法惠及亿万网民的良好局面。

形成更加严密的网络法治监督体系。完善权力运行制约和监督机制，规范立法、执法、司法机关权力行使。建立健全网络立法监督工作机制，完善监督程序，加强网络法律法规备案审查制度和能力建设。健全网络执法监督检查工作体系，实现网络执法全方位、全流程、常态化、长效化监督，不断提升执法效能。完善重大行政处罚决定法制审核制度，规范行政应诉工作，提高行政复议办案质量和效率，强化对网络执法的监督和制约。加强网络执法与刑事司法双向衔接，完善涉网刑事、民事、行政检察监督和公益诉讼检察案件办理机制。落实政务信息公开要求，加强网络法治公开制度化、标准化、信息化建设，主动接受舆论监督和社会监督，及时回应社会关切。

形成更加有力的网络法治保障体系。完善党领导依法治网的制度机制，更好发挥中央网络安全和信息化委员会决策和统筹协调作用，持续完善网络法治顶层设计，深化网络法治全国"一盘棋"工作格局。建立健全领导干部学法用法制度，提升网络法治意识和能力。加强网络法治专门队伍建设，创新网络法治人才培养机制。统筹网络法治新型智库建设，推进网络法治理论创新。充分运用大数据、云计算、人工智能等科技手段，全面提高网络法治工作智能化水平。

三、以网络空间法治化助力中国式现代化

国无法不治，网无法不兴，法治在互联网发展和中国式现代化

进程中的作用更加彰显。展望未来，随着中国特色网络法治体系的不断完善，网络空间法治化进程加快推进，网络法治将更好发挥固根本、稳预期、利长远的作用，更好助力中国式现代化。

高质量发展引领作用更加强劲。在法治轨道上建设网络强国步伐不断加快，网络法治引领和保障高质量发展的针对性有效性显著增强。数字经济法律法规不断健全，数字经济治理体系和治理能力现代化水平显著提高。网络市场制度规则加快建立，网络领域产权保护、公平竞争、社会信用等制度更加完善，资本、技术、数据等要素进一步依法有序自由流动。新技术新应用新业态新模式法治保障更加及时有力有效，互联网产业健康有序发展。

网络空间秩序更加规范。网络空间生态向上向善向好的态势依法不断巩固，人民群众在网络空间的幸福感、获得感、安全感持续提升。网络综合治理能力和水平显著提高，网络信息内容传播秩序更加规范，网络空间正能量传播的法治保障更加完善。依法治网和以德润网理念深入人心，网络空间失德行为得到依法治理，网络文明建设水平进一步提升。

网络合法权益保障更加充分。网络法治始终坚持人民立场，维护人民群众合法权益。特殊群体和城乡发展的"数字鸿沟"依法弥合，亿万人民在共享互联网发展成果上有更多获得感，信息时代人的发展权得到充分法治保障。个人信息保护力度持续加强，违法和不良信息得到有效治理，肖像、名誉、荣誉等各项人格权利在网络空间的法治保障更加健全。数据和虚拟财产保护制度进一步完善，电信网络诈骗等违法犯罪活动得到依法惩治，人民群众财产安全得到有效维护。

网络空间公平正义更加彰显。人民群众获得更加公平公正、公开透明、高效便捷、普惠均等的司法服务，网络空间公平正义得到有力捍卫。网络司法规则进一步适应新形势新要求，网络空间权利边界、行为规范、责任义务以及网络司法程序更加完善。具有中国特色的网络司法模式持续创新，互联网新技术在司法审判和检察监督领域进一步应用。网络司法活动规范开展，人民群众合法权益得到有效司法保障，网络犯罪惩治力度进一步加强。

网络安全保护更加有力。网络安全法治防线进一步筑牢，为中国式现代化提供坚实的网络安全保障。网络安全保护制度持续完善，网络安全标准体系不断健全，网络法治对网络安全的支持和促进作用更加彰显。关键信息基础设施安全、数据安全等风险防范水平进一步提升，网络攻击、网络窃密等危害网络安全行为得到依法遏制和有效打击。

四、以中国网络法治建设推动构建人类数字文明和法治文明新形态

人类法治文明不断演进，数字文明加速到来。展望未来，我国将继续践行共商共建共享的全球治理观，与国际社会携手推进全球互联网治理法治化进程、共同应对网络空间治理全球性课题，推动塑造人类法治文明新形态，为构建网络空间命运共同体提供中国的法治方案。

坚持以中国网络法治新形态助力探索人类法治文明新形态。我国将进一步丰富发展网络法治的内涵和形态，为世界不同国家立足本国国情推进网络法治建设贡献中国方案。形成同中国法治建设具

体实际和中华优秀传统法律文化紧密结合的法治文明新形态，立足全球最大的发展中国家和网民数量最多的国情，对中华优秀传统法律文化进行创造性转化、创新性发展。形成立足互联网跨越式发展实践的法治文明新形态，根植于丰沃的互联网发展治理实践土壤，推动互联网这个最大变量成为社会经济发展的最大增量。形成以人民为中心的法治文明新形态，把人民群众的美好期待作为网络法治建设的出发点和落脚点，切实维护人民群众在网络空间的合法权益。形成数字文明和法治文明相融合的法治文明新形态，把数字科技作为法治现代化的重要引擎，推动法治文明融入网络化、数字化、智能化新内涵，赋予数字文明更鲜明的法治特征。形成以人类共同福祉为重大关切的法治文明新形态，以增进人类共同福祉为重要目标，致力于构建网络空间命运共同体，弘扬全人类共同价值，始终确保互联网朝着有利于人类文明进步方向发展。

建设完善同高质量发展、高水平开放要求相适应的涉外网络法治体系。坚持在法治轨道上推进网络领域高水平对外开放，在扩大开放中推进网络领域涉外法治建设，夯实网络领域高水平开放法治基础。完善公开透明的网络领域涉外法律体系，加强知识产权保护，维护外资企业合法权益，用好国内国际两类规则，营造市场化、法治化、国际化一流营商环境。充分发挥联合国主渠道作用，通过上海合作组织、二十国集团、亚太经合组织、金砖国家合作机制等平台，就网络法治建设情况深入交流观点、经验和做法。高水平建设世界互联网大会国际组织，广泛凝聚网络法治共识，深化网络法治领域国际合作，以国际良法促进全球善治。主动参与人工智能、数据安全、个人信息保护、数字货币等领域国际标准和规则制定。引导网信企业在"走出去"过程中自觉遵守当地法律法规和风俗习惯，运用法治和规则维护自身合法权益。加强网络领域涉外法治理论和实践前沿课题研究，构建中国特色、融通中外的涉外网络法治理论体系和话语体系。

着力为推动构建网络空间命运共同体迈向新阶段提供法治保障。聚焦保障构建更加普惠繁荣的网络空间。积极向国际社会分享我国依法促进网络接入普及、提升网络服务水平，以及加强对弱势群体网络保护等方面的实践经验。持续推动以人为本理念融入网络法治国际规则建设，积极探讨制定反映各方意愿、尊重各方利益的网络治理国际规则，缩小"数字鸿沟"，充分保障不同国家、不同民族、不同人群平等享有互联网发展红利。聚焦保障构建和平安全的网络空间。持续倡导尊重网络主权，尊重各国自主选择互联网发展和网络法治道路以及参与网络空间国际治理的权利。深化网络安全务实合作，有力打击网络违法犯罪行为，妥善应对信息技术发展带来的规则冲突。宣介《全球数据安全倡议》《全球安全倡议概念文件》《全球人工智能治理倡议》，推动构建公平、合理、有效的网络空间治理方案。聚焦保障构建平等包容的网络空间。通过法治方式促进文明互鉴，加强同世界各国的网络法治文化交流，依法开展网络空间生态治理，维护良好网络秩序，推动不同文明包容共生。

关山飞渡，大道笃行。以互联网为代表的新一轮科技革命和产业变革日新月异，推动人类社会进入活力迸发、充满希冀的信息时代。展望未来，中国特色依法治网之路将随着时代发展而愈发开阔。依法促进和保障互联网的进步繁荣，符合世界各国人民利益。

中国既是全球互联网发展的受益者，也是国际网络空间和平的建设者、发展的贡献者、秩序的维护者。面对新机遇新挑战，我国将同国际社会一道，推动全球互联网发展治理法治化进程，让数字文明和法治文明更好地造福各国人民。

附 录 一

中央和国家机关有关单位
网络法治工作情况

中央网信办（国家网信办）网络法治工作

党的十八大以来，以习近平同志为核心的党中央成立中央网络安全和信息化领导小组（后改为中央网络安全和信息化委员会），明确提出建设网络强国的战略目标，擘画网络强国的宏伟蓝图。在中央网信委领导下，中央网信办（国家网信办）（以下简称"中央网信办"）始终坚持以习近平新时代中国特色社会主义思想特别是习近平法治思想和习近平总书记关于网络强国的重要思想为指导，深入贯彻落实习近平总书记关于网络法治的重要论述，会同各部门深入推进网络法治建设，坚定不移走中国特色依法治网之路。

一、加强顶层设计和统筹协调，构建网络法治工作新格局

党的十八大以来，如何加强网络安全和信息化工作统筹，推动网络法治工作在新的时代背景下实现新发展，成为管网治网的重大课题。中央网信办落实中央网信委要求，加强顶层设计，强化统筹协调，推动形成网络法治工作新格局，不断提高网络空间法治化程度。

聚焦网络法治建设顶层设计。按照党中央决策部署，制定《国家网络空间安全战略》《"十四五"国家信息化规划》等网信领域重要战略规划，明确事关网络法治工作长远发展的重要问题，提出网络法治建设重点任务。制定关于加强新时代网络法治工作相关指导意见，进一步明确新时代网络法治工作总体目标、工作原则和主要任务，为推进网络法治工作高质量发展指明方向。加强网络法治工作系统谋划，制定有关专项规划计划，对网络法治重点工作作出安排，统筹推进网络空间法治化。

强化网络法治工作督促落实。认真学习贯彻习近平总书记关于网络法治的重要论述，坚持把依法治网摆在更加突出位置，全面履行网信部门职责，突出抓好全国网络安全和信息化工作会议、网络安全和信息化工作座谈会、中央网信委会议重大部署中涉及网络法治建设任务的统筹协调、整体推进、督促落实，切实调动各方面力量，推动网络法治建设任务落地落实。督促推进网络立法、执法和普法等重点工作。

完善统筹协调机制。牵头建立跨部门、跨领域的网络法治工作协调机制，围绕落实党中央关于网络法治的重要事项、网络法治重点难点问题，加强会商研究、协调推进、联合调研，有力提升网络法治工作实效。定期召开全国网络法治工作会议和全国网络法治建设座谈会，总结经验成效，谋划部署工作。结合重要节点和重大活动，统筹成员单位力量，深入实施网络普法。

凝聚网络法治理念共识。自1994年全功能接入国际互联网以来，我国坚持网络主权原则，同时广泛借鉴世界各国网络法治先进经验，形成了既有中国特色又符合国际通行做法的互联网治理模式。中央网信办会同国务院新闻办公室等中央和国家机关有关单位撰写发布《新时代的中国网络法治建设》白皮书，凝聚网络法治共识，广泛宣介新时代的中国网络法治建设理念、实践和主张。

二、加快推进网络立法，推动完善网络法律体系

中央网信办坚持把依法治网作为基础性手段，统筹高质量发展和高水平安全，加快网络立法步伐，切实以良法促进发展、保障善治。

持续完善网络权益保障法律制度。坚持以人民为中心，科学构建网络权益保障法律制度，切实维护公民在网络空间的合法权益。参与起草并推动出台《个人信息保护法》，明确个人信息处理的基本原则和规则，系统构建个人信息保护制度。通过多层次、多维度立法，弥合特殊群体数字鸿沟，促进平等广泛融入数字社会。起草并推动出台《未成年人网络保护条例》，制定《儿童个人信息网络保护规定》，保护未成年人身心健康，保障未成年人在网络空间的合法权益。参与制定《民法典》《电子商务法》等，有力维护网络空间公民人身、财产权益。联合制定《互联网信息服务算法推荐管理规定》等部门规章，保障新就业形态劳动者等的合法权益。

着力保障新技术新应用新业态健康有序发展。紧跟信息技术发展实践和前沿趋势，围绕区块链、深度合成、生成式人工智能服务、网络音视频等新兴领域，制定《区块链信息服务管理规定》《互联网信息服务深度合成管理规定》《生成式人工智能服务管理暂行办法》《网络音视频信息服务管理规定》等部门规章和管理规定，增加促进发展制度供给，探索创新治理模式，切实防范和化解

风险，为新技术新应用新业态健康有序发展提供有力法治保障。

科学划定网络安全和数据安全底线红线。没有网络安全就没有国家安全。着力推动完善网络安全立法，参与起草并推动出台《网络安全法》《数据安全法》《关键信息基础设施安全保护条例》等法律法规，出台《汽车数据安全管理若干规定（试行）》《网络安全审查办法》《数据出境安全评估办法》《个人信息出境标准合同办法》《云计算服务安全评估办法》等部门规章和管理规定，细化完善关键信息基础设施安全保护、网络安全审查、云计算服务安全评估、数据出境安全管理、网络安全服务认证等一系列重要制度，有力保障网络安全。

切实健全网络信息服务管理制度。网络空间是亿万民众共同的精神家园，网络空间天朗气清、生态良好，符合人民利益。参与起草并推动出台《网络安全法》《英雄烈士保护法》《爱国主义教育法》等法律，完善网络信息内容建设与管理制度。出台《互联网新闻信息服务管理规定》《网络信息内容生态治理规定》《互联网用户账号信息管理规定》等部门规章，完善网络信息内容生态治理机制。针对即时通信工具、搜索引擎、直播、论坛、群组、微博客、账号、移动互联网应用程序、弹窗、跟帖评论等信息内容传播业态制定管理规定，进一步压实平台责任，为治理危害国家安全、损害公共利益、侵害他人合法权益的违法信息提供制度依据。

三、持续深化网络执法，保障网络空间规范有序

中央网信办坚持严格规范公正文明网络执法，加大重点领域执法力度，持续开展"清朗"系列专项行动，依法打击利用网络从

事危害国家安全和社会公共利益、扰乱经济秩序和社会秩序、侵害他人合法权益等违法行为，全面保护人民群众合法权益、维护国家安全和社会公共利益。

全面推进严格规范公正文明网络执法。健全网络行政执法制度机制，制定《互联网信息内容管理行政执法程序规定》，并修订出台《网信部门行政执法程序规定》，规范和保障网信部门依法履行职责。打造高素质网络执法队伍，积极开展执法人员能力建设。加大网络执法监督检查力度，不断完善网络执法监督检查工作体系，深入推进日常监督检查、重点案件监督检查、年度监督检查。落实行政执法责任制和责任追究制度，加大整改通报、问责激励力度，推进严格规范公正文明执法，有力维护人民群众在网络空间的合法权益。

依法惩治侵害公民个人信息权益活动。切实加大个人信息保护领域执法力度，严厉打击侵害公民个人信息权益违法违规行为。2019 年以来，会同工业和信息化部、公安部、国家市场监督管理总局持续开展移动互联网应用程序违法违规收集使用个人信息专项治理，突出整治 App 强制索取、过度索取、超范围收集个人信息、违法违规使用个人信息等问题，App 侵害用户个人信息权益的违法违规行为得到有效遏制。依法查处系列典型个人信息保护案件。

积极营造清朗网络空间。深入开展"清朗"系列专项行动，全面整治"饭圈"乱象、网络水军、流量造假、网络"黑公关"等突出问题，强化未成年人网络保护。2019 年以来，开展系列专项治理，固化经验做法，不断提升网络空间治理效能。对传播各类违法违规信息的网站平台，依法采取约谈、责令改正、警告、暂停信息更新、罚款等多种措施。制定《关于加强网络直播规范管理工作的指导意见》（国信办发文〔2021〕3号）、《关于进一步压实网站平台信息内容管理主体责任的意见》等，建立健全网上风险防范机制。协调推进"净网""剑网""护苗"等整治行动，协同开展网络空间治理。

切实筑牢网络安全和数据安全防线。持续开展网络安全审查，确保关键信息基础设施供应链安全，保障网络安全和数据安全，维护国家安全。在重要网络系统领域，深化网络系统安全防护，持续监测网络安全威胁，有效防治网络系统遭受大规模服务攻击等重大安全事件。在网络数据领域，提升数据安全保护监管能力，通过建立安全监测体系、推进分类分级管理等手段，强化网络数据安全执法。建立健全国家网络安全应急工作体系，统筹协调推进国家网络安全监测预警和应急通报工作。印发《国家网络安全事件应急预案》，依托国家网络安全应急办公室机制，统筹协调组织国家网络安全事件应对，建立健全跨部门联动处置机制，相关部门按照职责分工负责相关网络安全事件应对工作，逐步建立覆盖中央和国家机关、31个省（区、市）和新疆生产建设兵团、中央企业等的网络安全应急通报工作体系。

四、创新开展网络普法，不断提升全社会网络法治意识和素养

网络法治宣传教育作为全面依法治国和网络强国建设的重要环节，是法治建设的"扩音器""金话筒""连心桥"，中央网信办始终胸怀"国之大者"，不断深化网络法治宣传教育实效。

加强网络普法统筹谋划。深入实施《法治社会建设实施纲要（2020—2025 年）》《中央宣传部、司法部关于开展法治宣传教育的第八个五年规划（2021—2025 年）》，制定《网信系统法治宣传教育第八个五年规划（2021—2025 年）》等普法规划文件，科学把握网络普法工作规律，着力构建融合创新、精准高效的网络普法工作机制，有力保障网络普法工作组织实施。专设网络法治宣传工作机构，统筹推进网络普法工作，推动网络普法常态化长效化。

深化网络普法内容建设。始终把学习宣传贯彻习近平法治思想作为网络法治宣传的首要任务，推动深化习近平法治思想深入人心。深入开展宪法宣传教育，联合司法部、全国普法办结合"12·4"国家宪法日，举办"我与宪法"微视频征集活动。在《网络安全法》《数据安全法》《个人信息保护法》《未成年人网络保护条例》等法律法规的立法过程中，有序开展普法工作。围绕利用网络传播违法信息、电信网络诈骗、未成年人沉迷网络等人民群众关心关注的问题，发布典型案例，及时向公众进行法律解读，让典型网络案例成为全民普法公开课。

创新网络普法形式。结合全民国家安全教育日、国家网络安全宣传周等重要节点和重大活动开展普法活动，举办相关主题论坛。依托中国网络诚信大会、中国网络文明大会等平台，发布"共同抵制网络谣言承诺书""新时代网络文明建设十件大事""共建网络文明行动倡议"。开展"学法时习之""法治护我心""E 法护未来"等重大主题宣传，举办全国互联网法律法规知识云大赛，创新打造"全国网络普法行"品牌，年度全网阅读量突破 42 亿次。

积极开展面向领导干部、青少年、互联网企业从业人员等重点群体的普法活动。

五、加强网络法治国际交流合作，携手构建网络空间命运共同体

中央网信办以习近平总书记关于推进全球互联网治理体系变革"四项原则"和构建网络空间命运共同体"五点主张"为指引，着眼高水平对外开放，推动网络空间国际交流合作向纵深发展。

积极参与网络空间治理国际规则建设。会同外交部发布《网络空间国际合作战略》，明确中国网络空间国际合作战略以和平发展、合作共赢为主题，以构建网络空间命运共同体为目标，首次全面系统就推动网络空间国际交流合作提出中国主张。推动发布《携手构建网络空间命运共同体行动倡议》，全面阐释"构建网络空间命运共同体"理念的时代背景、基本原则、实践路径和治理架构。发布《全球人工智能治理倡议》，就各方普遍关切的人工智能发展与治理问题提出建设性解决思路，贡献了中国智慧和中国方案。

搭建网络法治国际对话合作平台。自2014年起，连续十年举办世界互联网大会，先后邀请多国政要、国际组织负责人、国内外知名互联网企业代表等参会交流、共话发展，形成了《网络主权：理论与实践》《世界互联网发展报告》《中国互联网发展报告》等一系列重要成果，举办网络法治、未成年人网络保护、数字法律与治理等分论坛，积极搭建中国与世界互联互通的国际平台与国际互联网共享共治的中国平台。举办联合国互联网治理论坛"在线未

成年人保护""数据治理法治保障"等开放论坛，与各国一道共商数字治理法治路径。

深入开展网络法治国际交流合作。持续扩大务实合作，打造多层次全球数字合作伙伴关系，运筹好大国网络关系，推动形成新兴市场国家、发展中国家网信合作交流机制，举办亚太经合组织数字减贫研讨会、中国—东盟信息港论坛、中非互联网发展与合作论坛、中俄网络媒体论坛等。通过金砖国家合作机制、上海合作组织等平台，开展网络法治建设交流合作，推动构建和平、安全、开放、合作、有序的网络空间。

下一步，中央网信办将始终坚持以习近平新时代中国特色社会主义思想为指导，深入贯彻习近平法治思想和习近平总书记关于网络强国的重要思想，不断深化网络法治建设，推进网络空间法治化。进一步完善网络法治工作统筹协调机制，加强网络法治工作体系建设，加强涉网综合性基础性立法研究统筹，推进网络执法协调工作机制建设，深化网络普法格局。进一步健全以《网络安全法》《数据安全法》《个人信息保护法》等法律为引领，涵盖网络内容建设与管理、网络安全、信息化、网络空间国际合作等领域的网络法律体系。持续依法规范网络空间秩序，深入开展网络执法，保障网络法律法规实施，强化跨领域跨部门联合执法，推动形成横向协同、纵向联动的全国网络执法工作体系。不断提升网络普法实效，加大网络法治宣传力度，凝聚依法治网强大力量，建强网络普法队伍阵地，提升网络普法专业化水平。切实加强涉外法治建设，积极阐释中国特色涉外法治理念、主张和成功实践，全面提升依法维护开放安全能力，科学应对安全风险挑战，助力建设市场化、法治化、国际化一流营商环境。积极参与网络领域国际规则制定，加强双多边交流合作。

中央依法治国办网络法治工作

依法治理网络空间，是全面依法治国的重要任务，是维护社会和谐稳定、维护公民合法权益、促进网络空间健康有序发展的必然之举和迫切需要。中央依法治国办自 2018 年成立以来，始终坚持以习近平新时代中国特色社会主义思想为指导，深入学习宣传贯彻习近平法治思想和习近平总书记关于网络强国的重要思想，强化统筹协调，狠抓工作落实，努力为建设网络强国、数字中国提供高质量法治保障。

一、突出主题主线，着力推进学习宣传贯彻习近平法治思想走深走实

深入研究阐释习近平法治思想。 2020 年 11 月，中央全面依法治国工作会议确立了习近平法治思想在全面依法治国工作中的指导地位，为新时代推进全面依法治国提供了根本遵循和行动指南。中央依法治国办始终把深入学习宣传贯彻习近平法治思想作为一项长期重大政治任务，持续抓好习近平法治思想学理化阐释、学术化表

达、体系化构建，统筹理论界和实务界力量，深入研究阐释习近平法治思想原创性贡献，系统梳理习近平总书记关于网络法治的重要论述和新中国历史上有关网络法治重要事件。组织编写并出版《习近平法治思想学习纲要》《习近平法治思想学习问答》《中国共产党百年法治大事记》等权威辅导读物，将网络法治作为重要内容。《习近平法治思想学习纲要》原汁原味呈现习近平总书记关于坚持依法治网、依法办网、依法上网重要论述；《习近平法治思想学习问答》运用通俗易懂的语言风格阐述"为什么说网络空间不是'法外之地'？"；《中国共产党百年法治大事记》收录了我国接入互联网以来的网络法治大事记。

将依法治理网络空间作为习近平法治思想学习培训重要内容。把学习贯彻习近平法治思想，包括习近平总书记关于网络法治的重要论述纳入党员干部培训规划、计划，纳入中央党校（国家行政学院）和浦东、井冈山、延安干部学院重点课程，以各级各类培训为载体，持续深化法治工作部门全战线、全覆盖培训轮训。2023年，为全国 27.9 万名新录用公务员进行习近平法治思想专题授课，内容涵盖未成年人网络保护、电信网络诈骗防范、网络和数据安全等方面。

把学习宣传贯彻习近平法治思想作为"八五"普法首要任务。全面推进习近平法治思想进农村、进社区、进校园、进机关、进企业、进军营、进网络，指导各地普遍建立学习宣传阵地，创新使用新型融媒手段持续加大宣传力度，让习近平法治思想走入千家万户。此外，"八五"普法规划还就深入宣传《网络安全法》等与社会治理现代化密切相关的法律法规、深化"法律进网络"、运用互联网开展普法等作出部署。

二、加强顶层设计，将依法治理网络空间作为推进全面依法治国的重要任务

按照党中央决策部署，中央依法治国办研究起草《法治中国建设规划（2020—2025 年）》《法治社会建设实施纲要（2020—2025 年）》《法治政府建设实施纲要（2021—2025 年）》（以下统称法治建设"一规划两纲要"），确立了"十四五"时期全面依法治国总蓝图、路线图、施工图。其中，《法治中国建设规划（2020—2025 年）》强调要加强信息技术领域立法，及时跟进研究数字经济、互联网金融、人工智能、大数据、云计算等相关法律制度。《法治社会建设实施纲要（2020—2025 年）》针对网络空间治理中的突出问题，提出要推动社会治理从现实社会向网络空间覆盖，建立健全网络综合治理体系，加强依法管网、依法办网、依法上网，全面推进网络空间法治化，并从完善网络法律制度、培育良好的网络法治意识、保障公民依法安全用网等方面提出了具体措施。《法治政府建设实施纲要（2021—2025 年）》从坚持运用互联网、大数据、人工智能等技术手段促进依法行政的高度，提出加快推进信息化平台建设、加快推进政务数据有序共享、深入推进"互联网+"监管执法。

三、统筹加强立法谋划，推动完善网络管理法律法规体系

系统谋划重点领域、新兴领域立法工作。深入分析全面推进中

国式现代化的立法需求，针对重点领域、新兴领域法律制度的空白区，对完善网络平台、电子商务、互联网金融、互联网信息服务等相关立法，加强现代信息网络、云计算、大数据、人工智能等方面立法的研究和制定工作作出安排，以良法善治保障新业态新模式健康发展。

推动出台网络空间重点法律法规。把握互联网发展规律，参与推动出台《数据安全法》《个人信息保护法》《反电信网络诈骗法》等法律。推动出台《未成年人网络保护条例》，加强未成年人网络保护。

四、发挥督办作用，助力依法加强网络空间治理

加强对网络法治工作各项任务跟踪督办。聚焦中央全面依法治国委员会年度工作部署中涉及的网络法治建设方面工作任务，加强统筹协调、跟踪督办，印发任务清单，逐项明确责任部门、责任人、完成时限和工作举措，定期督促工作进展，通报工作进度，采取上门走访、座谈调研、发函提醒、召开任务推进会等方式督促推动网络法治建设任务落实落地。

推动解决网络法治热点问题。针对人民群众反映强烈的电信网络诈骗、网络平台直播乱象、网络侵权盗版等突出问题，督促推动加强法律规制，补齐监管漏洞和短板，加大网络领域执法力度，让互联网在法治轨道上健康运行。

贯彻落实"谁执法谁普法"普法责任制。督促相关责任部门认真落实"谁执法谁普法"普法责任制，加强互联网法律宣传普及，在中国普法"一网两微一端"开展互联网法律宣传等活动。

综合运用图文、视频、动漫、直播等各种网络传播形态手段，全方位、多维度展示普及互联网法律法规和涉互联网领域的法治信息、普法经验、理论研究、经典案例等。

五、强化组织保障，加强网络法治高端人才培养和使用

加强新时代法治人才培养顶层设计。深入贯彻落实全面依法治国基本方略和人才强国战略，适应产业行业交叉融合发展要求，中央出台有关规划，对加强国家安全、科技创新、信息技术、网络安全等领域法治人才培养作出部署。加强新时代法学教育和法学理论研究，起草并报请以中共中央办公厅、国务院办公厅名义印发《关于加强新时代法学教育和法学理论研究的意见》（以下简称《意见》），聚焦法学院校体系、法学教育体系、法学理论研究体系建设，首次从中央层面对法学教育和法学理论研究作出专门部署。《意见》在推进网络法治方面，提出加快发展数字法学等新兴学科，推进法学和网络工程等学科交叉融合发展。

遴选储备高端法治人才。统筹相关部门遴选一批网络信息、互联网金融、数据安全、数字经济、人工智能等相关领域高端法治人才，着力在理论创新、战略研究、决策咨询等方面发挥重要作用，为网络法治建设提供人才保障和智力支持。

下一步，中央依法治国办将立足职能职责，坚持以习近平新时代中国特色社会主义思想为指导，全面贯彻落实党的二十大和二十届二中全会精神，深入学习贯彻习近平法治思想和习近平总书记关于网络强国的重要思想，奋力推进新时代新征程全面依法治国高质量发展。持续深入学习宣传贯彻习近平法治思想，完善习近平法治

思想学习宣传、研究阐释、贯彻落实制度机制，切实用习近平法治思想指导新时代全面依法治国工作。完善党领导全面依法治国制度和工作机制。加强党对全面依法治国的统一领导、统一部署、统筹协调。紧紧围绕在法治轨道上全面建设社会主义现代化国家、全面推进国家各方面工作法治化的决策部署，进一步健全完善全面依法治国顶层设计。贯彻落实法治建设"一规划两纲要"，统筹抓好互联网等重点领域、新兴领域立法、执法、司法、守法普法、涉外法治等工作，加强数字法学、网络法学等新兴学科建设，加大有关网络法治重点任务督办力度，推动各项任务落实见效。

教育部门网络法治工作

教育部门坚持以习近平新时代中国特色社会主义思想为指导，全面贯彻落实习近平法治思想、习近平总书记关于教育的重要论述和关于网络法治的重要论述，将网络法治教育作为法治教育的重要一环进行落实，围绕立德树人根本任务，积极推动网络法治教育、加强网络法治宣传、开展网络法治研究。

一、深化网络法治人才培养

推进网络法治学科专业建设。组织修订网络空间安全、法学、法律等一级学科和专业学位类别简介及其相关博士、硕士学位要求，丰富学科专业内涵，纳入网络法学、网络诉讼法、信息基本法、个人信息保护法、信息安全法等相关方向。武汉大学、中国人民公安大学、中国社会科学院大学等高校自主设置网络法学、网络空间安全执法技术、网络与信息法学等二级学科点与交叉学科点。在《普通高等学校本科专业目录》中，增设网络安全与执法、国家安全学等本科专业，支持中国人民公安大学、新疆政法学院等高校依法自主设置。支持中国刑事警察学院、中国人民公安大学等高校建设"网络安全与执法专业"国家级一流本科专业。引导职业学校结合区域产业发展需求，开设网络法治相关专业。北京信息职业技术学院等1500余所学校开设司法信息安全、信息安全技术应用等52个高职专科专业，专业布点9700余个。

丰富网络法治相关课程。组织修订完善中小学课程体系，以培养学生法治观念、信息素养为目标，以道德与法治（思想政治）、信息科技课程为主要渠道，进行一体化设计，循序渐进、分段分科有机融入。2022年印发义务教育课程方案和道德与法治、信息科技等课程标准，将信息科技及其所占课时从综合实践活动中独立出来，明确义务教育阶段3至8年级开设信息科技课程。普通高中设置信息技术课程，要求学生"能理解并遵守与信息活动相关的伦理道德与法律法规，负责任地、安全地、健康地使用信息技术"。支持有关高校法学专业围绕法律与大数据、法律与人工智能、网络法学等方面开设课程，如兰州大学、广东财经大学、山东政法学院等高校法学专业开设"网络法学""人工智能法学""信息网络法学"等课程。支持网络法治相关课程参评职业教育国家在线精品课程，如浙江警官职业学院、北京政法职业学院建设的"信息安全管理实务""信息技术"等课程被认定为职业教育国家在线精品课程。

二、加强网络法治宣传教育

大力推进网络法治教育数字化。深入实施国家教育数字化战略行动，建设升级国家智慧教育公共服务平台。积极将法治教育融入智慧教育的整体格局，利用国家智慧教育公共服务平台的资源优势，广泛汇集网络法治有关资源。其中，中小学智慧教育平台设立"宪法法治"专栏汇集资源82条，智慧职教平台汇集法治相关课程65门，智慧高教平台汇集法治相关课程516门。同时，国家智慧教育公共服务平台上线，开设"青少年宪法课堂""网络宣传教育"等专题板块，进一步增强了法治教育学习宣传的影响力和感染力。

打造青少年普法网络平台。2012年，创设全国青少年普法网，为中小学师生法治教育学习提供全方位支持和帮助。截至2023年底，在教育部全国青少年普法网注册的学校数超过20万所，注册人数达到2.19亿，开发了超过120学时、近5000分钟的动漫、影片、情景剧等形式的法治教育课程资源，成为在中小学有普遍影响力的网络平台。

持续开展宪法学习宣传活动。持续举办教育系统"宪法晨读"活动，由教育部负责同志在主会场领读宪法部分条款，各地教育部门和学校师生通过网络连接同步参与诵读。2023年举办第十个国家宪法日教育系统"宪法晨读"活动，全国近30万所学校8000余万师生在线同步诵读宪法。同时，连续组织全国学生"学宪法讲宪法"活动，通过网络实现宪法学习普及化。2023年，超76.5亿人次在线参与宪法学习，1.66亿名学生通过在线知识测评成为"宪法卫士"，实现了国家宪法日活动仪式化、宪法教育日常化。印发《普通高等学校宪法学教学重点指南》，推动高校法学类专业学生加强宪法学习教育。

推动优质法治资源共建共享。推动法治教育资源与学校法治教育深入融合，2016 年，会同最高人民法院、最高人民检察院等印发《关于加强青少年法治教育实践基地建设的意见》（教政法〔2016〕16 号），推动开展参与式、互动式、体验式青少年法治实践教育。结合知识讲授、沉浸体验、实践模拟等多种教学方式，打造标准化、信息化、智能化的法治实践教育空间，目前已建成全国青少年学生法治教育实践示范基地，并联合最高人民检察院建成未成年人法治教育实践基地。

三、组织开展网络法治研究

推动网络法治理论研究。在教育部哲学社会科学研究重大课题攻关项目中，资助设立"信息时代网络法律体系的整体建构研究"等课题，在教育部人文社会科学一般项目中资助设立"数字经济时代数据犯罪刑法治理体系的构建""基于算法权和数据权的 AI 安全治理研究""总体国家安全观视阈下网络犯罪协同治理模式研究"等 30 余项课题。从多学科、多领域开展理论研究，产出了一批网络治理相关高水平研究成果。

推动网络法治智库建设。建强中国人民大学民商事法律科学研究中心、吉林大学理论法学研究中心等法学类教育部人文社科重点研究基地，以及中国政法大学数据法治实验室、清华大学计算机社会科学与国家治理实验室等教育部哲学社会科学实验室。组织引导文科院校、重点研究平台机构的智库及法学专家学者聚焦重大网络法治问题，提供政策建议，产出智力成果，研究成果通过《教育部简报》《教育要情》等载体上报。

壮大网络法治研究人才队伍。举办多期哲学社会科学教学科研骨干研究班，将网络法治作为重要课程内容，进一步提升专家学者开展网络法治工作的意识和能力。同时，针对网络法治研究特点，加强对核心专家团队建设指引，培育中青年为主、多学科交叉的社科创新团队，壮大高素质网络法治人才队伍。

四、推动教育系统网络法治建设

健全网络安全政策体系。成立教育部网络安全和信息化领导小组，由主要负责同志任组长，将教育行业网络安全和信息化工作纳入国家网络安全总格局、服务国家信息化建设总目标。制定出台《关于加强教育行业网络与信息安全工作的指导意见》（教技〔2014〕4号）等17个网络安全相关政策文件，覆盖网络安全等级保护、应急管理、考核评价、数据安全、安全检查、资源管理等方面，基本建立教育系统网络安全的政策体系。

加强教育系统网络安全培训研讨。依托国家智慧教育公共服务平台，在寒假教师研修专题模块增加网络安全相关内容，设置教师直播教学安全专栏，提升研修教师网络安全意识。持续举办教育系统网络安全专题研讨班，邀请中央网信办、公安部相关人员进行网络法律法规、政策要求和制度规范解读，每年培训人数3000人，全面提高教育系统信息化人员网络法治能力。

下一步，教育部门将持续推进网络法治教育，提升师生网络法治意识、丰富网络法治教育资源、深入网络法治理论研究，推动网络法治向更高水平发展。强化网络法治教育资源建设。持续优化国家智慧教育公共服务平台功能设置，推动网络法治在线优秀课程、专业教学资源库建设，发挥全国青少年普法网宪法学习网络阵地重要作用，加强网络法治教育优质学习资源建设、推广和应用力度。引导高校根据社会发展需要和办学能力，持续加强网络法治相关学科专业建设，主动服务国家重大战略、聚焦国家重大需求，切实提升网络法治相关领域人才培养质量。加强网络法治领域科学研究。持续推动哲学社会科学重大攻关项目和人文社科研究项目建设，组织专家学者聚焦网络法治领域问题开展理论和应用研究，发挥科研机构平台和高校智库作用，产出更多网络法治相关高水平研究成果。健全教育系统网络安全政策体系。确保互联网相关各项法律法规落到实处，加强关键信息基础设施保护、供应链安全、数据安全等方面的政策指导，进一步完善网络安全相关各项法律法规的实施细则和配套制度。

工业和信息化部门网络法治工作

信息通信领域法治建设是网络法治建设的重要组成部分。工业和信息化部作为信息通信行业主管部门，深入学习贯彻习近平法治思想和习近平总书记关于网络强国的重要思想，推动法治建设取得积极成效，行业法规体系初步形成，法治政府部门建设深入推进，行业管理法治化水平和监管效能稳步提高，法治对行业改革发展的引领、规范和保障作用更加明显。工业和信息化部坚定不移走中国特色依法治网之路，扎实推进信息通信领域法治建设，在法治轨道上促进信息通信业高质量发展。

一、信息通信法规体系基本形成

立法是法治建设的重要内容。信息通信领域已经形成涵盖设施建设、行业准入、互联互通、资源管理、市场秩序维护、服务质量、安全管理等各主要环节的法规体系。

推动出台电信相关立法。推动建立我国国际联网管理制度。1996 年 2 月，推动出台《计算机信息网络国际联网管理暂行规定》，明确计算机信息网络直接进行国际联网，必须使用原邮电部国家公用电信网提供的国际出入口信道。推动出台电信领域基本立法。2000年9月，推动出台《电信条例》，建立电信行业基本管理制度。推动建立互联网管理制度。2000年9月，推动出台《互联网信息服务管理办法》，将互联网信息服务分为经营性和非经营性两种，分别建立许可和备案制度，并明确相关部门监管职责。推动出台外商投资电信企业管理立法。2001年12月，推动出台《外商投资电信企业管理规定》，明确外商投资电信企业经营电信业务的条件及相关管理要求。

积极参与网络领域基础立法。积极参与《网络安全法》《数据安全法》《个人信息保护法》《反电信网络诈骗法》《关键信息基础设施安全保护条例》等涉网法律法规制定工作，为构建网络空间立法"四梁八柱"贡献工信力量。

及时出台电信和互联网管理配套规章。在设施建设方面，制定《电信建设管理办法》、《国际通信设施建设管理规定》、《通信工程建设项目招标投标管理办法》（中华人民共和国工业和信息化部令第27号）、《通信建设工程质量监督管理规定》等。在行业准入方面，制定《电信业务经营许可管理办法》《非经营性互联网信息服务备案管理办法》《电信设备进网管理办法》《国际通信出入口局管理办法》等。在互联互通方面，制定《公用电信网间互联管理规定》、《电信网间互联争议处理办法》（中华人民共和国信息产业部令第15号）等。在资源管理方面，制定《互联网域名管理办法》《电信网码号资源管理办法》《互联网IP地址备案管理办法》等。在市场秩序维护方面，制定《规范互联网信息服务市场秩序若干规定》。在服务质量方面，制定《电信用户申诉处理办法》（中华人民共和国工业和信息化部令第 35 号）、《电信服务质量监督管理暂行办法》、《电信服务规范》（中华人民共和国信息产业部令第 36 号）、《互联网电子邮件服务管理办法》、《电信和互联网用户个人信息保护规定》、《通信短信息服务管理规定》（中华人民共和国工业和信息化部令第 31 号）等。在安全管理方面，制定《通信网络安全防护管理办法》、《电话用户真实身份信息登记规定》（中华人民共和国工业和信息化部令第 25 号）等。

二、全面依法行政深入推进

法治政府建设对法治国家、法治社会建设具有示范带动作用，依法行政是行政机关履行政府职能的基本准则。工业和信息化部持续加大信息通信领域执法力度，推进严格规范执法，依法行政水平稳步提升。

细化完善监管规则。印发《关于提升 5G 服务质量的通知》（工信部信管函〔2021〕28 号）、《关于开展信息通信服务感知提升行动的通知》（工信部信管函〔2021〕292 号）、《关于开展移动互联网应用程序备案工作的通知》（工信部信管〔2023〕105 号）、《工业和信息化领域数据安全管理办法（试行）》、《电信和互联网行业数据安全标准体系建设指南》（工信厅科〔2020〕58 号）、《工业领域数据安全标准体系建设指南（2023 版）》（工信部联科〔2023〕250 号）、《关于加强电信和互联网行业网络安全工作的指导意见》（工信部保〔2014〕368 号）、《关于加强车联网网络安全和数据安全工作的通知》（工信部网安〔2021〕134 号）、《网络产品安全漏洞管理规定》等系列文件，进一步推动细化相关法律要求，提高制度可操作性。

深入开展反电信网络诈骗执法。始终高度重视防范治理电信网络诈骗工作，多措并举持续整治重点业务和突出问题，夯实源头治理基础。筑牢技术屏障，建成信息通信行业反诈大平台，织密织牢安全防护网。对基础电信企业、互联网企业和移动通信转售企业落实《反电信网络诈骗法》情况进行专项执法检查，严肃处理相关违法违规企业，压紧压实企业主体责任。

纵深开展 APP 侵害用户权益整治活动。印发《关于开展 APP侵害用户权益专项整治工作的通知》（工信部信管函〔2019〕337号）、《关于开展纵深推进 APP 侵害用户权益专项整治行动的通知》（工信部信管函〔2020〕164 号）、《关于进一步提升移动互联网应用服务能力的通知》（工信部信管函〔2023〕26 号），升级打造面向移动互联网应用程序的全国检测及认证公共服务平台，不断提升 APP监测检测、风险预警、溯源认证等技术能力，定期公布违法违规APP 并督促整改，有效维护人民群众合法权益。印发《移动智能终端应用软件预置和分发管理暂行规定》（工信部信管〔2016〕407号）、《关于进一步规范移动智能终端应用软件预置行为的通告》（工信部联信管函〔2022〕269 号），保护用户对预置 APP 的知情权和选择权，保障终端系统安全和用户个人信息安全，规范移动互联网市场秩序。

深入推进非应邀商业电子信息治理。坚持以营造人民群众满意的通信环境为目标，积极推进非应邀商业电子信息高水平治理，牵头联合十三部门开展综合整治骚扰电话专项行动，印发

《关于加强呼叫中心业务管理的通知》（工信部信管〔2020〕81号），组织大力推广应用"来电免打扰"服务，持续健全通报督查、部省联动、部际协同等长效治理机制，切实守护广大电信用户生活安宁。

强化执法监督。严格依法办理行政复议和行政应诉案件，有效规范和保障行政权力运行，持续提升行业管理法治化规范化水平。围绕办案过程中发现的共性问题，强化法治与业务工作联动，前移监督关口，以点带面解决一批影响行业发展的问题，达到"办理一件，规范一片，带动一面"的效果。制定《电信领域违法行为举报处理规定》（工信部政法〔2023〕30号），规范通信管理局举报处理程序和要求。制定修订《工业和信息化行政处罚程序规定》、《工业和信息化部行政复议实施办法》（中华人民共和国工业和信息化部令第41号）等，进一步完善行政执法规则。加强对案件反映问题的分析研究，及时发现苗头性、趋势性问题，通过印发行政复议意见书、建议书、典型案例等形式，指导推进依法行政、合法经营，有效防范法律风险。

三、普法工作质效稳步提升

全民普法是依法治国的长期基础性工作。工业和信息化部持续深入推进法治宣传教育，进一步在增强普法针对性和实效性上下功夫，大力提升普法工作质效，尊法学法守法用法日益成为行业广泛共识。

落实国家工作人员学法用法制度。组织开展专项法治培训，丰富学法形式，增强学法效果，党员干部的法治意识和法治素养不断提升。加强执法培训，定期开展执法人员培训活动，在办理行政复议案件和应诉答辩过程中，加强释法说理，将法治宣传与处理问题有机结合。

扎实开展专项普法活动。开展国家网络安全宣传周系列宣传，部署"世界电信日"主题论坛、网络安全高端论坛、网络安全教育培训、网络安全服务百姓等重点活动。利用网络直播、虚拟课堂、线上论坛、知识竞赛、公益短信、海报与宣传手册等线上线下相结合的多种形式，在全国范围内深入开展网络管理政策法规宣传普及活动。组织部属高校积极参加全国普法办组织的短视频普法活动，报送网络安全、个人信息保护相关普法视频。

四、国际交流合作深入开展

国际交流合作是推进高水平对外开放的重要内容。工业和信息化部围绕推动网络强国建设，积极参与国际组织工作，广泛构建多双边合作机制，搭建高水平交流平台，推动落实全球发展倡议、全球安全倡议，构建新工业革命伙伴关系，有力推动多层次、宽领域、全方位国际合作。

积极参与信息通信领域国际组织工作。践行和维护《国际电信联盟组织法》《国际电信联盟公约》宗旨和原则，积极参与国际电信联盟运作管理、电信标准化和电信发展等领域工作，积极贡献中国智慧、中国方案。鼓励国内产业界、学术机构积极参与国际电信联盟工作，国内100余家企事业单位加入国际电信联盟成为部门成员、准成员或学术成员。

用好二十国集团、金砖国家、亚太经合组织等多边平台。建设性参与二十国集团数字经济工作组议题讨论和文件磋商，积极宣介

《全球发展倡议》《全球数据安全倡议》等重大倡议，提出《二十国集团数字创新合作行动计划》等合作文件，围绕数据跨境流动、人工智能、数字公共基础设施等优先事项同二十国集团成员加强交流、增进共识。二十国集团成员一致申明将深化共同努力，营造开放、包容、公平、非歧视、安全的数字经济。推动建立金砖国家新工业革命伙伴关系，促进金砖国家数字化、工业化、创新等领域合作。在厦门建设金砖国家新工业革命伙伴关系创新基地，在深圳建设金砖国家未来网络研究院中国分院，在华举办论坛、大赛、展览、培训等活动。推动设立数字金砖任务组，就尽快启动金砖框架下人工智能、下一代网络、工业互联网、电磁兼容等研究组工作达成共识，深化金砖国家前沿数字技术研究、应用和治理领域合作。积极参与亚太经合组织框架下数字经济和信息通信等领域合作，定期组织参加亚太经合组织电信工作组会议，参与热点议题讨论，积极推动项目合作。

推动和深化与各地区的合作。深化与周边国家和地区合作，召开中国—东盟数字部长会议，建立中国—东盟数字经济合作伙伴关系，持续推进中国—东盟工业领域合作。加强中欧数字领域合作，做好中欧数字领域高层对话有关工作，与欧盟召开中欧信息技术、电信和信息化对话，推动中欧信息通信领域交流合作。推动与非洲、海湾、中亚、拉美地区合作，举办中非数字能力建设合作论坛，邀请重点非洲国家高级别代表来华交流，与南非签署数字合作备忘录并建立中南数字经济部长对话机制；举行中国—拉美和加勒比国家数字技术抗疫合作论坛、中拉数字技术合作论坛，搭建与拉美国家合作平台；举办中国—上合组织数字技术合作发展论坛，启用中国—上合组织大数据合作中心。

下一步，工业和信息化部将围绕推进新型工业化、加快建设制造强国和网络强国等重点工作，把推进法治建设与推动行业治理体系、治理能力现代化结合起来，不断推进信息通信领域法治建设取得新进展新成效。加快健全信息通信领域法规体系，加快电信法立法进程，细化和完善相关配套制度。做好立法研究储备，加强数字经济、人工智能等重点领域、新兴领域、涉外领域立法研究储备。持续深入推进全面依法行政，全面落实行政执法责任制，切实做到严格规范公正文明执法。加强重点领域执法，强化执法监督，加大对违法和不当行政行为的纠错力度，更好发挥行政复议定分止争、化解矛盾、维护稳定作用，从源头减少行政复议案件。着力提升普法工作质效，持续落实"八五"普法规划，严格落实普法责任制，在行政管理、政务服务、公益服务中广泛开展普法工作。认真贯彻落实中央外事工作会议精神、中央经济工作会议精神，继续利用好双多边合作平台开展交流合作，开拓创新、稳中求进，更好服务中国特色大国外交。

公安机关网络法治工作

公安机关作为维护网络安全的重要职能部门，紧紧跟随互联网发展步伐，不断丰富完善我国网络立法、执法、司法、普法的实践，为网络法治建设贡献了重要力量。

一、推动完善网络安全法律体系

推动网络安全刑事立法，为打击网络犯罪提供有力支撑。随着互联网技术快速发展和网络犯罪形势深刻变化，公安机关不断深化网络犯罪打击治理，刑事立法重心经历了打击针对计算机的犯罪、打击利用计算机的犯罪、打击破坏网络秩序的犯罪三个阶段。公安机关立足工作实践，坚持问题导向，推动在1997年《刑法》中增设非法侵入计算机信息系统罪、破坏计算机信息系统罪；在2009年的《刑法修正案（七）》中对非法获取计算机信息系统数据和非法控制计算机信息系统的犯罪作出规定。随着打击网络犯罪实践的不断深入，网络犯罪刑事立法重心转移至源头打击、生态治理，在2015年的《刑法修正案（九）》中增设了拒不履行信息网络安全管理义务罪、非法利用信息网络罪、帮助信息网络犯罪活动罪等，有力打击网络犯罪。

为解决打击网络犯罪的法律适用问题，公安部积极推动最高人民法院、最高人民检察院围绕黑客犯罪、网络赌博、侵犯公民个人信息、电信网络诈骗等出台相关司法解释，为侦办网络犯罪案件提供明确依据。同时，公安机关还积极参与完善刑事诉讼制度，推动2012年修订的《刑事诉讼法》将"电子数据"明确为法定的证据形式，并制定电子数据取证相关规则。为解决网络犯罪案件办理程序问题，公安部联合最高人民法院、最高人民检察院制定出台办理网络犯罪案件刑事诉讼程序规定，细化网络犯罪案件办理程序。

推动网络安全系统立法，为强化网络安全监管筑牢根基。1994年2月，推动出台《计算机信息系统安全保护条例》，作为第一部涉及计算机信息安全的行政法规，赋予公安机关维护计算机信息安全的职能。为进一步明确公安机关互联网安全监管职责，1997年12月，经国务院批准，公安部发布《计算机信息网络国际联网安全保护管理办法》。此后，公安机关又先后出台了《计算机信息系统安全专用产品检测和销售许可证管理办法》（中华人民共和国公安部令第32号）、《计算机病毒防治管理办法》等多部配套部门规章。公安机关还积极配合有关部门推动出台了《全国人民代表大会常务委员会关于维护互联网安全的决定》《互联网信息服务管理办法》等法律法规，不断丰富完善我国网络安全立法。公安机关立足执法实践，积极参与网络安全立法进程，推动并参与《网络安全法》《反恐怖主义法》《数据安全法》《个人信息保护法》《反电信网络诈骗法》《关键信息基础设施安全保护条例》等法律法规的制定工作，不断细化公安机关维护网络安全、数据安全、个人信息安全等法律依据，为构建网络空间立法"四梁八柱"贡献公安力量。

建立健全网络安全等级保护制度。 1994 年 2 月，国务院发布的《计算机信息系统安全保护条例》明确提出对计算机信息系统实行安全等级保护，具体办法由公安部会同有关部门制定。2007年 6 月，公安部会同国家保密局、国家密码管理局、原国务院信息化工作办公室制定印发了《信息安全等级保护管理办法》，大力推进网络安全等级保护工作。2017 年 6 月，《网络安全法》实施，明确国家实行网络安全等级保护制度。

参与构建关键信息基础设施保护制度。 为细化落实《网络安全法》关于关键信息基础设施保护的要求，2021 年 7 月，推动国务院公布《关键信息基础设施安全保护条例》，明确对关键信息基础设施开展重点保护，及时监测、防御、处置来源于境内外的网络安全风险和威胁，保护关键信息基础设施免受攻击、侵入、干扰和破坏，依法惩治危害关键信息基础设施安全的违法犯罪活动。

同时，针对网络空间的特殊属性，公安机关聚焦网络新技术、新业态开展前瞻性法律研究，联合国家互联网信息办公室等制定出台《互联网信息服务深度合成管理规定》《生成式人工智能服务管理暂行办法》等部门规章，促进互联网技术向上向善发展。

二、持续开展涉网犯罪打击整治

纵深推进"净网"专项行动。 自 20 世纪 90 年代初，公安机关即开始网络犯罪的侦查打击工作。初期，公安机关主要打击黑客攻击等针对计算机的犯罪，随后，重点打击网络诈骗、网络赌博、网络淫秽色情等利用计算机实施的犯罪。2018 年以来，公安机关聚焦网络犯罪的新形势、新特点，连续组织开展"净网"专项行动，强力打击网络水军、网络暴力、网络谣言、侵犯公民个人信息等人民群众反映强烈的违法犯罪，坚持打类案、打链条、打生态，着力实现对网络犯罪的"断链破网"，切实维护网络空间秩序和人民群众合法权益。在"净网 2023"专项行动中，全国公安网安部门累计侦办相关网络犯罪案件 19.2 万余起，抓获犯罪嫌疑人 31.1 万余名，有力维护了网络空间秩序，提升了人民群众网上获得感、幸福感、安全感。

深入打击电信网络诈骗犯罪。随着互联网技术快速发展，以电信网络诈骗为代表的新型网络犯罪在全球范围内蔓延，成为世界公害。对此，公安机关始终坚持依法打击，形成强力震慑违法犯罪的高压态势。2015 年，公安部牵头成立打击治理电信网络诈骗犯罪工作机制，各部门各司其职、密切配合，共同开展打击治理电信网络诈骗犯罪的各项工作，有效遏制了电信网络诈骗犯罪高发多发态势。特别是近年来，公安机关持续加大打击力度。2023 年，全国公安机关共破获电信网络诈骗案件 43.7 万起，抓获一大批违法犯罪嫌疑人，自 2023 年 8 月至 12 月电信网络诈骗发案数连续下降，打击治理工作取得显著成效。为坚决铲除缅北涉我电信网络诈骗犯罪"毒瘤"，公安机关与缅甸警方持续开展执法安全合作，在前期持续打击下，截至 2024 年 1 月，已有 4.4 万名缅北涉我电信网络诈骗犯罪嫌疑人移交我方，其中幕后"金主"、组织头目和骨干 171 名，网上在逃人员 2908 名，有力打击了境外诈骗集团的嚣张气焰，打击工作取得历史性重大战果。

三、不断丰富行政执法工作实践

落实网络安全等级保护。自 2010 年开始，公安部每年组织开展全国网络安全大检查，监督、指导重要行业部门落实网络安全等级保护制度和关键信息基础设施安全保护制度。党的十八大以来，公安机关累计对近 10 万家重点单位开展监督检查，及时排查风险、堵塞漏洞、消除隐患、补齐短板，共下发整改通知书 20 余万份，及时消除网络安全漏洞隐患，有效提升了我国网络安全防护能力水平。

开展网络与信息安全信息通报工作。公安机关依托国家网络与信息安全信息通报中心，组织开展 7×24 小时网络安全监测，紧密围绕网络安全、数据安全、个人信息安全等，及时开展监测发现、通报预警、应急处置工作，有效防范抵御了大批黑客和不法分子的网络攻击，及时发现堵塞网络安全漏洞隐患，积极应对处置各类网络安全事件威胁，有效维护了网络安全。

积极开展全国网警常态化公开巡查执法。为加强网络社会综合治理，有效维护网上公共秩序，2015 年，公安部部署开展全国网警常态化公开巡查执法，省、市两级公安机关网警账号公开亮相微博、微信等网络平台，依法开展常态化网络安全监管，提供网络咨询等便民服务。2023 年，全国网警紧跟互联网发展步伐，深入开展网络执法，巡查处置了一大批互联网违法信息，同时，在回应网民咨询求助、打击网络谣言、网络安全宣传、涉网犯罪预防打击等方面发挥了重要作用，切实维护了网络公共秩序。

四、不断提升网络安全普法效果

公安机关全方位、多渠道提升线上宣传覆盖面，推动构建了全国网络安全新媒体矩阵，通过微信公众号、头条号、新浪微博、抖音、快手等主流平台，积极宣传公安机关维护网络安全、推动网络法治建设的工作成效。借助国家安全教育日、宪法宣传周等主题活动，开展网络普法进乡村、进社区、进机关、进学校、进企业等活动，因地制宜举办专题讲座、知识竞赛。近年来，持续组织开展国家网络安全宣传周"法治日"主题宣传活动，结合公安机关打击网络违法犯罪的实践，通过以案释法、以案示警强化普法宣传。2023 年国家网络安全宣传周期间，公安机关开展的普法宣传活动累计覆盖 1200 万人次，网络稿件浏览量 1.9 亿人次。

五、持续深化网络安全国际合作

针对网络犯罪跨越国境的趋势和特点，公安机关大力加强国际执法合作，及时接收、核查各国执法部门通过双边、多边渠道提交的网络犯罪线索协查请求，与各国执法部门携手打击跨国网络犯罪。2013 年 10 月，中美两国警方发起、20 个国家和地区共同开展"天使行动"联合执法，一举摧毁多个儿童淫秽色情网站，抓获犯罪嫌疑人 250 余名。2022 年 3 月至 6 月，中国警方在国际刑警组织框架下，与 76 个成员国警方共同参与反诈"曙光行动"，捣毁设在多国的诈骗窝点 1770 个，逮捕犯罪嫌疑人 2000 余名，拦截非法资金 5000 余万美元，取得了明显战果。

公安机关积极参与网络空间治理双多边进程，持续跟进并参加联合国、金砖、上合、东盟与中日韩（10+3）等框架下网络安全磋商进程，构建中欧、中德等网络安全双边对话机制。秉持网络空间命运共同体理念，根据当前信息技术发展和网络安全形势特点，积极宣介中国警方开展网络安全国际执法合作的经验做法，分享中国在网络空间治理方面的理念和主张，为网络空间国际治理贡献中国智慧。2015 年 10 月，上合组织成员国在福建厦门举行网络反恐演习，这是上合组织首次举行针对网络恐怖主义活动的联合演习。此外，公安机关还积极配合外交部门参与制定联合国打击网络犯罪公约，努力为打击跨国网络犯罪提供全球合作框架。

下一步，公安机关将持续推进网络法治建设，实现网络立法、网络执法、网络司法、网络普法等工作一体协同推进，推动互联网在法治轨道上健康运行。持续推进立法，推动网络犯罪防治法、网络安全等级保护条例、互联网信息服务管理办法等法律法规的制定修订进程，加快推进"大部头"长线立法。同时，持续跟进新技术新应用发展进程，研究制定并用足用好"小快灵"专门立法，统筹发展和安全，促进网络空间健康发展。持续加强执法，进一步加强警企对接机制建设，指导企业积极探索互联网治理新模式。不断创新互联网服务监管方式方法，深入开展网络安全执法监督检查，强化互联网安全监管，压实企业主体责任。持续推进依法司法，依托"净网"等专项行动，继续开展多轮次、全方位的集群战役和专项会战，重点加强对利用新技术新应用实施网络犯罪活动的破案攻坚，坚决维护网络空间公平正义。持续做好普法，大力推动公安新媒体矩阵发展，增强优质内容供给，打造优质平台账号，提升网络普法工作覆盖面和影响力。围绕特定群体开展针对性宣传教育，开展进校园、进社区、进企业、进机关、进商圈、进车站、进农村等活动，纵深推进网络安全宣传教育，提升全社会法治意识和安全防范能力，推动普法工作高质量发展。

司法行政机关网络法治工作

司法行政机关坚持以习近平新时代中国特色社会主义思想为指导，深入学习贯彻习近平法治思想和习近平总书记关于网络强国的重要思想，积极做好网络立法、执法、普法、法治研究等方面的相关工作，为依法管网治网提供有力法治保障。

一、坚持以服务高质量发展为主线，推动网络法律制度体系取得新成效

良法是善治的前提。司法行政机关紧扣中国式现代化立法需求，深入推进科学立法、民主立法、依法立法，统筹推进立改废释，丰富立法形式，推动立法工作全面提质增效。

夯实网络领域法律制度基础。自 1994 年我国全功能接入国际互联网以来，司法部会同有关方面积极把握互联网发展规律，大力推进网络制度建设，网络立法的系统性、整体性、协同性不断增强。在网络法治起步阶段，先后参与推动出台了《计算机信息系统安全保护条例》《计算机信息网络国际联网管理暂行

规定》《计算机信息网络国际联网安全保护管理办法》等，在保护计算机信息系统的安全、加强对计算机信息网络国际联网的管理、维护公共秩序和社会稳定等方面发挥了重要作用。在网络法治加快推进阶段，先后参与推动出台了《电子签名法》《计算机软件保护条例》《电信条例》《互联网信息服务管理办法》《外商投资电信企业管理规定》《互联网上网服务营业场所管理条例》《信息网络传播权保护条例》等法律法规，为规范电信市场秩序、加强互联网信息内容管理、保护网络知识产权等奠定了制度基础。

加强新时代网络领域立法工作。党的十八大以来，在以习近平同志为核心的党中央坚强领导下，我国网络领域立法工作取得了长足进步，网络法律制度体系不断健全。司法部积极配合全国人大常委会法工委等单位推动制定修订《网络安全法》《数据安全法》《个人信息保护法》等法律；会同有关部门推动出台《关键信息基础设施安全保护条例》《未成年人网络保护条例》等行政法规；支持有关部门出台相关部门规章，为网络强国建设提供了更加坚实的制度保障。

扎实开展法规规章备案审查工作。司法部不断完善和加强备案审查工作，坚持"有件必备、有备必审、有错必纠"，加强备案审查能力建设，加大审查力度，提升审查质效，认真做好涉及网络领域的地方性法规、地方政府规章、部门规章的备案审查工作，有力维护国家法制统一。

二、坚持以规范权力运行为抓手，网络执法工作取得新进展

严格执法是依法治网的关键环节。自 1994 年我国全功能接入国际互联网以来，司法部持续加大关系人民群众切身利益的重点领域执法监督力度，全面保护人民群众合法权益、维护社会公共利益。特别是党的十八大以来，司法部认真贯彻落实党中央、国务院关于加强和改进行政执法工作的决策部署，大力推进严格规范公正文明执法。

全面推进严格规范公正文明执法。一是推动行政执法"三项制度"在网络执法领域全面落实。督促指导网络执法领域全面推行行政执法公示制度、执法全过程记录制度、重大执法决定法制审核制度，基本实现各行政执法机关和执法单位全覆盖。二是全面加强行政执法规范化标准化建设。以加强行政执法证件制发管理和规范行政裁量权基准为抓手，指导监督网络执法部门不断提高行政执法的规范化、标准化水平。

加大行政执法协调监督力度。一是充分发挥执法协调监督作用，督促网络执法部门严格执法程序，规范执法行为，提高执法质量，协调解决执法中的争议问题。二是建立重大行政执法案（事）件督办工作机制，加强对社会关注度高、影响面广的重大行政执法案件和重大行政执法舆情事件的协调指导监督力度，组织开展全国行政执法人员示范培训教材的编写工作。三是拓展监督渠道，在部分地方开展"行政执法监督与 12345 政务服务便民热线合作机制"试点，及时了解当前人民群众对行政执法工作的诉求，推动解决社

会反映强烈、关系人民群众切身利益的行政执法难点、热点问题，切实发挥行政执法监督作用。

助力打造法治化营商环境。一是组织国务院部门开展罚款事项清理，完成全部行政法规和部门规章中的 4500 多个罚款事项的逐一审查。2022 年和 2023 年，国务院两次公布决定，取消和调整 86 个罚款事项。二是为进一步提高罚款规定的立法、执法质量，强化对违法行为的预防和惩戒作用，推动国务院于 2024 年 2 月印发《关于进一步规范和监督罚款设定与实施的指导意见》（国发〔2024〕5 号），从罚款的设定、规范、监督等角度，提出具体要求，细化制度规范，切实解决企业和群众关心的问题。

三、坚持以使法治成为社会共识和基本准则为目标，网络法治宣传工作取得新成效

网络法治宣传教育需要全社会共同参与。2017 年，中共中央办公厅、国务院办公厅印发《关于实行国家机关"谁执法谁普法"普法责任制的意见》，强调"注重依托政府网站、专业普法网站和微博、微信、微视频、客户端等新媒体新技术开展普法活动，努力构建多层次、立体化、全方位的法治宣传教育网络"。司法部始终坚持以习近平法治思想和习近平总书记关于网络强国的重要思想为引领，坚持以人民为中心的普法理念和工作导向，组织、指导、推动各地区各部门充分运用互联网开展法治宣传教育，促进公民法治意识和法治素养不断提升。

完善网络普法的制度设计。党的十八届四中全会明确提出，加

强新媒体新技术在普法中的运用。全国"七五"普法规划强调，推进"互联网+法治宣传"行动。全国"八五"普法规划强调，以互联网思维和全媒体视角深耕智慧普法。中央宣传部、中央网信办、司法部、全国普法办等联合印发有关文件，对网络普法作出工作安排。

加强网络普法平台建设。司法部强化全国智慧普法平台功能，推动与中国庭审公开网、中国裁判文书网等网络平台的信息共享。目前，全国以普法为主要任务或者兼有普法功能的微博、微信公众号、客户端、视频号等已超过 3 万个，"中国普法"微信公众号2023 年总阅读量 8.08 亿人次，订阅用户已突破 3800 万。

加大网络普法产品供给力度。司法部、全国普法办会同中央宣传部、中央网信办等部门联合举办全国法治动漫微视频征集活动，广泛发动群众创作网络普法作品，将优秀作品在网上展播，目前已连续举办 18 届。组织录制"三分钟案说民法典"系列原创短视频，邀请法官、律师、法学专家等深入解读民法典规定，在全网播放，受到网友喜爱。各地结合不同群体普法需求，运用图解、动漫、短视频、网络直播等多种形式，通过微博、微信公众号等多种渠道向公众提供法律知识，解读法律法规，弘扬社会主义法治精神，传播社会主义法治文化。

广泛开展形式多样的普法活动。在全国宪法宣传周、全民国家安全教育日、民法典宣传月等重要时间节点，指导各地区各部门开展了丰富多彩的线上线下相结合的普法活动，大力宣传宪法和民法典等法律法规。依托中国普法"两微一端"等平台开展以案普法，开设"法在身边"专栏，重点围绕惩治电信网络诈骗、个人信息权益保护、未成年人网络保护等人民群众关心关注的问题释法说理，用身边事教育引导群众办事依法、遇事找法、解决问题用法、化解矛盾靠法。

此外，自 2002 年以来，司法部组织在《法治建设与法学理论研究部级科研项目》中加大对网络法治研究的支持力度，历年立项相关课题共 85 项，持续为网络法治建设提供智力支撑。

下一步，司法行政机关将坚持以习近平新时代中国特色社会主义思想为指导，深入贯彻习近平法治思想和习近平总书记关于网络强国的重要思想，积极做好网络领域的法治保障工作，运用信息化手段提升行政执法监督能力，做好网络法治宣传工作，提供优质法律服务，加强网络法治队伍建设。积极做好网络领域法治保障工作。持续推动习近平总书记关于网络强国的重要思想入法入规，转化为具有刚性约束力的法律规范，持续推动网络数据安全管理条例、互联网信息服务管理办法等法规的制定和修订工作。运用信息化手段提升行政执法监督能力。推动构建和部署应用"全国行政执法和行政执法监督一体化平台"，开展大数据分析研判，实现对执法行为、依法履职活动的实时监控，提高政府治理的精准性和有效性。加大网络领域的法治宣传力度。全面系统宣传习近平法治思想的重大意义、核心要义和实践要求。推动有关部门落实"谁执法谁普法"普法责任制，积极利用网络媒体开展网上普法活动。创新普法方式手段，组织开展网络普法系列活动。持续提供优质法律服务。加强网络法治科技、信息等基础保障，全面建设智慧法治，提升网络法治的质量和效率，用信息技术释放网络法治新功能。深入推进"在线复议"，积极开展在线申请、受理、调解、听取意见、听证、送达等行政复议活动。推动实现各级行政复议机构全流程在线办理行政复议案件，实现利用大数据监督指导复议应诉工作。

文化和旅游部门网络法治工作

习近平总书记指出，"网络空间是亿万民众共同的精神家园"，"推出更多健康优质的网络文艺作品"，"以高质量文化供给增强人们的文化获得感、幸福感"。近年来，文化和旅游部加强网络文化市场监管，引导网络主播等从业人员自觉遵守国家法律法规，抵制低俗庸俗媚俗，用优质网络表演内容挤压不良网络信息生存空间；积极应对网络文化和旅游市场新形势新变化，持续加大网络文化和旅游市场执法监管力度，维护网络市场健康有序运行；深入实施"艺播计划"等专项活动，让好平台有好内容、好内容有好平台，推动优质网络文化产品创作传播，网络内容生态显著改善。

一、推进网络立法进程

推进互联网上网服务营业场所管理立法。2002 年 9 月，国务院公布《互联网上网服务营业场所管理条例》，并分别于 2011 年、2016 年、2019 年、2022 年进行修订。《互联网上网服务营业场所管理条例》加强对互联网上网服务营业场所管理，进一步规范经营者的经营行为，维护公众和经营者的合法权益，保障互联网上网服务经营活动健康发展，重点规范互联网上网服务营业场所的设立和经营，并明确了相应的法律责任。

加强互联网文化市场管理立法。2003 年 5 月，原文化部发布《互联网文化管理暂行规定》，并分别于 2004 年、2011 年、2017 年进行修订。2016 年以来，文化和旅游部持续完善网络表演、网络音乐、网络演出剧（节）目行业管理政策，印发《关于加强网络表演管理工作的通知》（文市发〔2016〕12 号）、《网络表演经营活动管理办法》、《网络表演经纪机构管理办法》、《网络主播行为规范》（广电发〔2022〕36 号）等，加强未成年人网络保护，会同有关部门细化网络直播营销、网络打赏管理措施，开展网络文化市场常态化动态巡查，发挥行业组织积极作用，支持网络主播职业化发展，修改相关审批业务手册并开展系统培训，优化网络文化市场营商环境，推动行业高质量发展。

完善在线旅游经营服务管理制度。2020 年 8 月，文化和旅游部发布《在线旅游经营服务管理暂行规定》，明确在线旅游经营服务范围，压实平台责任，规范在线旅游市场秩序，保障旅游者合法权益。2023 年 3 月，文化和旅游部印发《关于推动在线旅游市场高质量发展的意见》（文旅市场发〔2023〕41 号），旨在发挥在线旅游平台整合旅游要素资源的积极作用，带动交通、住宿、餐饮、游览、娱乐等相关旅游经营者协同发展。开展在线旅游市场常态化动态监测，召开在线旅游企业旅游风险提示会、工作部署会，要求企业从预警识别、算法推荐、举报处理、风险提示等多环节落实主体责任，牢固树立安全生产底线，维护良好市场秩序。完善全国旅游监管服务平台功能，规范在线旅游平台内供应商资质核验和标注工作。

二、加强网络执法规范化建设

强化网络文化市场执法制度建设。2022 年 6 月，文化和旅游部制定网络文化市场执法工作指引，对网络文化市场执法工作有关事项进行明确和细化，进一步规范网络文化市场执法工作。

加强网络执法能力建设。文化和旅游部组织开展集中办案、以案施训等活动，通过集中研讨、案卷互评等方式，对网络文化和在线旅游市场执法办案技巧进行专题培训，不断提升执法办案能力和水平。

三、加强网络执法监管

加强网络文化市场执法监管。聚焦网络表演、网络音乐、网络动漫等重点领域，开展集中检查，严肃查办网络文化市场违法违规行为，及时清理含有危害国家统一、破坏民族团结、宣扬淫秽暴力、危害社会公德等禁止内容的网络文化产品和服务，规范网络文化市场秩序。

加强在线旅游市场执法监管。严格规范网络招徕渠道，重点对互联网平台、短视频平台等发布的旅游招徕信息进行巡查检查，依法查处未经许可经营旅行社业务等违法违规行为。进一步压实在线旅游经营服务平台责任，从严查处发布含有危害国家主权等禁止内容的产品信息等违法违规行为，净化在线旅游市场环境。

加强网络游戏市场执法监管。以未成年人保护工作为重点，加强执法监管，切实防止未成年人沉迷网络游戏，聚焦时段时长限制、实名注册和登录等防止未成年人沉迷网络游戏措施落实情况，严格查处未经审批擅自上网出版运营的网络游戏，保护未成年人合法权益。

四、优化网络执法监管方式

优化举报投诉受理工作。在文化和旅游部官网设置"全国文化和旅游市场网上举报投诉处理系统"入口，进一步畅通举报投诉渠道。推动将文化和旅游系统政务服务便民热线整合并入12345政务服务便民热线，及时受理、转办、回复群众举报投诉信息，指导各地依法依规分类处置举报投诉，保障群众诉求得到及时回应和解决。

丰富网络执法监管方式。针对网络文化和在线旅游市场信息量大、违法违规情形复杂等情况，聚焦产品内容违规、未经许可经营旅行社业务等问题，引入云计算、大数据、人工智能等信息化手段，持续开展网络动态监测，及时发现、转办相关问题线索，进一步丰富和扩展线索来源渠道，全面提升网络文化和旅游市场执法监管效能。

下一步，文化和旅游部将始终坚持以习近平新时代中国特色社会主义思想为指导，一体学思践悟习近平文化思想、习近平法治思想和习近平总书记关于网络强国的重要思想，紧跟网络新技术新业态发展新形势，加强文化领域网络法治建设，开展常态化网络动态监测，督促市场主体遵守政策法规和行业规范，维护网络意识形态安全。各级文化市场综合执法机构将不断深化网络文化和旅游市场行政执法制度建设，持续强化网络文化和旅游市场执法监管，高效处置举报投诉，严肃查办各类违法违规问题，营造风清气正的网络文化和旅游市场环境。

市场监管部门网络法治工作

市场监管部门作为重要涉网监管部门之一，负责对网络交易主体及其交易行为进行规范管理，具体包括网络市场活动中的竞争行为规制、消费者权益保护、价格行为监管、食品药品安全、产品质量、广告、知识产权保护、打击传销等。随着网络经济业态的融合发展，市场监管部门不断丰富和完善市场监管网络法律制度和执法实践，切实维护网络消费者和经营者的合法权益，维护公平竞争的市场秩序。

一、推动完善市场监管网络法律制度

推动完善网络交易监督管理法律制度。随着互联网和网络交易在中国突飞猛进的发展，市场监管部门立足工作实践，坚持问题导向，着力完善网络交易监督管理法律制度。2010 年 5 月，原国家工商行政管理总局（以下简称"原工商总局"）制定出台《网络商品交易及有关服务行为管理暂行办法》，为促进网络经济发展、规范网络商品交易市场秩序、保护消费者和经营者的合法权益提供了有力的法律支撑和保障，标志着网络商品交易及有关服务行为初步纳入了法制化的轨道。2014年1月，原工商总局制定出台《网络交易管理办法》，从网络交易主体、客体和行为三方面加强规范，对网络交易监管工作作出了严谨、系统的规定。2014年5月，原工商总局发布《网络交易平台经营者履行社会责任指引》（工商市字〔2014〕106号），规范网络商品交易及有关服务行为，引导网络交易平台经营者积极履行社会责任。2014年7月，原工商总局发布《网络交易平台合同格式条款规范指引》（工商市字〔2014〕144号），规范网络交易平台合同格式条款，引导网络交易平台经营者依法履行合同义务。2015年9月，原工商总局出台《网络商品和服务集中促销活动管理暂行规定》，明确规定了网络集中促销组织者的义务，禁止网络集中促销组织者违法限制、排斥平台内的网络集中促销经营者参加其他第三方交易平台组织的促销活动；禁止网络集中促销经营者采取不正当手段进行促销活动。2015年11月，原工商总局发布《关于加强网络市场监管的意见》（工商办字〔2015〕183号），明确提出要坚持"依法管网、以网管网、信用管网和协同管网"，加强事前规范指导，强化事中事后监管，构建线上线下一体化的网络市场监管工作格局。2016年2月，原工商总局发布《关于促进网络服务交易健康发展规范网络服务交易行为的指导意见（暂行）》（工商网监字〔2016〕2号），进一步规范网络服务交易市场秩序，促进网络服务交易健康发展。2016年12月，国务院办公厅印发《关于同意建立网络市场监管部际联席会议制度的函》（国办函〔2016〕99号），同意建立由原工商总局牵头的网络市场监管部际联席会议制度，实现网络市场监管工作机制的新突破，进一步强化网络市场监管工作合力。2017 年 1 月，原工商总局出台《网络购买商品七日无理由退货暂行办法》，保障《消费者权益保护法》七日无理由退货规定的实施，保护消费者合法权益。

2018 年 8 月，十三届全国人大常委会第五次会议审议通过《电子商务法》。该法遵循规范经营与促进发展并重的思路，结合电子商务的特点和实践中的突出问题，聚焦规范电子商务经营者特别是平台经营者的义务与责任，以保证交易安全，保护消费者权益，维护公平竞争的市场秩序，为加强电子商务领域市场监管提供了重要遵循。2018 年 12 月，国家市场监督管理总局（以下简称"市场监管总局"）印发《关于做好电子商务经营者登记工作的意见》（国市监注〔2018〕236 号），就做好电子商务经营者的登记服务工作进行部署，电子商务经营者申请登记为个体工商户的，允许其将网络经营场所作为经营场所进行登记。2020 年 7 月，经国务院同意，调整完善网络市场监管部际联席会议制度，进一步加强网络市场监管协同协作。2021 年 3 月，市场监管总局修订出台《网络交易监督管理办法》，明确各参与方的责任义务，压实平台主体责任，督促平台切实规范经营行为、强化内部治理。2021 年 7 月，市场监管总局、国家网信办、国家发展改革委等部门联合印发《关于落实网络餐饮平台责任切实维护外卖送餐员权益的指导意见》（国市监网监发〔2021〕38 号），从保障劳动收入、优化从业环境等方面，对保障外卖送餐员正当权益提出全方位要求。2021 年 12 月，市场监管总局会同国家发展改革委等部门出台《关于推动平台经济规范健康持续发展的若干意见》（发改高技〔2021〕1872 号），进一步完善监管规则，着力提高监管质效，构建有活力、有创新力的制度环境。

2022 年 4 月，市场监管总局出台《网络市场监管与服务示范区创建管理办法（试行）》（国市监网监发〔2022〕49 号）及配套指标体系，充分发挥示范区创环境、促发展的示范引领作用，发展网络特色经济、优化网络营商环境、提升网络市场监管效能。

推动完善网络领域反垄断法律制度。2021 年 2 月，国务院反垄断委员会发布《关于平台经济领域的反垄断指南》（国反垄发〔2021〕1 号），明确平台经济领域垄断行为判定标准，保护市场公平竞争，促进平台经济规范有序健康发展。2022 年 6 月，十三届全国人大常委会第三十五次会议通过《关于修改〈中华人民共和国反垄断法〉的决定》，对数字经济领域垄断行为作出专门规定，禁止经营者滥用数据和算法、技术、资本优势以及平台规则等排除、限制竞争，为数字经济领域经营主体开展市场竞争提供明确、清晰的行为指引。2023 年 3 月，市场监管总局修订出台《禁止垄断协议规定》《禁止滥用市场支配地位行为规定》《经营者集中审查规定》，针对互联网平台特点，将掌握和处理数据能力、通过控制数据影响市场进入等要素纳入竞争评估分析，新增数据剥离、修改平台规则或者算法等救济方式，丰富监管工具箱，进一步细化互联网平台垄断行为的认定考量因素。2023 年 9 月，市场监管总局印发《经营者集中反垄断合规指引》（国市监反执二发〔2023〕74 号），引导经营主体加强合规管理，不断提升经营主体依法申报、合规经营意识。2024 年 1 月，国务院公布修订后的《关于经营者集中申报标准的规定》，大幅提高经营者集中申报营业额标准，进一步放宽市场准入门槛，降低各类经营主体制度性交易成本，提高投资并购效率，支持、服务各类经营主体依法做大做强。

推动完善网络反不正当竞争法律制度。2017 年 11 月，原工商总局推动修订《反不正当竞争法》，新增对互联网领域不正当竞争行为的规制，明确规定经营者不得利用技术手段，通过影响用户选择或者其他方式，实施妨碍、破坏其他经营者合法提供的网络产品或者服务正常运行的行为。2020 年 10 月，市场监管总局制定出台《规范促销行为暂行规定》，把规范互联网促销活动作为着力点，破解线上消费痛点堵点。

推动完善互联网广告监督管理法律制度。2015 年 4 月，十二届全国人大常委会第十四次会议审议通过新修订的《中华人民共和国广告法》，第一次增加了互联网广告相关条款，对弹出广告、互联网平台经营者责任等作出规定。2016 年 7 月，原工商总局制定出台《互联网广告管理暂行办法》（国家工商行政管理总局令第 87 号），进一步规范互联网广告活动，保护消费者合法权益，促进互联网广告业健康发展，维护公平竞争的市场秩序。将竞价排名纳入互联网广告管理，推动了我国网络经济规范有序发展，社会各界反响积极。2023 年 2 月，市场监管总局修订出台《互联网广告管理办法》，进一步理顺互联网广告相关主体权利义务关系，压实相关经营主体责任，为维护互联网广告市场秩序提供有力制度支撑。

推动完善网络食品药品安全监督管理法律制度。2004 年 7 月，原国家食品药品监督管理总局出台《互联网药品信息服务管理办法》（国家食品药品监督管理局令第 9 号），对互联网药品信息服务活动提出明确监管要求。2015 年 4 月，修订出台的《中华人民共和国食品安全法》对网络食品交易第三方平台提供者的食品安全管理责任作出明确规定。2016 年 7 月，原国家食品药品监督管理总局出台《网络食品安全违法行为查处办法》（国家食品药品监督管理总局令第27号），对依法查处网络食品安全违法行为作出明确规范。2017年11月，原食药总局出台《网络餐饮服务食品安全监督管理办法》（国家食品药品监督管理总局令第36号），加强网络餐饮服务食品安全监督管理，规范网络餐饮服务经营行为。2022年8月，市场监管总局制定出台《药品网络销售监督管理办法》（国家市场监督管理总局令第58号），落实《中华人民共和国药品管理法》关于网络销售药品有关规定，规范药品网络销售和药品网络交易平台服务活动，保障公众用药安全。

推动完善网络消费者权益保护法律制度。2014年2月，原工商总局制定出台《工商行政管理部门处理消费者投诉办法》（国家工商行政管理总局令第62号），进一步明确网络消费投诉的管辖权。2015年1月，原工商总局出台《侵害消费者权益行为处罚办法》（国家工商行政管理总局令第73号），对网络领域常见的侵害消费者权益行为作出明确规制。2018年12月，市场监管总局出台《市场监督管理行政处罚程序暂行规定》（国家市场监督管理总局令第2号），对网络交易案件管辖问题作出明确规定。2019年11月，市场监管总局出台《市场监督管理投诉举报处理暂行办法》（国家市场监督管理总局令第20号），对电子商务平台经营者以及通过自建网站、其他网络服务销售商品或者提供服务的电子商务经营者的投诉管辖作出规定。

二、不断加强市场监管网络综合执法

常态化开展网络市场专项监管执法。2017年至2023年，连续7年开展网络市场监管专项行动（"网剑"行动），集中整治社会关注度高、涉及面广、反映强烈的突出问题，防范化解重大风险隐患，维护公平竞争秩序和消费者合法权益，促进网络经济规范健康持续发展。

扎实推进"百家电商平台点亮"行动。深入贯彻落实习近平总书记重要讲话精神，按照党中央、国务院决策部署，加强平台合规建设，有效推进实施常态化监管。2022 年 5 月至 10 月，市场监管总局组织开展"百家电商平台点亮"行动（以下简称"点亮"行动），实现平台亮照、亮证、亮规则，推动信息公开、规则透明。为确保"点亮"行动取得实效，市场监管总局统筹调度系统力量，发挥协同效应，首次动员全国 31 个省、自治区、直辖市的代表性平台参与整体行动，创新性地建立消费者全程参与的评价机制，以专项行动的方式同时落实平台和平台内经营者的合规义务，对线上无效经营证照进行集中清理。通过"点亮"行动的开展，消费者满意度明显提高，平台合规水平有效提升。

组织开展互联网平台企业行政指导。2021 年，市场监管总局会同中央网信办、国家税务总局召开互联网平台企业行政指导会，组织 34 家重点互联网平台进行整改，综合运用多部法律、统筹多个业务条线力量对平台开展综合监管。

组织开展优化平台协议规则专项行动。为落实平台经济常态化监管要求，切实保障消费者、平台内经营者、平台企业等各方合法权益，支持平台企业在引领发展、创造就业、国际竞争中大显身手，2023 年 6 月起，市场监管总局部署开展了为期 5 个月的优化平台协议规则专项行动。专项行动开展以来，各地市场监管部门按照专项行动工作方案要求，紧扣重点任务，狠抓工作落实，结合网络交易监测信息和舆情反映的线索，着力规范平台企业利用协议规则诱导消费者自动续费、擅自扩大不适用七天无理由退货的商品范围、向平台内商家收取不合理费用等突出问题，推动专项行动取得积极成效。据统计，各地市场监管部门共引导854家平台企业对协议规则进行全面自查，帮助平台企业补充协议规则982个，督促指导平台企业修改优化协议规则2698个。专项行动的开展，有效规范了平台协议规则不公平、不合理、不清晰的问题，充分激发了平台内经营者的活力，切实增强了广大消费者的获得感、幸福感、安全感，推动了平台企业健康有序发展。

强化互联网领域反垄断执法。深入开展平台经济细分领域市场竞争状况评估，适时统筹采取行政指导、约谈警示、承诺整改、告诫提醒等梯次性监管工具，不断提升互联网平台反垄断常态化监管水平。依法审查平台企业经营者集中申报案件，对排除、限制竞争的集中行为附条件批准或予以禁止，对不具有排除、限制竞争效果的集中行为及时给予"绿灯"放行，"红绿灯"政策在经营者集中审查制度中得到充分体现。指导行业内企业签署自律公约，自觉规范网络竞争行为，推动网络平台经济领域市场秩序持续向好。

强化互联网广告监管执法。市场监管总局积极部署开展互联网广告整治行动，加大对互联网虚假违法广告的查处，对弹出广告、竞价排名、诱导点击、屏蔽广告等进行规制，营造风清气正的互联网广告市场环境。2023年，为推动《互联网广告管理办法》落实落地，市场监管总局在全国范围内组织开展互联网广告领域治理工作，坚决遏制互联网广告市场乱象，促进互联网广告业健康发展。

据统计，全国市场监管系统共组织培训 8100 场次，培训市场监管工作人员 27 万余人次；查处各类虚假违法互联网广告案件 2.25 万件，罚没 1.81 亿元；指导互联网平台修改完善广告合规制度 6000余条次，清理拦截涉低俗色情营销信息 1 万余条，拦截问题广告链接 20 万余条，有效净化了广告市场环境。

三、广泛开展普法宣传

积极开展《电子商务法》宣传培训，营造良好实施环境。 市场监管总局严格落实普法责任制，按照"谁执法谁普法"要求，紧紧围绕"学电商法执法、守电商法经营、用电商法维权"的主线，通过与法治日报社、北京大学法学院等机构联合举办《电子商务法》征文活动、知识竞赛、短视频播放、研讨座谈会、业务培训等活动，持续推进普法工作。

不断创新普法宣传手段，推动提升经营者网络法治意识。 依托国家网监平台社会协同共治系统和合规推进会机制，及时向相关平台企业传达讲解相关法律法规政策要求，促进平台企业依法合规经营。

下一步，市场监管部门将始终坚持以习近平新时代中国特色社会主义思想为指导，深入贯彻习近平法治思想，持续推进市场监管领域网络法治建设，着力提升常态化监管水平，全力做好中国式现代化的市场监管答卷。完善市场监管领域网络监管法律制度。加强立法项目储备谋划，扎实开展立法调研论证，推动市场监管领域网络监管立法项目的制定修订，强化网络交易监管法治保障。加快构建全链条监管程序规范，进一步强化两级执法长效机制，为网络市场反垄断公正执法、统一执法夯实制度基础。加强对广告发展前沿趋势的跟踪研究，研究出台一批"小快灵"合规指引。强化市场监管领域网络监管执法力度。推进网络交易平台合规制度建设，以合规指引等形式指导平台加强合规管理。强化数字经济细分领域市场竞争状况评估和新型垄断问题研究，加强网络市场垄断行为预防性监管、穿透式监管、数字化监管。加强部门协同联动，推动互联网事中事后监管与行业管理前端治理协同发力。加强市场监管领域网络监管执法能力建设。积极完善重大、典型案件的业务指导、挂牌督办制度，探索"战训结合""实战练兵"，帮助执法办案能力较弱或者办案积极性不高的地区积累工作经验，不断提升依法监管的能力和水平。深化市场监管领域网络监管调查研究。针对平台经济领域重点行业重点网络交易平台，加强对相关主体经营、用工、政策需求等情况的持续跟踪。及时跟进了解相关理论、政策和实践前沿动态，分析研判网络交易发展规律和趋势，研究提出符合实际、切实管用的网络监管思路办法和政策建议。

广播电视部门网络法治工作

1998 年以来，广播电视主管部门坚持党的领导，积极开展网络视听节目服务相关法治建设（以下简称"网络视听法治建设"），努力健全网络视听法规制度体系，大力实施常态化监管和专项治理，推动创新普法工作，加强国际法治交流合作，为网络视听行业治理提供有力法治保障，为全面依法治国和文化强国、网络强国建设不断作出新的贡献。

一、网络视听法规制度逐步完善

完善网络视听法规制度体系。随着网络视听业务的逐步发展，广播电视主管部门对于网络视听节目的认识不断深入，管理思路不断完善。1999 年 10 月，国务院广播电视主管部门出台《关于加强通过信息网络向公众传播广播电影电视类节目管理的通告》（国家广播电影电视总局第 1 号通告），用"广播电影电视类节目"指代"视听节目"，便于公众理解。2003 年 1 月，国务院广播电视主管部门出台部门规章《互联网等信息网络传播视听节目管理办法》，对信息网络传播视听节目作了规范。2007 年 12 月、2016 年 4 月，国务院广播电视主管部门分别出台《互联网视听节目服务管理规定》、《专网及定向传播视听节目服务管理规定》（国家新闻出版广电总局令第 6 号），对互联网视听节目服务和交互式网络电视、专网手机电视、互联网电视等分别作出规定。另外，国务院广播电视主管部门还通过《未成年人节目管理规定》（国家广播电视总局令第 3 号）、《广播电视行业统计管理规定》（国家广播电视总局令第 6 号）、《广播电视安全播出管理规定》（国家广播电影电视总局令第 62 号）等部门规章的制定修订，规范广播电视和网络视听节目服务活动。会同国家互联网信息办公室等相关部门联合发布《网络安全审查办法》、《网络音视频信息服务管理规定》、《网络直播营销管理办法（试行）》（国信办发文〔2021〕5 号）等规章、规范性文件。这一系列部门规章和规范性文件规制范围涵盖计算机、手机、电视机、公共视听载体等各类终端，网络剧片、网络直播、短视频等各种网络视听节目服务形态，覆盖创作导向、内容标准、行业准入、人员管理、科技应用、产业发展、公共服务、安全播出、国际交流合作等各个层面，为依法治理网络视听行业提供了具体制度遵循。

在加强部门规章和规范性文件制定修订工作之外，国务院广播电视主管部门还努力加强网络视听立法顶层设计，积极推动广播电视法起草工作，广泛参与《网络安全法》《未成年人保护法》等法律法规制定，指导地方立法规范网络视听业务，加快补齐制度短板弱项，为网络视听行业发展提供稳定透明可预期的法规制度环境。

加强网络视听技术标准体系建设。网络视听行业发展和治理具有明显的技术依赖性，国务院广播电视主管部门积极组织、引导和支持制定技术标准、规范，有效发挥对行业支撑引领作用。包括《网络视听节目视频格式命名及参数规范》《广播电视和网络视听节目内容标识标签规范》等网络视听业务的基础性规范标准，《互联网电视业务技术要求》等网络视听特定领域的专门标准，《网络视听收视大数据技术规范》《广播电视和网络视听深度伪造防范技术要求（2022 版）》等网络视听特定业务的专门标准。同时，通过制定《视音频内容分发数字版权管理（DRM）技术应用实施指南（2023 版）》等推动相关技术标准的实施应用。

二、网络视听执法机制日益成熟

国务院广播电视主管部门大力推进网络视听执法机制建设，强化主管主办责任和属地管理责任，综合运用行政许可、行政处罚、行政指导、行政奖励等手段，构建坚持管导向、管主体、管人员相结合，日常监管与集中整治相结合，事前、事中、事后相结合的监管机制，持续净化网络生态。广播电视主管部门还充分调动各方面力量，加强与相关部门的协同监管工作，指导相关执法机构积极开展网络视听执法，督促行业协会组织开展行业自律工作，夯实网络视听机构平台主体责任，完善社会公众举报监督机制，形成社会共治新局面。

持续优化行政许可。国家层面，对于网络视听节目服务的主要行政许可项目经历了多次调整，从 1999 年的"网上播出前端的设立审批"，到 2004 年的"网上传播视听节目许可证核发"，再到 2016 年的"信息网络传播视听节目许可证核发"。在此过程中，国务院广播电视主管部门不断完善业务分类准入，按照网络视听节目服务不同业态特点，对互联网视听节目服务、交互式网络电视、互联网电视等不同业态分别设置不同的准入条件和规范要求。做好新业务安全评估、应用监管，持续更新业务分类目录，稳妥有序将新业务类型纳入许可范围。强化重点内容管理，按照"网上网下一个标准，一体管理"的要求，依法开展国产网络剧片发行许可、引进用于信息网络传播的境外视听节目审批。推进全国网络视听平台信息管理，推进全国网络视听机构规范化、有序化发展。

不断完善执法机制。网络视听节目服务涉及社会各方面和不同部门职责，无论是常态化监管、专项治理还是单项执法，都需要注重与相关部门的配合。2003 年 10 月，国务院广播电视主管部门联合公安机关出台《关于联合开展信息网络传播视听节目治理工作的通知》（广发社字〔2003〕1097 号），开启了对于网络视听节目服务进行联合执法的序幕。在相关法律法规有力支撑下，网络视听节目执法机制逐步完善。大力加强日常监管、综合监管，完善内容审核标准和协同监管机制，严防传播各类违法视听节目。适时视情开展各类违规行为专项整治工作，保持对各类乱象问题的高压态势。加强对文化综合执法机构的指导，与有关部门联合督查重大影响案件、宣传典型案例、开展执法监督检查和执法案卷评查。组织开展安全专项监督检查，切实保障网络视听播出安全。

大力提升内容监测监管能力。国务院广播电视主管部门高度重视内容监测监管工作，不断推进技术体系建设、组织机构完善、专家队伍培养。2004 年 7 月，国务院广播电视主管部门公布《关于建立和完善信息网络视听节目监控系统的通知》（广发社字

〔2004〕821 号），推进建立现代化网上视听节目监看系统，明确全国网上视听节目监管定期汇报制度和重大事项通报要求。2006 年起，国务院广播电视主管部门设立信息网络视听节目传播监管中心，并指导地方相继设立传播监管中心。内容监测监管能力持续提升，日益发挥对于网络视听节目管理的支撑作用。基于云计算、人工智能、大数据等技术发展成果，持续进行视听新媒体监管等技术系统建设，健全完善跨业务、跨网络、跨平台、跨终端的网络视听节目内容监管系统，提高系统的信息化、数字化、智能化水平，实现对网络视听内容全方位、全过程、全覆盖、全天候的监管，为网络视听监管执法提供有力技术保障。探索形成内容生产智能审核相关标准和节目内容互信认可机制，提升海量节目内容审核效率。研究突破关键算法，优化视频分析模型，提升深度伪造视频鉴别能力。

指导开展行业自律。2008 年 2 月，国务院广播电视主管部门指导央视网、新华网、人民网等中央网络媒体发起成立中国互联网视听节目服务联盟，签署了《中国互联网视听节目服务自律公约》。2011 年起，在各级广播电视主管部门指导下，中国网络视听节目服务协会和一些省级网络视听行业协会先后成立，大力开展行业自律工作，细化落实网络视听相关规定，体现了网络视听行业从业机构和人员对于国家法律法规的理解和共识，有效助力法规政策的落地实施。

三、网络普法不断创新创优

国务院广播电视主管部门积极引导开展网络视听法治宣传教

育。《全国广播影视系统法制宣传教育第六个五年规划（2011—2015 年)》首次提出，要"积极利用互联网、手机等新兴媒体开展法制宣传教育"。网络视听节目服务机构充分发挥网络视听传播优势，扩大法治宣传阵地，创新普法内容、形式和手段，优化普法的覆盖面、便捷性和实效性，有效提升网民法治观念。

切实引导法治政策宣传。国务院广播电视主管部门通过制定实施普法规划，明确网络视听普法重点。定期召开网络视听宣传例会，及时传达中央关于普法宣传的政策精神和工作要求，指导做好重点宣传、壮大主流舆论声势，便利人民群众及时了解国家法治事业取得的新进展新成就，推动依法治国理念深入人心。

推动网络视听法治节目创作繁荣发展。国务院广播电视主管部门依托原创节目征集、精品推优等活动，积极引导鼓励普法题材网络视听节目创作传播，丰富网络视听节目的法治内涵、题材和类型，打造和重点推介精品普法节目，更好构建法治宣传节目矩阵。近年来，国务院广播电视主管部门在年度和季度优秀网络视听作品推选活动中，将《是这样的，法官》《守护解放西》《石俊峰办案记》《我是检察官》等普法题材节目纳入推选清单。

探索创新网络视听普法手段。网络视听机构等从业主体积极利用短视频、网络直播等网络视听新业态新渠道开展法治宣传，通过直播话题讨论、连麦、对网友咨询进行法律公益援助等方式与网民开展信息互动，通过平台规则、案例短片、治理公告等方式向用户普及法规制度要求，打通普法与群众之间的"最后一公里"，切实提升普法实效。

四、深入开展网络法治国际交流与合作

国务院广播电视主管部门积极推动向国际社会宣传中国网络治理经验，加强与国外交流互鉴，推动网络空间命运共同体建设。国务院广播电视主管部门紧密围绕国家外交大局和公共外交，在网络视听节目服务领域加强与外国政府相关主管部门、从业主体的对话交流、文明互鉴。2019 年，国务院广播电视主管部门在亚洲文明对话大会期间配套发布《亚太地区网络视听发展与治理情况报告》，将大会影响力延伸至网络空间。2021 年，国务院广播电视主管部门在网络视听大会期间主办"网络视听国际传播论坛"，并配套发布《国际网络视听发展与治理情况研究报告》。

下一步，国务院广播电视主管部门将坚持以习近平新时代中国特色社会主义思想为指导，深入贯彻习近平文化思想、习近平法治思想和习近平总书记关于网络强国的重要思想，持续加强网络视听法治建设，推动网络视听行业在法治轨道上健康运行，协力营造天朗气清的网络生态。完善网络视听法规制度体系。按照近中远规划，有步骤、分层次加快立法进程，做好相关法律法规的制定修订工作，特别是大力推进广播电视法等网络视听领域基础性法律、行政法规的制定工作。健全网络视听节目内容管理制度。完善网络视听节目精品创作扶持引导机制、内容审核机制和播出调控机制。加大行业指导扶持力度。优化准入政策，细化分类准入的具体要求，支持民营企业依法依规开展网络视听节目服务。推动网络视听节目精品化和多样化创作，促进网络视听节目服务提质升级。保障科技赋能网络视听行业规范健康发展。健全综合监测监管体系，推进网

络视听与广播电视两大业务监测监管的横向贯通，推进中央和地方监测监管系统互联互通、数据资源共享。加强内容监管技术能力建设，适配符合监管需求的监管模式。拓展监管范围，优化算法推荐，推动算法向上向善，引导推送正能量、高品质内容。推进网络视听新业务上线评估工作，及时将新技术新服务新模式纳入监管。持续治理各类行业乱象。丰富法律工具箱，完善行政监管、行政检查、行政强制措施。塑造良好行业生态，切实保障人民群众安全、便利使用网络视听节目服务的权利，重点维护未成年人、老年人、消费者等群体合法权益。创新开展网络普法。在网络视听节目立项备案、内容审核、奖励扶持等工作中，大力引导阐释解读习近平法治思想和习近平总书记关于网络强国的重要思想。深入推进落实媒体公益普法制度。加强对行业从业者、未成年人、消费者、网民等群体普法工作，实现分众分层精准传播和高效引导。

新闻出版（版权）部门网络法治工作

接入互联网 30 年来，新闻出版（版权）主管部门持续深化推进依法治网管网，有力维护网络意识形态安全，确保互联网在法治轨道上健康运行。

一、完善网络出版领域法规制度

构建完善网络出版法规制度体系。2001 年 12 月，国务院出台《出版管理条例》，规定互联网出版管理办法由国务院出版行政部门另行制定。这是行政法规层面首次对网络出版相关工作进行授权性规定。2002 年 6 月，原新闻出版总署与原信息产业部公布《互联网出版管理暂行规定》，是我国首部网络出版部门规章，填补了当时网络出版管理工作的立法空白，为原新闻出版总署在依法履行网络出版监管职责、促进产业发展方面发挥了重要作用。2011 年 3 月，国务院公布修改后的《出版管理条例》，进一步明确授权国务院出版行政主管部门根据该条例的原则制定网络出版审批和管理办法。2016 年 2 月，原国家新闻出版广电总局、工业和信息化部公布《网络出版服务管理规定》，与 2002 年《互联网出版管理暂行规定》相比，《网络出版服务管理规定》作了较大幅度补充和完善，厘清网络出版服务等概念表述、科学设定准入条件、细化管理要求、强化事中事后监管等，有效规范和促进了网络出版产业发展。2020 年 6 月，国家新闻出版署印发《关于进一步加强网络文学出版管理的通知》，就内容审核机制、登载发布行为、社会效益评价考核、评奖推选活动管理、规范市场秩序、加强队伍建设、履行属地管理职责等方面进行规范，推动网络文学繁荣健康发展。

建立网络游戏治理机制。2019 年 10 月，国家新闻出版署印发《关于防止未成年人沉迷网络游戏的通知》，重点就实行网络游戏用户账号实名注册制度、严格控制未成年人使用网络游戏时段时长、规范向未成年人提供付费服务、探索实施适龄提示制度等提出明确要求。2021 年 8 月，国家新闻出版署印发了《关于进一步严格管理切实防止未成年人沉迷网络游戏的通知》，针对未成年人过度使用甚至沉迷网络游戏问题，进一步严格管理措施，严格落实网络游戏用户账号实名注册和登录要求，坚决防止未成年人沉迷网络游戏，切实保护未成年人身心健康。

完善网络版权保护法律制度。在网络法治起步阶段，我国网络版权保护立法还处于空白状态，此期间主要通过两方面途径强化对权利人的保护。一方面由司法机关适用《中华人民共和国民法通则》《著作权法》的基本原则审理相关网络著作权纠纷案件；另一方面由版权行政管理部门制定规范性文件，如 1999 年 12 月国家版权局颁布《关于制作数字化制品的著作权规定》（国权〔1999〕45 号），明确规定利用他人作品制作数字化制品的应当取得著作权人许可。2001 年 10 月，我国修改《著作权法》，增加了网络版权保护的基本规则；2020 年 11 月，我国对《著作权法》进行第三次修改，强化了对网络版权的保护力度，着力解决权利人在网络环境下维权难的问题，激发社会创新动能。国务院相继制定颁布了《信息网络传播权保护条例》《计算机软件保护条例》等行政法规。最高人民法院先后出台《审理侵害信息网络传播权民事纠纷案件适用法律若干问题的规定》等网络版权保护司法解释。国家版权局先后制定印发了《互联网著作权行政保护办法》、《关于加强网络文学作品版权管理的通知》、《关于规范网盘服务版权秩序的通知》、《关于规范网络转载版权秩序的通知》（国版办发〔2015〕3 号）等规章、规范性文件，对网络细分领域版权保护法治工作进行逐步规范。目前我国互联网版权法律保护已基本形成以《著作权法》为统领，由多层次法律规范构成的中国特色网络版权法律体系，网络版权工作法治化水平显著提升。

二、开展网络出版执法行动

加强网络出版行业监督管理。落实《出版管理条例》《网络出版服务管理规定》等法规和有关文件要求，严格实施网络游戏前置审批和事中事后监管，加强网络文学阅评监测和问题查处，引导行业规范有序发展。着眼治理未成年人沉迷网络游戏这一突出问题，落实防沉迷有关文件要求，建立国家新闻出版署防沉迷实名验证系统和举报平台，督促网络游戏企业严格落实有关要求，会同网信、文化执法等有关部门严格执法，加大违规问题治理，推动防沉迷工作取得成效。

依法打击非法出版传播活动。"扫黄打非"工作全面开展以来，始终坚持围绕中心、服务大局，依法打击惩治非法出版传播活动，有效净化社会文化环境。针对手机网站制作、传播淫秽色情活动不断蔓延的情况，2009年11月，原全国"扫黄打非"工作小组办公室印发《关于严厉打击手机网站制作、传播淫秽色情信息活动的紧急通知》，全面清理一批传播淫秽色情信息的手机网站，深入铲除违法利益链条，切实保护青少年身心健康。针对利用网络直播传播淫秽色情信息乱象，2018年8月，原全国"扫黄打非"工作小组办公室、工业和信息化部、公安部、文化和旅游部、国家广播电视总局、国家互联网信息办公室联合印发《关于加强网络直播服务管理工作的通知》，着力规范网络直播服务许可和备案管理，建立健全网络直播服务监管工作机制，提升依法治网能力。构建完善"扫黄打非"工作机制。建立完善网上"扫黄打非"联席会议机制，加强与网信、工信、公安、文旅、广电等部门工作协同，推动网上"扫黄打非"齐抓共管。建立"净网直通车"系统，搭建网络企业对非法出版物及有害信息自主发现、自洁自净的互动交流平台，进一步增强网络企业依法办网的自觉性、主动性。建立健全"扫黄打非"举报受理机制，设置"扫黄打非"举报受理平台，通过信函、电话、网络等多种渠道受理社会各界举报线索，深受广大人民群众好评。紧盯网络短视频、网络直播、网络社交、电商平台等网络平台，深入清理网络违法信息，指导督促网络平台严格履行主体责任、严格依法办网。针对网络淫秽色情信息、"儿童邪典"视频、非法出版活动等问题，持续开展系列"扫黄打非"专项整治，依法严厉打击违法违规活动，取得明显成效。坚持将案件查办作为开展网上"扫黄打非"工作的重要抓手，指导督办系列"扫黄打非"大案要案，有力震慑违法违规活动。

持续开展网络版权专项治理行动。自 2005 年以来，国家版权局会同相关部门持续开展了 19 次打击网络侵权盗版专项治理"剑网行动"，不断加强对网络视频、网络音乐、网络文学、网络游戏、网络云存储、应用程序商店、电子商务平台等重点领域的版权专项治理，相继查处网络侵权盗版案件 11545 起，删除侵权盗版链接 1138 万条，关闭侵权盗版网站、App 17906 个，移送司法机关追究刑事责任案件 1214 件，相继查处了人人视频侵权案、快播播放器侵权案等一批侵权盗版大案要案，得到境内外权利人的充分肯定，网络版权环境日益清朗。2018 年以来，我国加强新闻作品版权保护，严厉打击未经许可通过网络转载他人作品、侵犯新闻作品著作权的行为，先后推动相关网络服务商对 12.44 万个侵权账号进行封禁，对 47.53 万篇侵权内容进行处置。

创新开展网络版权重点监督。不断加强对互联网企业的版权重点监督，目前纳入版权局重点监管的大型网站达到 3029 家，通过开展"双随机一公开"检查、热播热映作品预警保护、推动网站完善版权管理制度等，极大地改变了视频、文学、音乐网站版权混乱的局面，大幅提高了网站的正版率，有力推动了我国网络版权产业健康发展。据有关研究机构数据统计，2022 年中国网络版权产业市场规模达到 14401.2 亿元，同比增长 2.8%，其中用户付费规模为 6605.3 亿元。中国网络版权产业发挥产业优势、抵御疫情冲击，实现了整体平稳快速发展，产业结构持续优化升级。

推动网络版权保护社会共治。充分调动行业协会、企业、权利人版权保护积极性，积极构建政府监督、企业自主、行业自律与公众监督相结合的网络版权保护新格局。设立全国举报查处侵权盗版行为奖励资金，成立反盗版举报中心，设立了全国统一的12390侵权盗版举报电话，鼓励社会各界积极提供案件线索。先后推动成立中国网络文学版权联盟、中国新闻媒体版权保护联盟、院线电影版权保护联盟等，加强行业自律，规范行业发展。积极推动权利人及组织与互联网企业和行业协会建立版权合作保护机制，加强与国外权利人组织的合作，构建打击跨国网络侵权盗版行为的信息沟通机制。建立完善网站版权信息库、权利人维权绿色通道和海外知识产权援助机制，引导权利人通过调解、仲裁、诉讼等多种渠道依法快速解决纠纷。促进合理高效网络授权机制的建立与完善，大力加快音乐、影视、音像、文字和摄影等著作权集体管理机构和版权中介服务体系建设，为作品的创造、管理和运用提供方便畅通的"绿色通道"，促进作品的合法传播。在优势产业集聚区、产业园区、产业基地布局建设一批版权维权工作站，建立案件快速受理和科学分流机制，提供快速确权、维权"一站式"纠纷解决方案。

三、推进网络法治宣传和智库建设

发布《新时代的中国网络法治建设》白皮书。会同中央网信办撰写发布《新时代的中国网络法治建设》白皮书，全面介绍了中国网络法治建设情况，分享中国网络法治建设的经验做法。白皮书介绍，党的十八大以来，在习近平新时代中国特色社会主义思想指引下，中国将依法治网作为全面依法治国和网络强国建设重要内容，努力构建完备的网络法律规范体系、高效的网络法治实施体系、严密的网络法治监督体系、有力的网络法治保障体系，网络法治建设取得了历史性成就。中国的网络法治建设不仅有力提升了中国互联网治理能力，也为全球互联网治理贡献了中国智慧和中国方案。

大力推进网络版权宣传引导。综合运用多种媒体形态，不断提升网络版权宣传的生动性和有效性，及时准确回应社会关注、产业关切、群众关心的版权热点焦点问题，提高全社会网络版权保护意识。强化版权涉外宣传工作，进一步提升版权国际传播力，助力提高国家文化软实力和中华文化影响力。持续开展"全国知识产权宣传周"活动，深入推动版权宣传进社区、进机关、进学校、进企业、进农村、进家庭，继续开展网络版权保护与发展大会、"中国版权金奖"评选、版权保护优秀案例示范点调研、版权国际论坛等，大力宣传打击网络侵权盗版专项行动、软件正版化等重点工作成效。连续7年召开网络版权保护与发展大会，公布打击网络版权盗版典型案件，深入宣传"剑网行动"的成效，提升社会公众的网络版权保护意识。

推动网络出版行业健康发展。2020年以来，国家新闻出版署先后开展优秀现实题材和历史题材网络文学出版工程、优秀现实题材网络文学出版工程等评选推介，截至目前共评选优秀网络文学作品近30部，引领推动网络文学行业提高质量、多出精品。2023年，国家新闻出版署发布《关于实施网络游戏精品出版工程的通知》（国新出发函〔2023〕230号），通过激励扶持精品网络游戏，加强网络游戏正向引领，推动网络游戏弘扬真善美，促进游戏产业健康有序发展。

支持网络法治智库建设。 批复《数字法治》期刊的创办，由最高人民法院主管，人民法院出版社有限公司主办、出版，为网络法治领域研究搭建学术交流平台，助力提高网络法治研究水平。

四、深化网络版权国际交流合作

大力发展以世界知识产权组织为主的版权多边合作关系，加强与主要国家的版权双边交流机制，积极稳妥处理版权多边事务，进一步拓宽版权合作模式。2007 年我国加入《世界知识产权组织版权条约》《世界知识产权组织表演和录音制品条约》。积极参与版权国际规则制定，推动《视听表演北京条约》于 2020 年 4 月生效，成为新中国成立以来第一个在我国缔结、以我国城市命名的国际知识产权条约，也成为了国际知识产权保护领域的一个重要里程碑。推动《马拉喀什条约》于 2022 年 5 月对中国生效。建立健全版权国际应对联动机制，积极与重点国家和国际组织开展相关合作，不断提高保障能力，加强海外版权保护，切实维护中国版权企业的海外权益。利用世界知识产权组织平台，展示我国版权优秀案例示范点实践经验，贡献中国智慧和中国方案，向世界展示真实、立体、全面的中国版权工作，切实增强国际传播力建设，进一步提升我国在国际版权领域影响力。

下一步，新闻出版（版权）主管部门将进一步完善版权领域法规和制度。认真落实《知识产权强国建设纲要（2021—2035年）》，实施《版权工作"十四五"规划》。深入推进新修改的《著作权法》实施工作，修订、制定与《著作权法》配套的行政法规、部门规章、规范性文件，完善版权法律制度，强化版权顶层设计。深化推进版权领域监督管理工作。强化版权全链条保护，不断提升版权执法的质量、效率、公信力。对社会关注、群众关心的重点领域和重点问题开展深入治理，不断净化网络版权环境。畅通投诉举报渠道，充分发挥举报奖励和案件奖励激励作用，加强技术监测和主动巡查，及时发现侵权线索。积极推进网络版权保护立法研究。统一可版权性、著作权权利范围、共同侵权等问题的认定及举证责任分配等标准，推动网络版权保护迈向更高水平。探索人工智能监管和保护规则，充分发挥立法对实践的引领指导作用。加强平台治理立法，落实平台版权保护主体责任。提高版权规则国际话语权和影响力。加强版权多双边合作，积极参与版权国际规则构建。积极开展版权宣传工作，提升社会公众版权意识，注重版权对外宣传，讲好中国版权故事。

审判机关网络法治工作

人民法院坚持以习近平新时代中国特色社会主义思想为指导，抢抓互联网时代历史机遇，积极推动互联网与司法工作深度融合，大力开展技术创新、实践创新、制度创新，推动审判工作现代化。随着互联网司法建设不断深入，互联网专业化审判体系不断完善，在线司法模式全面有序推进，互联网司法程序规则体系有效建立，形成了以互联网技术融合应用为基础、在线诉讼程序规则为框架、依法治网实体裁判为实质的司法模式、规则集合和制度体系。在全国各级人民法院共同努力下，互联网司法总体框架有效搭建，制度体系初步形成，构建"中国特色、世界领先"的互联网司法取得重大突破。

一、促进网络健康发展，维护良好网络空间秩序

完善网络知识产权保护规则。依法审理大数据权属案件，探索数据资源确权、流通、交易的行为规范，推动完善数据知识产权保护规则。依法审理涉开源代码软件著作权纠纷典型案件，明确开源

协议性质以及协议各方义务，护航开源技术自由交流与合作。依法审理涉"非同质化通证（NFT）数字作品"侵权案件，明确 NFT 数字作品法律性质和交易流通规则，有力规范和促进"元宇宙"新兴技术和产业的发展。依法审理"群控软件"、"爬虫数据"、网络游戏直播等新类型案件，保护数据收集者、加工者的付出与投入，保护数据持有者的财产利益与竞争优势，规制数字领域竞争行为，优化数字市场竞争秩序，保障互联网新技术新业态新模式在法治轨道上健康有序发展。发布《关于审理涉及计算机网络著作权纠纷案件适用法律若干问题的解释》（法释〔2006〕11 号）、《关于涉网络知识产权侵权纠纷几个法律适用问题的批复》（法释〔2020〕9 号）等司法解释，积极回应新技术新产业新业态新模式知识产权保护司法需求，促进信息网络产业健康有序发展。

加强网络空间民生权益司法保护。依法审理"AI 陪伴"软件侵害人格权案，明确自然人的人格权包括其虚拟形象，被告擅自使用原告姓名、肖像，设定涉及原告人格自由和人格尊严的系统功能，构成对原告姓名权、肖像权、一般人格权的侵害，为人工智能时代强化人格权保护提供了生动实践样本。发布利用互联网侵害未成年人权益典型案例、涉网络消费者权益保护典型案例，充分发挥司法典型案例的引导、规范、预防与教育功能，不断加大对未成年人、消费者互联网权益保护力度。会同人力资源和社会保障部联合发布新就业形态劳动争议典型案例，对违法用工行为予以纠正。发布《关于审理利用信息网络侵害人身权益民事纠纷案件适用法律若干问题的规定》，为正确审理利用信息网络侵害他人人身权益案件作出指引。发布《关于审理网络消费纠纷案件适用法律若干问题的规定（一）》（法释〔2022〕8号），对网络直播营销、外卖餐饮等人民群众普遍关切的问题作出回应。

营造良好网络营商环境。依法审理"暗刷流量案"，有力打击网络黑灰产业，保护公平竞争的网络营商环境。依法审理网络刷单炒作信用案件，防范化解网络风险，维护社会公共利益。发布维护互联网企业名誉权典型案例，营造有利于民营经济发展的舆论环境、关心尊重民营企业家的良好社会氛围，营造健康清朗的网络环境以及公平有序的竞争环境。出台《关于审理涉电子商务平台知识产权民事案件的指导意见》，进一步细化电子商务平台经营者采取必要措施、权利人发出侵权通知等裁判规则，平衡保护知识产权权利人、平台经营者、平台内经营者、消费者等相关主体的合法权益。

严厉惩治电信网络诈骗犯罪。依法高效审结一大批电信网络诈骗及其关联犯罪案件，会同最高人民检察院联合发布相关典型案例，坚决震慑犯罪。会同最高人民检察院、公安部联合发布《关于办理电信网络诈骗等刑事案件适用法律若干问题的意见》《关于办理电信网络诈骗等刑事案件适用法律若干问题的意见（二）》，明确办理电信网络诈骗犯罪案件，特别是跨境电信网络诈骗犯罪等法律适用标准。会同最高人民检察院发布《关于办理侵犯公民个人信息刑事案件适用法律若干问题的解释》、《关于办理扰乱无线电通讯管理秩序等刑事案件适用法律若干问题的解释》（法释〔2017〕11号）、《关于办理妨害信用卡管理刑事案件具体应用法律若干问题的解释》（法释〔2018〕19号）、《关于办理非法利用信息网络、帮助信息网络犯罪活动等刑事案件适用法律若干问题的解释》等，为依法从严惩处电信网络诈骗犯罪的上下游关联犯罪，提供更加明确、具体的法律适用依据。

依法惩治网络暴力违法犯罪。依法审理罗某侵害英雄烈士名誉、荣誉暨刑事附带民事公益诉讼案等，严惩危害网络生态的犯罪行为。依法审理网络"水军"、网络"黑公关"等案件，严惩散布虚假信息违法犯罪行为，有效净化网络生态。会同最高人民检察院、公安部联合发布《关于依法惩治网络暴力违法犯罪的指导意见》，对网络暴力违法犯罪案件的法律适用和政策把握作出全面规定，完善符合打击治理网络犯罪规律特点的追诉标准、证明审查要求与证明规则，同步发布依法惩治网络暴力违法犯罪典型案例，为受害人提供充分、有效的法律救济，让网暴者受到制裁、付出代价。

二、加强网络司法建设，建设互联网专业审判体系

加强互联网技术与司法工作融合应用。人民法院是我国最早探索信息化的部门之一。1994年，江苏省南京市中级人民法院尝试建设计算机网络，首开地方法院网络建设实践之先河。1996年，最高人民法院召开"全国法院通信及计算机工作会议"，部署全国法院的计算机网络建设工作，制定印发《全国法院计算机信息网络系统建设规划》，为全国法院构建网络化信息系统奠定了基础。20世纪90年代末期，最高人民法院和经济发达地区法院普遍实现全院配置电脑。

2002年，最高人民法院局域网建成并投入使用，并启动覆盖全国的法院专网建设，发布《人民法院计算机信息网络系统建设

规划》《人民法院信息网络系统建设技术规范》等相关技术及管理文件近 20 项，按照三级专网架构启动覆盖全国的法院专网建设。2003 年底，最高人民法院至各高级人民法院和计划单列市中级人民法院的一级专网建成。2009 年底，22 个省（区、市）中级人民法院的二级专网基本建成，北京等 8 个省（市）基本完成三级专网建设。

2013 年以来，人民法院以司法公开为切入，率先探索互联网技术与司法工作融合应用，随后不断拓展互联网司法应用领域，向多元解纷、诉讼服务、审判执行等延伸。2013 年建成"人民法院数据集中管理平台"，并于 2014 年升级为"人民法院大数据管理和服务平台"，实时汇聚全国法院案件数据。2015 年，建设以数据为中心的人民法院信息化 3.0 版。2016 年底，全国所有 3500 多个法院、1 万多个派出法庭全部接入法院专网。随着统一研发的专网数据库、密码机等安全产品、网络设备、视频设备和多种业务网络化应用软件项目的开发应用，法院专网广泛应用于专线通信、办公办案、视频会议、远程提讯、远程接访等业务，为审判执行工作提质增效提供了有力支持。

2023 年，最高人民法院建立四级法院统一的问题解答平台"法答网"，自上线运行以来，全国法院干警在线咨询问题 165404 件，专家答疑 118586 件，问题浏览次数 1729639 次。建设全国法院信息化"一张网"，将审判、执行、信访、流程管理、审判管理、人事管理、政务管理、纪检监察等业务全部纳入。建设人民法院案例库，用于查询、检索类案，推动完善统一法律适用机制。深化辅助办案前沿技术应用，开发、推广、应用立案辅助系统，不断完善指标设计，利用大数据分析，对立案异常情况进行检索分析，实现对虚假诉讼、滥诉和涉众型诉讼的精准识别和有效提示。截至2023年底，系统累计使用9197926次，共检索分析案件4834044件，预警案件415302件，其中预警疑似虚假诉讼案件10979件，疑似涉众案件190309件，疑似滥诉案件120496件，疑似集中管辖案件15457件，疑似重复起诉案件53927件。

推进互联网专业化审判体系建设。2017年以来，先后成立杭州、北京、广州三家互联网法院，围绕案件审理、平台建设、诉讼规则、网络治理等方面全方位深化探索，形成了一系列可复制可推广的经验，奠定了互联网司法新模式的雏形和基础。2018年以来，天津、上海、湖北、江苏、四川、福建、贵州等地法院，结合辖区内互联网纠纷和互联网产业特点，探索组建互联网审判庭、合议庭或审判团队，集中优质审判资源探索互联网专业化审判机制，进一步丰富互联网司法的实践样本。为确保在线司法模式有序发展，不断完善互联网司法程序规范，最高人民法院先后以司法解释形式出台了《人民法院在线诉讼规则》《人民法院在线调解规则》《人民法院在线运行规则》，分别针对在线诉讼活动、在线调解活动以及在线司法平台建设和技术保障，明确程序要求和实践标准，有效覆盖司法活动全领域，贯穿审判执行全过程，使各类在线司法活动有规可依、合法规范。2021年修正的《民事诉讼法》吸收了法院在线司法实践经验，明确了在线诉讼的法律效力，将其确立为与线下诉讼并行的基本诉讼方式，有力推动了互联网时代诉讼法律制度的与时俱进。

积极推动网络诉源治理。发挥在线调解平台作用，提升矛盾纠纷解决效能。2023年1月至11月，平均每个工作日有6.88万件纠纷在人民法院调解平台进行调解，每分钟就有 93.04 件成功化解在诉前阶段，平均时长 12.89 天。巩固深化"总对总"在线诉调对接机制，形成横向对接十多个部门行业，纵向贯通省、市、县、乡四级的网格化矛盾纠纷在线调处平台，实现"一次对接、全国覆盖"，共促行业纠纷行业解，实现双赢多赢共赢。2023 年 1 月至 11 月，"总对总"合作单位接受法院委派诉前调解纠纷 163.93 万件，126.83 万件纠纷成功化解在诉前阶段，调解成功率 81.17%。进一步深化人民法院调解平台"进乡村、进社区、进网格"工作，截至 2023 年 11 月，9773 家人民法庭入驻人民法院调解平台，实现实质化运行人民法庭的全覆盖，对接基层治理单位 11.92 万家，就地化解调解纠纷 172.08 万件。聚焦互联网侵权、物业房产、建设工程合同、道路交通、信用卡及金融借款、婚姻家庭、劳动争议、医疗责任、知识产权、农业农村等矛盾纠纷多发易发的民事重点领域，积极推动网络诉源治理。

三、深化网络法治宣传，拓展国际交流合作

打造法院特色网络普法品牌。与中央广播电视总台连续 7 年共同主办"新时代推动法治进程年度十大案件"宣传活动，各类媒体报道转载累计 5 万余篇（次），形成多个"10 万+"热搜话题和微信公众号文章，2021 年至 2023 年网民投票总数超 7.2 亿张，实现了全方位、立体化的普法效果。出品和监制《执行利剑》《按下葫芦起来梨》等影视作品，以喜闻乐见的方式潜移默化传播法治精神。与中央广播电视总台《今日说法》栏目组联合打造"大法官开庭"栏目，涵盖全国大法官开庭审理案件，实现"全媒体并

机直播+深度专题节目"相结合，微博话题阅读量达 5.1 亿人次。开设"小案大道理时代新风尚"专栏，接连发布一系列社会舆论高度关注的"小案"，着力将其中蕴含的法治道理讲清楚、讲透彻，截至目前，共发布案例 82 个，微信阅读量 460 万，微博阅读量逾 1000 万，《自费为小区买儿童滑梯却成了被告？法院这样判！》《外卖小哥究竟有没有单位？》等 23 篇推文微信阅读量达"10 万+"，有效发挥典型案例引领法治风尚、塑造社会主义核心价值观的积极作用，不断提升全体公民法治意识和法治素养。

开展主题鲜明网络普法活动。持续加强青少年网络法治教育，2023 年，与短视频平台联合策划制作未成年人保护纪实普法动漫《重返庭审现场·少年法庭》，"微博话题#重返庭审现场#"阅读量 5.2 亿，进入微博热搜榜，快手配置全天开屏等黄金资源，预告片、正片观看总量超过 1 亿，点赞量超过 700 万，进入快手热点榜榜单。深化反电信网络诈骗宣教工作，推出《反诈反赌人民法院在行动》系列宣传视频，发布的 10 期视频全网阅读量 485 万余次，微博话题阅读量 1925 万余次，部分视频被央视"社会与法"官方微博转发。持续打造民法典爆款产品，推出《学法典读案例答问题》百集微课堂，阅读量累计 8800 余万次，荣获中央网信办优秀网评作品；推出"一分钟带你了解民法典"系列普法动漫，制作播出《民法典进行时》《案说民法典》系列节目，在全社会营造学法典、用法典的良好氛围。

讲好中国网络法治故事。2010 年，举行第四次亚太司法改革论坛，来自亚太国家和地区的 24 个国家、4 个国际组织的 105 名代表，围绕"利用科技手段促进法院工作"主题进行了研讨。

2016 年，会同国家互联网信息办公室联合主办第三届世界互联网大会智慧法院暨网络法治论坛，通过《第三届世界互联网大会智慧法院暨网络法治论坛乌镇共识》。2017 年，与联合国开发计划署开展"司法与信息技术合作"，向世界各国特别是南南国家宣传推介中国法院信息化建设经验。2019 年，举办世界互联网法治论坛，通过《世界互联网法治论坛乌镇宣言》，同年在杭州互联网法院开展"宪法 e 路行"主题公众开放日活动，发布《中国法院的互联网司法》白皮书，邀请世界互联网法治论坛外宾、社会公众和中外媒体走进杭州互联网法院，并进行全程图文直播，展现中国法院互联网司法建设新成就，外媒纷纷正面报道。2022 年，通过线上线下结合方式举办数字经济法治论坛，围绕"以法治创新推动数字经济规范发展"主题，就"数字技术在司法领域应用与规制""数字经济法律问题的司法回应""数字时代下诉讼模式的创新与变革"等 3 个议题，开展了富有成效的建设性对话。同年组织举办网络文明大会网络法治建设论坛，创新采用全球首个"AI 虚拟法官"主持论坛主题研讨环节，与会嘉宾切身感受现代科技与法院工作的深度融合，充分展现网络空间治理法治化成效，形成了广泛热烈的宣传声势和积极正面的舆论反响。

下一步，最高人民法院将始终坚持以习近平新时代中国特色社会主义思想为指导，深入贯彻习近平法治思想和习近平总书记关于网络强国的重要思想，不断深化互联网司法建设，促进网络空间治理法治化，努力以审判工作现代化支撑和服务中国式现代化。完善互联网司法模式。深化人民法院在线诉讼规则、在线调解规则、在线运行规则，不断提升司法审判工作智能化水平；推动完善网络空间治理规则体系。促进网络空间治理法治化。依法公正高效审理各类涉网案件，强化网络权益保护、规范新兴产业发展、保护网络知识产权、打击网络犯罪，引导新技术新业态新模式在法治轨道上持续健康发展。充分发挥司法裁判规范引领作用，在网上大力弘扬和践行社会主义核心价值观，传播文明理念，培育文明风尚，促进营造更加清朗的网络空间。积极稳妥推进全国法院"一张网"系统建设。实现全国法院"一个平台、一套标准、一套数据"目标。健全完善互联网专业化审判体系，优化案件管辖范围和设置模式，完善互联网司法规则体系。系统推进互联网司法配套举措。加强信息化基础建设，强化与高校、科研机构的沟通协作，加强互联网司法复合型人才培养。积极运用互联网手段赋能司法。深入推行人工智能、大数据、区块链、云计算等网络信息技术在诉讼服务、审判执行、司法管理等领域的深度应用，不断探索创新网络信息技术在辅助法院干警事务性工作、辅助司法管理、服务多元解纷和社会治理等条线的应用方式和平台工具，以数据化、信息化赋能审判管理，助力审判工作现代化。

检察机关网络法治工作

检察机关是国家法律监督机关，是推进全面依法治国的重要力量，深入学习贯彻习近平法治思想和习近平总书记关于网络强国的重要思想，积极推进网络法治建设。自全功能接入国际互联网以来，检察机关网络法治工作从无到有、从点到面，发生了巨大变化。检察机关始终坚持党对检察工作的绝对领导，深入贯彻党中央关于网络法治建设的重大决策部署，坚定不移走中国特色依法治网之路，不断增强依法治网的政治自觉、法治自觉、检察自觉，依法全面能动履职，为推动网络在法治轨道上健康运行作出积极贡献。

信息网络发展日新月异，全面融入社会生产生活。网络在给经济社会带来巨大发展动能的同时，也对法治建设、社会治理提出新挑战、新命题。法治是网络治理的基本方式。检察机关作为最早开始探索推进网络法治工作的部门之一，始终高度重视网络法治建设，依法惩治网络违法犯罪，能动履职推进网络空间治理，不断探索以检察之力维护网络安全、促进网络发展的中国特色依法治网之路。

党的十八大以来，以习近平同志为核心的党中央深刻把握信息时代的"时"与"势"，坚持将法治作为网络治理的基本方式，融入全面依法治国和网络强国建设全局，运用法治思维和法治方式净化网络生态、促进网络发展、提升网络文明，网络法治建设取得历史性成就。检察机关作为网络法治建设的重要力量，在习近平新时代中国特色社会主义思想指引下，全面贯彻习近平法治思想和习近平总书记关于网络强国的重要思想，不断深化中国特色社会主义法治在网络空间的检察实践，不断丰富网络强国、数字中国建设的法治内涵。

一、加强顶层设计，谋划工作布局

最高人民检察院深入贯彻党中央决策部署，坚持把惩治网络犯罪、推进网络治理作为服务大局、服务人民的重要工作谋划推进。成立惩治网络犯罪、维护网络安全研究指导组，统筹协调做好深化打击整治网络犯罪各项工作。成立网络犯罪研究中心，统筹力量开展网络法治研究，推动检察机关网络法治工作高质量发展。印发《关于加强新时代检察机关网络法治工作的意见》，围绕党的二十大关于健全网络综合治理体系的重要部署，立足刑事、民事、行政、公益诉讼"四大检察"职能，从网络立法、执法、司法、普法以及法治研究、队伍建设等方面，对新时代检察机关网络法治工作作出全面部署。成立数字检察工作领导小组，全面推进数字检察战略，以"数字革命"驱动法律监督质效提升。深入推进"净网"专项行动，印发工作方案，强调依法严惩网络违法犯罪，全面提高依法治理、综合治理、源头治理网络空间的能力和水平。各地检察机关相继建立指导组，组建专业化办案团队，构建起高效联动的网络法治工作机制。顶层设计不断加强，推动凝聚起网络法治共识，汇聚成检察履职合力，网络法治工作上升为检察机关战略性、系统性、长期性任务，持续深入推进。

二、惩治网络犯罪，维护网络安全

面对复杂多变的网络犯罪形势，检察机关坚持"全链条惩治、精准化预防、一体化治理"的工作思路，依法加大对网络犯罪打击力度，构建清朗网络空间，建设更高水平的平安中国。

坚决维护国家安全和社会稳定。坚持总体国家安全观，依法严厉打击利用网络实施的分裂国家、颠覆国家政权、间谍窃密等危害国家安全的犯罪活动，坚决捍卫国家政权安全、制度安全和意识形态安全。始终保持对网络贩卖枪爆、网络贩毒、网络淫秽色情、网络赌博等犯罪活动的严打态势，会同多部门开展平安寄递、打击治理跨境赌博等专项行动，维护社会稳定、规范网络秩序。深入推进扫黑除恶专项斗争，依法严厉打击利用信息网络实施"裸聊"敲诈、"套路贷"、软暴力催收、恶意索赔等犯罪活动的黑恶势力组织。严厉打击"网络水军"造谣引流、舆情敲诈等违法犯罪，净化网络舆论环境。

全链条打击电信网络诈骗犯罪。认真落实党中央决策部署，坚持以人民为中心，依法从严打击惩治电信网络诈骗及其关联犯罪，坚决遏制电信网络诈骗活动高发态势。深挖彻查重大犯罪集团，挂牌督办重大案件，突出打击诈骗犯罪集团及其组织者、指挥者、幕后"金主"、骨干分子，持续释放依法从严强烈信号。加大对跨境电信网络诈骗犯罪集团打击力度，会同有关部门开展"长城行动""打击治理涉缅北电诈专项行动"，依法追诉境外大型电信网络诈骗集团、幕后"金主"、骨干分子等。依法严惩各类协同犯罪，深入推进"断卡""断流"等专项行动，全力打黑产、斩链条、摧网络，持续挤压电信网络诈骗犯罪生存空间。

加强网络时代人格权保护。坚决惩治网络暴力"按键伤人"，对在网上肆意造谣诽谤、谩骂侮辱、"人肉搜索"等涉嫌犯罪的，依法追究刑事责任。积极适应新时代人民群众对人格尊严刑事保护的更高需求，对于严重危害社会秩序和国家利益的网络侮辱、诽谤犯罪，依法适用公诉程序。如"取快递女子被造谣出轨案"中，检察机关建议公安机关以诽谤罪立案侦查，推动自诉转公诉。依法从严惩治侵犯公民个人信息犯罪，从窃取源头到出售末端全链条打击。认真贯彻《英雄烈士保护法》，针对"网络大V"在网上侮辱英烈等行为依法追诉犯罪，并提起民事公益诉讼，坚决捍卫英烈尊严，引领积极向上网络文化。

依法维护信息系统安全和数据安全。依法严惩网络黑客非法侵入、非法控制、破坏计算机信息系统犯罪。加大对关键信息基础设施的司法保护力度。聚焦数字经济发展，大力加强对企业数据产权的司法保护，突出惩治非法获取企业经营数据和网络平台用户数据犯罪，以及网络侵权盗版、侵犯企业商业秘密等犯罪活动，维护企业数据权益和公众利益。

强化网络空间未成年人司法保护。以"零容忍"的态度，依法严厉惩治侵害未成年人权益的网络犯罪。重点惩治利用平台隔空猥亵未成年人、搭建运营涉未成年人色情网站、利用即时通讯工具传播涉未成年人淫秽物品等犯罪活动。发布"骆某猥亵儿童案"指导性案例，确立无身体接触猥亵行为与接触儿童身体猥亵行为同罪追诉原则。对涉嫌网络犯罪的未成年人，坚持依法惩戒和精准帮教，及时教育感化挽救。对受到网络犯罪侵害的未成年人开展多元综合救助保护，同步提供心理抚慰、心理疏导、经济救助、就学帮扶等支持，联合相关部门开展家庭教育指导、督促监护等，助力未成年人回归正常学习生活。

三、健全法律制度，完善法律体系

良法是善治的前提。检察机关适应网络发展形势，把握网络治理规律，积极回应人民群众对良好网络秩序的需求，持续推进完善网络立法，明确法律规则，指引网络行为，规范网络秩序。

推动涉网刑事法律体系建设。积极推动在 1997 年《刑法》中设置非法侵入计算机信息系统罪、破坏计算机信息系统罪及利用计算机实施犯罪的提示性规定等三个专门条款；推动《刑法修正案（七）》增设侵犯公民个人信息罪，非法获取计算机信息系统数据、非法控制计算机信息系统罪，提供用于侵入、非法控制计算机信息系统程序、工具罪；推动《刑法修正案（九）》增设拒不履行信息网络安全管理义务罪、非法利用信息网络罪、帮助信息网络犯罪活动罪和有关单位犯罪规定，构建网络犯罪刑事打击基本框架。及时研究应对网络空间新型法律关系、新型公民权利，制发涉网司法解释和规范性文件，规制各类违法犯罪行为。会同最高人民法院先后制发《关于办理危害计算机信息系统安全刑事案件应用法律若干问题的解释》《关于办理非法利用信息网络、帮助信息网络犯罪活动等刑事案件适用法律若干问题的解释》等司法解释；联合最高人民法院、公安部等出台规定，明确利用互联网实施的电信网络诈骗、传播淫秽信息、开设赌场、网络暴力、寻衅滋事、敲诈勒索、非法经营等刑事案件法律适用规则，明确电子证据收集审查认定规则和信息网络办案程序。网络犯罪刑事法律体系由点及面、由面到体，日益健全。

推进完善涉网综合立法。最高人民检察院积极发挥立法建议作用，配合推动立法机关制定完善《网络安全法》《数据安全法》《个人信息保护法》《反电信网络诈骗法》等多部网络领域立法，推进完善网络空间治理。其中，推动《个人信息保护法》确立人民检察院提起个人信息保护公益诉讼制度。推动《反电信网络诈骗法》明确刑事打击、公益诉讼与综合治理规则，为电信网络诈骗综合惩治提供依据。推动修订《未成年人保护法》，增加第五章"网络保护"专门规定。推动出台《未成年人网络保护条例》，为未成年人营造风清气正网络空间。

四、依法能动履职，促进综合治理

检察机关不断探索在网络强国、数字中国建设总规划中谋划和推进网络法治工作，以更高质量检察履职助力提升我国网络综合实力，促进经济社会高质量发展。

积极开展网络治理领域检察公益诉讼。聚焦危害网络安全、数据安全、个人信息安全，侵害网络用户权益、电子商务消费者权益，利用网络侵害英烈名誉荣誉等突出的公益损害问题，助力涉网公益损害治理和风险预防。2020年至2023年，立案办理个人信息保护公益诉讼案件 1.6 万余件。浙江省杭州市萧山区人民检察院对一起利用"AI 换脸"技术侵害公民个人信息案向杭州互联网法院提起民事公益诉讼，公益损害赔偿金专门用于个人信息保护、人脸深度合成技术不当应用的治理等公益事项。最高人民检察院立案办理外卖骑手权益保护公益诉讼专案，加强与人力资源和社会保障部、全国总工会等单位的协作，督促企业履行用工责任，切实维护新业态劳动者合法权益。针对网络营销、直播带货等新业态涉及食品药品安全的突出问题加强业务指导，促进互联网经济健康发展。

以检察建议推动综合治理。针对网络违法犯罪案件持续增多问题，最高人民检察院围绕网络黑灰产业链条整治、App 违法违规收集个人信息、未成年人网络保护等问题提出治理建议，推动加强网络监督执法，携手推进网络综合治理。各地检察机关结合司法办案，围绕个人信息泄露、空壳公司治理、银行账户监管、落实《反电信网络诈骗法》有关法定职责等问题，向行政主管部门制发检察建议，推进网络治理，实现"办理一案、治理一片"。

数据赋能促网络治理提质增效。检察机关深入实施数字检察战略，开展大数据法律监督，创新参与社会治理措施，切实回应人民群众关注的社会治理难点热点问题。北京检察机关研发涉"两卡"案件大数据法律监督模型，通过大数据分析，追捕追诉漏犯，实现电信网络诈骗犯罪全链条打击治理。内蒙古检察机关研发监督模型，比对排查在校生异常电话号码，督促相关部门依法查处非法买卖电话卡窝点、注销异常电话卡、关停高风险电话账户，从源头上防范在校生沦为电信网络诈骗犯罪"工具人"，实现"数字赋能监督、监督促进治理"良好效果。

五、加强网络普法，弘扬法治精神

检察机关深入贯彻国家普法规划，积极落实"谁执法谁普法"的普法责任制要求，不断创新网络法治宣传内容形式，推出优质网络普法产品，努力让检察网络宣传惠及更广泛社会群体，让尊法学法守法用法日益成为网络空间的广泛共识和基本准则。

大力加强网络普法宣传。 自 1994 年我国全功能接入国际互联网以来，检察机关持续探索运用网络开展普法宣传工作。从最初围绕加入世界贸易组织、规范市场主体、维护市场秩序、建立社会保障等环节，着重抓好社会主义市场经济法制知识的普及，到近年来，各级检察机关主动融入公共议题，紧紧围绕"12·4"国家宪法日、网络安全宣传周、"3·15"国际消费者权益日、"4·15"全民国家安全教育日等重要时间节点开展主题鲜明、内容丰富的网络普法宣传活动，形成线上与线下相结合的网络法治宣传浓厚氛围。检察机关积极适应网络宣传新方式新业态，融合运用虚拟现实（VR）、人工智能（AI）等现代技术，策划推出新媒体创意产品，最高人民检察院打造《反诈精英》《"重返"案发现场》《保护少年的你》等多个传播量过亿的普法作品，显著提升普法宣传吸引力感染力，生动展现法治新面貌、检察新作为。正义网推出"将反网暴进行到底"专题，倡导尊重他人人格、理性文明上网，营造清朗网络空间。

大力加强以案释法。 一个案件胜过一沓文件。检察机关注重宣传鲜活生动的案件，深入阐释案例背后蕴含的法治精神、秩序规则，深刻揭露网络违法犯罪的社会危害及其对社会公众的警示意义，努力使公众更加准确理解法律，更好懂法、用法、守法。最高人民检察院先后以依法惩治计算机网络犯罪、人格权刑事司法保护、严惩网络暴力违法犯罪活动、惩治电信网络诈骗及其关联犯罪、惩治涉网黑恶势力犯罪等为主题发布多批指导性案例和典型案例。针对取快递女子被造谣出轨案、对未成年人隔空猥亵案、网络大 V 侮辱英烈案、高考女生徐某被电信诈骗案等热点网络犯罪案件，强化解读宣传，凝聚法治共识，传递法治精神。

不断深化检务公开。2006 年，最高人民检察院出台意见，要求推进电子检务公开，拓宽公开渠道。2014 年，最高人民检察院开通人民检察院案件信息公开网、"两微一端"，开启全国检察机关"互联网+"新时代。2015 年，最高人民检察院发布意见，要求全面推进检务公开，打造集检察门户网站、新闻客户端、手机应用软件等于一体的互联互通平台。2016 年，全国检察机关实现"两微一端"全覆盖。2018 年，最高人民检察院建成"一网通办"的 12309 中国检察网，为检务公开提供主要依托。截至 2023 年底，最高人民检察院已相继入驻新闻客户端、视频号等 19 个新媒体平台，总粉丝数超过 5800 万。各级检察机关充分运用检务公开平台，发布白皮书、类案报告、通报检察办案情况等，网络法治宣传更加深入。

六、强化网络法治研究，促进网络法治发展

推动网络法治重大理论问题克难攻坚。最高人民检察院将"网络法治"作为研究重点，设立检察理论与应用课题，推动形成了一大批有学术影响力、社会影响力的网络法治研究成果，深化了

对网络法治重大理论和实践问题的研究，为检察机关加强在网络领域的履职作为提供了理论支撑。

建设网络法治学术平台。最高人民检察院网络犯罪研究中心打造"网络犯罪检察研究"学术品牌，出版《网络犯罪检察论（第1—4卷）》《网络犯罪实体法研究》《网络犯罪程序法研究》等多部学术著作。与高校和科研院所联合主办网络犯罪主题检察论坛，与互联网公司合作开展网络犯罪课题研究，理论与实务互动互促。近年来，高质量研究成果不断呈现，为全面推进网络空间法治化提供智慧支撑。

七、开展国际交流合作，凝聚国际社会共识合力

网络空间是人类共同的活动空间，网络空间前途命运应由世界各国共同掌握。世界各国有着加强网络治理的共同需求，运用法治观念、法治思维和法治手段推动互联网发展治理，已经成为全球普遍共识。检察机关积极开展网络法治国际交流合作，与各国携手打击网络犯罪，加强网络空间治理，维护网络空间安全。

大力开展网络犯罪打击治理多边交流合作。检察机关通过上海合作组织成员国总检察长会议、金砖国家总检察长会议、中国—东盟成员国总检察长会议等机制平台，与各成员国相关单位共商打击网络犯罪等问题，不断凝聚国际共识，形成打击治理合力。第十五次上海合作组织成员国总检察长会议签署纪要，强调各成员国携手应对信息安全领域犯罪的挑战和威胁。第四次金砖国家总检察长会议强调，加强检察机关和其他司法执法机关合作，共同打击利用网络虚假信息破坏社会秩序和经济秩序的犯罪行为。第十三届中国—

东盟成员国总检察长会议签署联合声明，推进预防和打击高科技犯罪及跨国犯罪的国际合作。

积极参与打击网络犯罪国际规则构建。网络犯罪是世界各国的共同挑战，很大程度上涉及安全与发展等重大问题，亟需制定打击治理网络犯罪的国际规则。根据联合国大会第 74/247 号决议，各国协商制定关于打击为犯罪目的使用信息和通信技术行为的全面国际公约。最高人民检察院会同多部门积极推进公约谈判，阐明我国依法治网立场做法，为打击治理网络犯罪提供中国方案和中国智慧。检察机关还积极参与《数字经济伙伴关系协定》（DEPA）等区域性协定谈判工作，立足检察职能，服务数字经济领域国际合作。

八、推进检察信息化建设，服务检察工作发展

20 世纪 90 年代初，检察机关成立信息化机构，通过"配设备""建网络""用软件"，初步形成检察信息化雏形，为后期检察机关信息化良好发展奠定了坚实基础。2000 年，最高人民检察院印发《关于在大中城市加快科技强检步伐的决定》，明确提出"向科技要战斗力"，全国各级检察机关掀起"信息技术+检察"的工作浪潮。检察机关研发上线全国检察业务应用系统、检答网、检察听证网等系统。2023 年以来，大力推进法治信息化工程，坚持一网运行、一网通办、一网赋能、一网运维"四个一网"，应用大数据、人工智能等技术，跨部门数据共享和协同办案逐步显现成效，检察信息化向着"高质效保障检察工作开展"目标迈进。检察信息化发展立足数据赋能，坚持"业务主导、数据整合、技术支撑、重在应用"的十六字方针，深入实施数字检察战略。以"数据为主线"，做实数据基

础、做厚底层平台、做强顶层应用、做大创新生态，以"分层解耦"构建数据融合、随需应变、快速迭代的信息化发展格局，打造"厚平台、强应用"的信息化构架，建设完善"易"办案、"慧"监督、"强"管理、"善"服务的信息化应用体系。

下一步，检察机关将深入贯彻习近平法治思想和习近平总书记关于网络强国的重要思想，在更高起点上谋划推进网络法治工作。持续完善网络法律体系建设。围绕网络立法重点领域，注重通过类案监督提出相关立法建议，积极提供司法实践样本，推动网络法律制度和司法规则的创新和生成，推动立法机关和行业主管部门加快制定修订涉网法律法规。以司法办案维护网络空间安全。聚焦维护网络系统安全、数据安全，依法加大对危害计算机信息系统安全犯罪的惩治力度。聚焦人民群众反映强烈的网络犯罪，始终保持对网络贩卖枪爆、网络贩毒、网络淫秽色情、网络赌博等犯罪活动的严打态势。加强对新技术新业态相关法律问题的前瞻研究，强化安全风险综合研判，准确把握创新发展与违法犯罪的界限，及时发现、精准惩治以新技术新业态为幌子实施的各类犯罪活动。协同推进网络空间综合治理。充分发挥公益诉讼检察维护国家利益和社会公共利益的职能作用。积极履行行政检察监督职责，加大对涉互联网行政诉讼案件的监督力度。深入实施数字检察战略，以大数据应用促进法律监督，推进网络空间治理。积极落实"谁执法谁普法"普法责任制。深入落实"八五"普法规划，结合检察办案，宣传解读《网络安全法》《数据安全法》《个人信息保护法》《反电信网络诈骗法》《未成年人网络保护条例》等网络领域法律法规。线上线下多元融合宣传，提升全社会网络法治意识，最大限度凝聚全社会法治共识。

附录二

中国网络法治三十年大事记

1994 年

1994 年 2 月 18 日，国务院发布《中华人民共和国计算机信息系统安全保护条例》，自发布之日起施行。该条例是具有标志性意义的网络领域专门行政法规，规定了我国计算机信息系统安全保护范围、安全保护制度、安全监督和法律责任等。

1994 年 4 月 20 日，中国接入国际互联网的 64K 国际专线开通，实现与国际互联网的全功能连接。

1994 年 5 月 15 日，中国科学院高能物理研究所设立国内第一个 Web 服务器，推出中国第一套网页。

1994 年 6 月 8 日，国务院办公厅发布《关于"三金工程"有关问题的通知》。"三金工程"，即金桥、金关、金卡工程。

1995 年

1995 年 1 月，原邮电部电信总局在北京、上海开通两个接入互联网节点，开始向社会提供互联网接入服务。

1995 年 1 月 9 日，原邮电部发布《通信设备进网质量认证管理暂行办法》，自发布之日起施行。该办法明确对接入公用电信网的通信设备实行质量认证，未经质量认证的设备不得进入公用电信网。

1995 年 9 月 28 日，中国共产党第十四届中央委员会第五次全体会议通过《中共中央关于制定国民经济和社会发展"九五"计划和 2010 年远景目标的建议》，首次提出"加快国民经济信息化进程"战略任务。

1995 年 11 月 14 日，原邮电部发布《电信终端设备进网审批管理规定》，自发布之日起施行。该规定明确对接入国家通信网使用的电信终端设备实行进网许可证制度，并规定进网审批程序、进网许可证管理、监督检查等。

1995 年 11 月 15 日，原邮电部发布《通信工程建设标准管理办法》，自发布之日起施行。该办法提出依照国家标准、行业标准规范通信工程建设，并规定相关标准的计划、制定、审批发布等。

1996 年

1996 年 1 月，中国公用计算机互联网（CHINANET）全国骨干网建成并正式开通，全国范围的公用计算机互联网络开始提供服务。

1996 年 2 月 1 日，国务院发布《中华人民共和国计算机信息网络国际联网管理暂行规定》，自发布之日起施行。该规定明确计算机信息网络国际联网、互联网络、接入网络的定义，并规定了国际联网管理、接入等制度。

1996 年 4 月 16 日，原国务院信息化工作领导小组成立。该领导小组是国务院负责全国信息化工作的议事协调机构。

1996 年 8 月，原国家计划委员会正式批准金桥一期工程立项，并将金桥一期工程列为"九五"期间国家重大续建工程项目。

1997 年

1997 年 3 月 14 日，中华人民共和国第八届全国人民代表大会第五次会议修订《中华人民共和国刑法》，自 1997 年 10 月 1 日起施行。此次修订增加了非法侵入计算机信息系统罪和破坏计算机信息系统罪。

1997 年 5 月 30 日，原国务院信息化工作领导小组办公室发布《中国互联网络域名注册暂行管理办法》，自发布之日起施行。该办法确立了中国互联网域名体系结构和管理制度。

1997 年 9 月 12—18 日，中国共产党第十五次全国代表大会举行。大会通过的报告《高举邓小平理论伟大旗帜，把建设有中国特色社会主义事业全面推向二十一世纪》，强调"依法治国，建设社会主义法治国家"，提出"改造和提高传统产业，发展新兴产业和高技术产业，推进国民经济信息化"。

1997 年 10 月，中国公用计算机互联网（CHINANET）实现与中国科技网（CSTNET）、中国教育和科研计算机网（CERNET）和中国金桥信息网（CHINAGBN）互联互通。

1997 年 12 月 16 日，公安部发布由国务院批准的《计算机信息网络国际联网安全保护管理办法》，自 1997 年 12 月 30 日起施行。该办法明确计算机信息网络国际联网安全保护原则要求，规定计算机信息网络国际联网的安全保护责任、安全监督、法律责任等。

1998 年

1998 年 3 月 10 日，中华人民共和国第九届全国人民代表大会第一次会议通过《关于国务院机构改革方案的决定》，在原邮电部和原电子工业部的基础上组建原信息产业部。

1999 年

1999 年 3 月 15 日，中华人民共和国第九届全国人民代表大会第二次会议通过《中华人民共和国宪法修正案》，自公布之日起施行。该修正案将"中华人民共和国实行依法治国，建设社会主义法治国家"写入宪法。

1999 年 11 月 8 日，国务院公布《关于全面推进依法行政的决定》。该决定明确了加强政府法制建设、全面推进依法行政总的指导思想和要求，并对加强政府立法工作、加大行政执法力度、强化行政执法监督等作出重要部署。

1999 年 12 月 23 日，国务院办公厅印发《关于成立国家信息化工作领导小组的通知》，成立国家信息化工作领导小组，明确其主要职责、组成等，并规定具体工作由原信息产业部承担。

2000 年

2000 年 9 月 25 日，国务院公布《中华人民共和国电信条例》，自公布之日起施行。该条例明确电信业务许可、电信网间互联、电信资费、电信资源等规定。

2000 年 9 月 25 日，国务院公布《互联网信息服务管理办法》，自公布之日起施行。该办法明确对经营性互联网信息服务实行许可制度，对非经营性互联网信息服务实行备案制度，规定了互联网信息服务提供者的信息安全义务。

2000 年 11 月 6 日，国务院新闻办公室、原信息产业部发布《互联网站从事登载新闻业务管理暂行规定》，自发布之日起施行。

该规定对互联网站从事登载新闻业务作出规范。

2000 年 12 月 28 日，中华人民共和国第九届全国人民代表大会常务委员会第十九次会议通过《全国人民代表大会常务委员会关于维护互联网安全的决定》，明确了保障互联网的运行安全和信息安全相关规定，确立了刑事责任、行政责任和民事责任三位一体的网络安全责任体系框架。

2001 年

2001 年 3 月 15 日，中华人民共和国第九届全国人民代表大会第四次会议批准《中华人民共和国国民经济和社会发展第十个五年计划纲要》，提出要按照应用主导、面向市场、网络共建、资源共享、技术创新、竞争开放的发展思路，努力实现我国信息产业的跨越式发展，加速推进信息化，提高信息产业在国民经济中的比重。

2001 年 5 月 25 日，中国互联网协会成立。

2001 年 7 月 11 日，中共中央举办关于运用法律手段保障和促进信息网络健康发展的专题学习。江泽民同志强调，"要充分认识依法保障和促进信息网络健康发展的重要性"，"要加强和完善信息网络立法"，"要加强信息网络方面的执法和司法"，"要积极参与国际信息网络方面规则的制定"，"要加强信息网络管理人才的培养"。

2001 年 8 月，国家计算机网络应急技术处理协调中心（CNCERT）成立，开展互联网网络安全事件的预防、发现、预警和协调处置等工作，维护公共互联网安全，保障关键信息基础设施的安全运行。

2001 年 12 月 11 日，国务院公布《外商投资电信企业管理规定》，自 2002 年 1 月 1 日起施行。该规定明确了外商投资电信企业的设立条件、许可程序、法律责任等。

2001 年 12 月 11 日，中国加入世界贸易组织。

2002 年

2002 年 6 月 27 日，原新闻出版总署、原信息产业部公布《互联网出版管理暂行规定》，自 2002 年 8 月 1 日起施行。该规定明确了互联网出版的定义、行政审批与监督管理、互联网出版机构的权利和义务、法律责任等。

2002 年 8 月 5 日，中共中央办公厅、国务院办公厅转发《国家信息化领导小组关于我国电子政务建设指导意见》。该指导意见确定了电子政务建设的指导思想和原则、主要目标和任务以及加快电子政务建设的主要措施。

2002 年 9 月，中国法学会信息法学研究会成立，后于 2015 年 11 月更名为中国法学会网络与信息法学研究会。

2002 年 9 月 29 日，国务院公布《互联网上网服务营业场所管理条例》，自 2002 年 11 月 15 日起施行。该条例明确了互联网上网服务营业场所经营单位的设立与经营要求、法律责任等。

2002 年 11 月 8—14 日，中国共产党第十六次全国代表大会举行。大会通过的报告《全面建设小康社会，开创中国特色社会主义事业新局面》，强调"推进政治体制改革，发展民主，健全法制，依法治国，建设社会主义法治国家"，"发展社会主义民主政治，最根本的是要把坚持党的领导、人民当家作主和依法治国有机

统一起来"，"实行依法治国和以德治国相结合"，"互联网站要成
为传播先进文化的重要阵地"。

2003 年

2003 年 5 月 10 日，原文化部发布《互联网文化管理暂行规
定》，自 2003 年 7 月 1 日起施行。该规定明确互联网文化产品和互
联网文化活动的内涵，将互联网文化活动分为经营性和非经营性两
类，明确申请设立互联网文化单位的条件和程序，并规定互联网文
化产品的内容要求、法律责任等。

2003 年 8 月，国务院正式批复启动"中国下一代互联网示范
工程"（CNGI），标志着我国进入下一代互联网的大规模研发和建
设阶段。

2003 年 9 月 7 日，中共中央办公厅、国务院办公厅转发《国
家信息化领导小组关于加强信息安全保障工作的意见》。该意见明
确了加强信息安全保障工作的总体要求和主要原则，并对实行信息
安全等级保护、加强以密码技术为基础的信息保护和网络信任体系
建设、重视信息安全应急处理工作等提出具体要求。

2004 年

2004 年 7 月 30 日，湖南省第十届人民代表大会常务委员会第
十次会议通过《湖南省信息化条例》，自 2004 年 10 月 1 日起施行。
该条例是我国信息化方面具有代表性的地方性法规。

2004 年 8 月 28 日，中华人民共和国第十届全国人民代表大会
常务委员会第十一次会议通过《中华人民共和国电子签名法》，自

2005 年 4 月 1 日起施行。该法明确电子签名、数据电文的法律效力，设立电子认证服务市场准入制度，规定电子签名安全保障制度等。

2004 年 12 月 23 日，我国国家顶级域名".CN"服务器的 IPv6 地址成功登录到全球域名根服务器，标志着 CN 域名服务器接入 IPv6 网络，支持 IPv6 网络用户的 CN 域名解析。

2005 年

2005 年 4 月 29 日，国家版权局、原信息产业部公布《互联网著作权行政保护办法》，自 2005 年 5 月 30 日起施行。该办法对互联网著作权行政保护中的通知和反通知制度、法律责任等作出规定。

2005 年 8 月 28 日，中华人民共和国第十届全国人民代表大会常务委员会第十七次会议通过《中华人民共和国治安管理处罚法》，自 2006 年 3 月 1 日起施行。该法将非法侵入计算机信息系统，故意制作、传播计算机病毒等破坏性程序以及利用计算机信息网络传播淫秽信息等行为纳入治安管理处罚范围。

2005 年 9 月 25 日，国务院新闻办公室、原信息产业部公布《互联网新闻信息服务管理规定》，自公布之日起施行。该规定明确国务院新闻办公室主管全国的互联网新闻信息服务监督管理工作，并规定了互联网新闻信息服务单位的设立要求、互联网新闻信息服务规范、监督管理、法律责任等。

2005 年 12 月 13 日，公安部发布《互联网安全保护技术措施规定》，自 2006 年 3 月 1 日起施行。该规定明确了互联网服务提供者、联网使用单位落实互联网安全保护技术措施的要求及公安机关公共信息网络安全监察部门对互联网安全保护技术措施落实情况的监管职责等。

2006 年

2006 年 2 月 20 日，原信息产业部公布《互联网电子邮件服务管理办法》，自 2006 年 3 月 30 日起施行。该办法标志着我国反垃圾邮件立法迈出重要步伐。

2006 年 3 月 14 日，中华人民共和国第十届全国人民代表大会第四次会议批准《中华人民共和国国民经济和社会发展第十一个五年规划纲要》，指出要"构建下一代互联网，加快商业化应用。制定和完善网络标准，促进互联互通和资源共享"，"加强基础信息网络和国家重要信息系统的安全防护"。

2006 年 5 月 18 日，国务院公布《信息网络传播权保护条例》，自 2006 年 7 月 1 日起施行。该条例明确了对著作权人、表演者、录音录像制作者信息网络传播权的保护，并对权利人权益保护、权利限制、"通知与删除"侵权纠纷处理程序以及网络服务提供者责任免除等方面作出具体规定。

2007 年

2007 年 1 月 23 日，十六届中央政治局就"世界网络技术发展和我国网络文化建设与管理"进行第三十八次集体学习。胡锦涛同志强调，"要坚持依法管理、科学管理、有效管理，综合运用法律、行政、经济、技术、思想教育、行业自律等手段，加快形成依法监管、行业自律、社会监督、规范有序的互联网信息传播秩序，切实维护国家文化信息安全"。

2007 年 4 月 5 日，国务院公布《中华人民共和国政府信息公开条例》，自 2008 年 5 月 1 日起施行。该条例明确政府信息公开的主体、范围、方式、程序、监督和保障等，规定行政机关应当建立健全政府信息发布机制，将主动公开的政府信息通过政府公报、政府网站或者其他互联网政务媒体、新闻发布会以及报刊、广播、电视等途径予以公开。

2007 年 4 月 14 日，我国成功发射第一颗北斗二号导航卫星，正式开始独立自主建设我国第二代卫星导航系统。

2007 年 6 月 1 日，中共中央办公厅、国务院办公厅印发《关于加强网络文化建设和管理的意见》。该意见明确加强网络空间思想引领、网络空间文化培育、网络空间道德建设、网络空间行为规范、网络空间生态治理、网络空间文明创建等要求。

2007 年 6 月 22 日，公安部、国家保密局、国家密码管理局、原国务院信息化工作办公室联合印发《信息安全等级保护管理办法》，自发布之日起施行。该办法明确信息系统的安全保护等级划分与具体要求，并规定等级保护的实施与管理、涉及国家秘密信息系统的分级保护管理、信息安全等级保护的密码管理、法律责任等。

2007 年 9 月 30 日，国家电子政务网络中央级传输骨干网网络正式开通。

2007 年 10 月 15—21 日，中国共产党第十七次全国代表大会举行。大会通过的报告《高举中国特色社会主义伟大旗帜　为夺取全面建设小康社会新胜利而奋斗》，强调"扩大社会主义民主，建设社会主义法治国家"，"坚持依法治国基本方略，树立社会主义法治理念，实现国家各项工作法治化"，"深入开展法制宣传教育，弘扬法治精神，形成自觉学法守法用法的社会氛围"，"加强网络文化建设和管理，营造良好网络环境"。

2007 年 12 月，中共中央办公厅、国务院办公厅印发《国民经济和社会发展信息化"十一五"规划》，全面部署"十一五"时期我国信息化发展的主要任务，明确加快推进信息化与工业化融合的发展重点。

2007 年 12 月 20 日，原国家广播电影电视总局、原信息产业部发布《互联网视听节目服务管理规定》，自 2008 年 1 月 31 日起施行。该规定明确了申请从事互联网视听节目服务的条件、视听节目的内容要求，及对用户、著作权人和互联网视听节目服务单位合法权益的保护等。

2008 年

截至 2008 年 6 月 30 日，我国网民规模达到 2.53 亿，跃居世界第一。

2008 年 12 月 18 日，北京市朝阳区人民法院对社会关注的"人肉搜索"典型案件作出一审判决，认定相关网站侵害当事人隐私权和名誉权。

2009 年

2009 年 1 月 7 日，工业和信息化部为中国移动、中国电信和中国联通发放 3G 牌照，我国正式进入 3G 时代。

2009 年 2 月 28 日，中华人民共和国第十一届全国人民代表大会常务委员会第七次会议通过《中华人民共和国刑法修正案（七)》，自公布之日起施行。该修正案增设非法获取计算机信息系统数据、非法控制计算机信息系统罪和提供侵入、非法控制计算机信息系统程序、工具罪。

2009 年 3 月 1 日，工业和信息化部公布《电信业务经营许可管理办法》，自 2009 年 4 月 10 日起施行。该办法增设"经营行为的规范"专章，调整电信企业的竞争与合作行为，规定了网站接入服务提供者的义务、违法行为记录、市场监测制度等，并规定了电信市场退出条件和审批程序。

2009 年 12 月 26 日，中华人民共和国第十一届全国人民代表大会常务委员会第十二次会议通过《中华人民共和国侵权责任法》，自 2010 年 7 月 1 日起施行。该法对网络侵权责任作出规定。

2010 年

2010 年 5 月 31 日，原国家工商行政管理总局公布《网络商品交易及有关服务行为管理暂行办法》，自 2010 年 7 月 1 日起施行。该办法规定了网络商品经营者和网络服务经营者的义务，设专章规范提供网络交易平台服务的经营者的义务，并明确了监督管理与法律责任。

2010 年 6 月 8 日，国务院新闻办公室发表《中国互联网状况》白皮书。该白皮书阐明中国政府关于互联网"积极利用、科学发展、依法管理、确保安全"的基本政策。

2010 年 6 月 25 日，第 38 届互联网名称与编号分配机构

（ICANN）年会决议通过，将"·中国"域名纳入全球互联网根域名体系。7月，"·中国"域名正式写入全球互联网根域名系统（DNS）。

2011 年

2011 年 3 月 14 日，中华人民共和国第十一届全国人民代表大会第四次会议批准的《全国人民代表大会常务委员会工作报告》，提出"以宪法为统帅，以宪法相关法、民法商法等多个法律部门的法律为主干，由法律、行政法规、地方性法规等多个层次的法律规范构成的中国特色社会主义法律体系已经形成"。

2011 年 5 月，国家互联网信息办公室成立。

2011 年 12 月 23 日，国务院常务会议研究部署加快发展我国下一代互联网产业，明确今后一个时期我国发展下一代互联网的路线图和主要目标。

2011 年 12 月 29 日，工业和信息化部公布《规范互联网信息服务市场秩序若干规定》，自 2012 年 3 月 15 日起施行。该规定明确侵犯其他互联网信息服务提供者或用户合法权益的禁止情形，规范了互联网服务或产品评测、广告窗口弹出等行为。

2012 年

2012 年 1 月，由我国政府主导、电信科学技术研究院拥有核心基础专利的第四代移动通信技术 TD-LTE-Advanced 被国际电信联盟确定成为第四代移动通信国际标准，正式成为两大 4G 国际标准之一。

2012 年 7 月 19 日，中国互联网络信息中心（CNNIC）发布

《第30次中国互联网络发展状况统计报告》显示，截至2012年6月底，中国手机网民规模达到3.88亿，手机首次超越台式电脑成为中国网民第一大上网终端。

2012年11月8—14日，中国共产党第十八次全国代表大会举行。大会通过的报告《坚定不移沿着中国特色社会主义道路前进 为全面建成小康社会而奋斗》，指出"依法治国基本方略全面落实，法治政府基本建成"，强调"全面推进依法治国"，"加快形成党委领导、政府负责、社会协同、公众参与、法治保障的社会管理体制"，"建设下一代信息基础设施，发展现代信息技术产业体系，健全信息安全保障体系，推进信息网络技术广泛运用"，"加强和改进网络内容建设，唱响网上主旋律。加强网络社会管理，推进网络依法规范有序运行"，"高度关注海洋、太空、网络空间安全"。

2012年12月28日，中华人民共和国第十一届全国人民代表大会常务委员会第三十次会议通过《全国人民代表大会常务委员会关于加强网络信息保护的决定》，自公布之日起施行。该决定对公民个人电子信息保护、治理垃圾电子信息、网络身份管理以及网络服务提供者和网络用户的义务与责任、政府有关部门的监管职责等作出了明确规定，为加强网络信息保护提供了法律依据。

2013 年

2013年11月12日，中国共产党第十八届中央委员会第三次全体会议通过《中共中央关于全面深化改革若干重大问题的决定》。该决定提出"坚持积极利用、科学发展、依法管理、确保安全的方针，加大依法管理网络力度，加快完善互联网管理领导体制，确保国家网络和信息安全"。

2013 年 12 月 4 日，工业和信息化部向中国移动、中国电信和中国联通颁发"LTE/第四代数字蜂窝移动通信业务（TD-LTE）"经营许可。

2013 年 12 月 17 日，北京市高级人民法院审结北京百度网讯科技有限公司、百度在线网络技术（北京）有限公司诉北京奇虎科技有限公司、奇智软件（北京）有限公司不正当竞争纠纷案，认定涉案插标与搜索框相关行为构成不正当竞争，判决驳回上诉，维持原判。

2014 年

2014 年 2 月 27 日，习近平总书记主持召开中央网络安全和信息化领导小组第一次会议并发表重要讲话，强调"网络安全和信息化是事关国家安全和国家发展、事关广大人民群众工作生活的重大战略问题，要从国际国内大势出发，总体布局，统筹各方，创新发展，努力把我国建设成为网络强国"，"要抓紧制定立法规划，完善互联网信息内容管理、关键信息基础设施保护等法律法规，依法治理网络空间，维护公民合法权益"。

2014 年 5 月 4 日，最高人民法院、最高人民检察院、公安部发布《关于办理网络犯罪案件适用刑事诉讼程序若干问题的意见》，对网络犯罪案件的范围、管辖、跨地域取证、电子数据的取证与审查等问题作了规定。

2014 年 8 月 26 日，国务院发布《关于授权国家互联网信息办公室负责互联网信息内容管理工作的通知》，授权重新组建的国家互联网信息办公室负责全国互联网信息内容管理工作，并负责监督管理执法。

2014年10月16日，最高人民法院宣判上诉人北京奇虎科技有限公司与被上诉人腾讯科技（深圳）有限公司、深圳市腾讯计算机系统有限公司滥用市场支配地位纠纷一案，认定腾讯旗下的QQ并不具备市场支配地位，驳回上诉，维持原判。

2014年10月23日，中国共产党第十八届中央委员会第四次全体会议通过《中共中央关于全面推进依法治国若干重大问题的决定》，明确"加强互联网领域立法，完善网络信息服务、网络安全保护、网络社会管理等方面的法律法规，依法规范网络行为"。

2014年11月19—21日，首届世界互联网大会在浙江乌镇举行。国家主席习近平致贺词强调："中国愿意同世界各国携手努力，本着相互尊重、相互信任的原则，深化国际合作，尊重网络主权，维护网络安全，共同构建和平、安全、开放、合作的网络空间，建立多边、民主、透明的国际互联网治理体系。"

2014年11月24日，首届国家网络安全宣传周启动。

2015 年

2015年1月6日，国务院印发《关于促进云计算创新发展培育信息产业新业态的意见》，明确促进我国云计算创新发展的基本原则、发展目标、主要任务及保障措施等。

2015年4月17日，国家版权局办公厅发布《关于规范网络转载版权秩序的通知》，明确互联网媒体转载他人作品行为、建立健全本单位版权管理制度等方面要求。

2015 年 7 月 1 日，中华人民共和国第十二届全国人民代表大会常务委员会第十五次会议通过《中华人民共和国国家安全法》，自公布之日起施行。该法明确国家建设网络与信息安全保障体系，加强网络管理，维护国家网络空间主权、安全和发展利益。

2015 年 7 月 1 日，国务院印发《关于积极推进"互联网+"行动的指导意见》，明确积极推进"互联网+"行动的总体思路、基本原则和发展目标，确立"互联网+"创业创新、"互联网+"协同制造等重点行动，提出夯实发展基础、强化创新驱动等保障支撑措施。

2015 年 8 月 29 日，中华人民共和国第十二届全国人民代表大会常务委员会第十六次会议通过《中华人民共和国刑法修正案（九）》，自 2015 年 11 月 1 日起施行。该修正案增设拒不履行信息网络安全管理义务罪、非法利用信息网络罪、帮助信息网络犯罪活动罪，增设了第二百八十五条、第二百八十六条中有关单位犯罪的规定。

2015 年 8 月 31 日，国务院印发《促进大数据发展行动纲要》，是指导我国大数据发展的国家顶层设计和总体部署。

2015 年 10 月 14 日，国家版权局印发《关于规范网盘服务版权秩序的通知》，自印发之日起施行。该通知对加强网盘版权管理作出规定，进一步明确了网盘服务商在提供网盘服务中应当履行的义务和承担的责任。

2015 年 10 月 29 日，中国共产党第十八届中央委员会第五次全体会议通过《中共中央关于制定国民经济和社会发展第十三个五年规划的建议》，提出"实施国家大数据战略，推进数据资源开放共享"，"实施网络强国战略，加快构建高速、移动、安全、泛在的新一代信息基础设施"。

2015年12月16日，第二届世界互联网大会在浙江省乌镇开幕。国家主席习近平出席开幕式并发表主旨演讲，提出推进全球互联网治理体系变革的"四项原则"和构建网络空间命运共同体的"五点主张"。

2015年12月27日，中华人民共和国第十二届全国人民代表大会常务委员会第十八次会议通过《中华人民共和国反恐怖主义法》，自2016年1月1日起施行。该法明确电信业务经营者、互联网服务提供者依法落实网络安全、信息内容监督制度和安全技术防范措施等义务，以及网信、电信、公安、国家安全等主管部门的管理职责。

2016 年

2016年1月15日，贵州省第十二届人民代表大会常务委员会第二十次会议通过《贵州省大数据发展应用促进条例》，自2016年3月1日起施行。该条例是我国具有代表性的大数据地方性法规。

2016年2月4日，原国家新闻出版广电总局、工业和信息化部公布《网络出版服务管理规定》，自2016年3月10日起施行。该规定明确了网络出版服务许可、网络出版服务管理、监督管理、保障与奖励、法律责任等。

2016 年 4 月 19 日，习近平总书记主持召开网络安全和信息化工作座谈会并发表重要讲话，强调"推动我国网信事业发展，让互联网更好造福人民"，"建设网络良好生态，发挥网络引导舆论、反映民意的作用"，"尽快在核心技术上取得突破"，"正确处理安全和发展的关系"，"增强互联网企业使命感、责任感，共同促进互联网持续健康发展"，"聚天下英才而用之，为网信事业发展提供有力人才支撑"。

2016 年 7 月 27 日，交通运输部、工业和信息化部、公安部、商务部、原国家工商行政管理总局、原国家质量监督检验检疫总局、国家互联网信息办公室公布《网络预约出租汽车经营服务管理暂行办法》，自 2016 年 11 月 1 日起施行。该办法明确平台公司承运人责任及平台公司、车辆和驾驶员应该具备的条件，并规定平台公司经营行为、车辆报废、驾驶员专兼职从业、部门联合监管、法律责任等事项。

2016 年 9 月 20 日，北京市大兴区人民法院宣判邱少云烈士之弟邱少华诉孙某、加多宝（中国）饮料有限公司一般人格权纠纷案，判决二被告发布赔礼道歉公告，消除影响。

2016 年 10 月，中央网信办、国家发展改革委、国务院扶贫办联合印发《网络扶贫行动计划》，确立了网络扶贫的指导思想、基本原则和目标，提出实施"网络覆盖工程、农村电商工程、网络扶智工程、信息服务工程、网络公益工程"五大工程。

2016 年 10 月 9 日，十八届中央政治局就实施网络强国战略进行第三十六次集体学习，习近平总书记主持学习时强调，加快推进网络信息技术自主创新，加快数字经济对经济发展的推动，加快提高网络管理水平，加快增强网络空间安全防御能力，加快用网络信息技术推进社会治理，加快提升我国对网络空间的国际话语权和规则制定权，朝着建设网络强国目标不懈努力。

2016 年 11 月 4 日，国家版权局办公厅印发《关于加强网络文学作品版权管理的通知》，自印发之日起施行。该通知进一步明确了通过信息网络提供文学作品以及提供相关网络服务的网络服务商在版权管理方面的责任义务，细化了著作权法律法规的相关规定。

2016 年 11 月 7 日，中华人民共和国第十二届全国人民代表大会常务委员会第二十四次会议通过《中华人民共和国网络安全法》，自 2017 年 6 月 1 日起施行。该法是我国第一部全面规范网络安全和信息化的基础性法律，确立了网络空间主权原则、网络安全与信息化发展并重原则等网络安全法的基本原则，明确了网络安全和信息化领域基础制度。

2016 年 11 月 16 日，国家主席习近平在第三届世界互联网大会开幕式上通过视频发表讲话，指出"互联网发展是无国界、无边界的，利用好、发展好、治理好互联网必须深化网络空间国际合作，携手构建网络空间命运共同体"。

2016 年 12 月 15 日，国务院印发《"十三五"国家信息化规划》，强调按照"五位一体"总体布局和"四个全面"战略布局，坚持以惠民为宗旨、全面深化改革、服务国家战略、全球视野发展、安全与发展并重等主要原则。

2016 年 12 月 27 日，国家互联网信息办公室发布《国家网络空间安全战略》，阐明我国关于网络空间发展和安全的重大立场，为我国网络安全工作提供指导。

2017 年

2017 年 1 月，中共中央办公厅、国务院办公厅印发《关于促进移动互联网健康有序发展的意见》。该意见明确促进移动互联网健康有序发展的指导思想、基本原则和重点任务。

2017 年 5 月 2 日，国家互联网信息办公室公布《互联网新闻信息服务管理规定》，自 2017 年 6 月 1 日起施行。该规定对互联网新闻信息服务的管理体制、许可制度及互联网新闻信息服务提供者法律义务等作出了规定。

2017 年 7 月 8 日，国务院印发《新一代人工智能发展规划》。该规划提出面向 2030 年我国新一代人工智能发展的指导思想、战略目标、重点任务和保障措施等，部署构筑我国人工智能发展的先发优势，加快建设创新型国家和世界科技强国。

2017 年 8 月 18 日，杭州互联网法院挂牌成立。

2017 年 10 月 18—24 日，中国共产党第十九次全国代表大会举行。大会通过的报告《决胜全面建成小康社会　夺取新时代中国特色社会主义伟大胜利》，提出"全面依法治国是中国特色社会主义的本质要求和重要保障"，"成立中央全面依法治国领导小组，加强对法治中国建设的统一领导"，"加强互联网内容建设，建立网络综合治理体系，营造清朗的网络空间"。

2017 年 11 月 4 日，中华人民共和国第十二届全国人民代表大会常务委员会第三十次会议修订通过《中华人民共和国反不正当竞争法》，自 2018 年 1 月 1 日起施行。该法增加互联网不正当竞争行为条款，规定经营者不得利用技术手段在互联网领域从事不正当竞争行为。

2018 年

2018 年 3 月，中共中央印发《深化党和国家机构改革方案》，提出组建中央全面依法治国委员会。该方案明确，将中央网络安全和信息化领导小组改为中央网络安全和信息化委员会，委员会的办事机构为中央网络安全和信息化委员会办公室，优化中央网络安全和信息化委员会办公室职责。

2018 年 4 月 20—21 日，习近平总书记出席全国网络安全和信息化工作会议并发表重要讲话，强调我国不仅走出一条中国特色治网之道，而且提出一系列新思想新观点新论断，形成了网络强国战略思想。必须提高网络综合治理能力，形成党委领导、政府管理、企业履责、社会监督、网民自律等多主体参与，经济、法律、技术等多种手段相结合的综合治网格局。

2018 年 8 月 31 日，中华人民共和国第十三届全国人民代表大会常务委员会第五次会议通过《中华人民共和国电子商务法》，自 2019 年 1 月 1 日起施行。该法是我国电子商务领域第一部综合性法律，规定了电子商务经营者权利义务、电子商务合同订立与履行、电子商务争议解决、电子商务促进、法律责任等。

2018 年 9 月 9 日，北京互联网法院挂牌成立。

2018 年 9 月 28 日，广州互联网法院挂牌成立。

2019 年

2019 年 1 月 10 日，国家互联网信息办公室公布《区块链信息服务管理规定》，自 2019 年 2 月 15 日起施行。该规定明确了区块链信息服务与区块链信息服务提供者的定义，对区块链信息服务提供者信息安全主体责任、备案义务、安全评估和配合监督检查义务、法律责任等作出具体规定。

2019 年 6 月 6 日，工业和信息化部向中国电信、中国移动、中国联通、中国广电颁发基础电信业务经营许可证，批准四家企业经营"第五代数字蜂窝移动通信业务"。我国进入 5G 商用时代。

2019 年 8 月 22 日，国家互联网信息办公室公布《儿童个人信息网络保护规定》，自 2019 年 10 月 1 日起施行。该规定明确任何组织和个人不得制作、发布、传播侵害儿童个人信息安全的信息，规定网络运营者、儿童监护人的儿童个人信息保护义务、法律责任等。

2019 年 10 月 26 日，中华人民共和国第十三届全国人民代表大会常务委员会第十四次会议通过《中华人民共和国密码法》，自 2020 年 1 月 1 日起施行。该法明确了密码的定义和核心密码、普通密码和商用密码的分类管理，并规定了列入网络关键设备和网络安全专用产品目录的情形、商用密码服务认证、国家安全审查等内容。

2019 年 10 月 31 日，中国共产党第十九届中央委员会第四次全体会议通过《中共中央关于坚持和完善中国特色社会主义制度　推进国家治理体系和治理能力现代化若干重大问题的决定》，强调建立健全网络综合治理体系，加强和创新互联网内容建设，落实互联网企业信息管理主体责任，全面提高网络治理能力，营造清朗的网络空间。

2019 年 12 月 15 日，国家互联网信息办公室公布《网络信息内容生态治理规定》，自 2020 年 3 月 1 日起施行。该规定明确了正能量信息、不良信息、违法信息的具体范围，强调网络信息内容服务平台应当履行信息内容管理主体责任。

2020 年

2020 年 3 月 30 日，中共中央、国务院印发《关于构建更加完善的要素市场化配置体制机制的意见》，数据作为一种新型生产要素被写入该意见。

2020 年 4 月 13 日，国家互联网信息办公室、国家发展和改革委员会、工业和信息化部、公安部、国家安全部、财政部、商务部、中国人民银行、国家市场监督管理总局、国家广播电视总局、国家保密局、国家密码管理局联合公布《网络安全审查办法》，自 2020 年 6 月 1 日起施行。该办法明确了网络安全审查的申报情形、审查内容和程序等。

2020 年 5 月 28 日，中华人民共和国第十三届全国人民代表大会第三次会议通过《中华人民共和国民法典》，自 2021 年 1 月 1 日起施行。该法典对数据、网络虚拟财产的保护作出原则性规定，并明确利用网络侵害他人民事权益行为的侵权责任。

2020 年 9 月 8 日，我国提出《全球数据安全倡议》，提出应以事实为依据全面客观看待数据安全问题，反对利用信息技术破坏他国关键基础设施、窃取重要数据、从事危害他国国家安全和社会公共利益的行为等。

2020 年 10 月 17 日，中华人民共和国第十三届全国人民代表大会常务委员会第二十二次会议修订通过《中华人民共和国未成年人保护法》，自 2021 年 6 月 1 日起施行。该法修订增设"网络保护"专章，明确未成年人网络保护制度框架。

2020 年 10 月 29 日，中国共产党第十九届中央委员会第五次全体会议通过《中共中央关于制定国民经济和社会发展第十四个五年规划和二〇三五年远景目标的建议》，提出系统布局新型基础设施，加快第五代移动通信、工业互联网、大数据中心等建设；加强网络文明建设，发展积极健康的网络文化；全面加强网络安全保障体系和能力建设。

2020 年 11 月 16—17 日，中央全面依法治国工作会议召开。习近平总书记指出，推进全面依法治国，要坚持党对全面依法治国的领导；要坚持以人民为中心；要坚持中国特色社会主义法治道路；要坚持依宪治国、依宪执政；要坚持在法治轨道上推进国家治理体系和治理能力现代化；要坚持建设中国特色社会主义法治体系；要坚持依法治国、依法执政、依法行政共同推进，法治国家、法治政府、法治社会一体建设；要坚持全面推进科学立法、严格执法、公正司法、全民守法；要坚持统筹推进国内法治和涉外法治；要坚持建设德才兼备的高素质法治工作队伍；要坚持抓住领导干部这个"关键少数"。

2020 年 12 月 1 日，中共中央印发《法治中国建设规划（2020—2025 年）》。该规划以中国特色社会主义法治体系"五大体系"为主体框架，围绕"五大体系"作出具体部署安排。这是新中国成立以来第一部关于法治中国建设的专门规划，是新时代推进全面依法治国的纲领性文件。

同日，中共中央印发《法治社会建设实施纲要（2020—2025

年)》，从推动全社会增强法治观念、健全社会领域制度规范、加强权利保护、推进社会治理法治化、依法治理网络空间五个方面明确了当前法治社会建设的重点内容，作出具体部署。

2020 年 12 月 24 日，浙江省第十三届人民代表大会常务委员会第二十六次会议通过《浙江省数字经济促进条例》，自 2021 年 3 月 1 日起施行。该条例是我国具有代表性的以促进数字经济发展为主题的地方性法规。

2021 年

2021 年 1 月 22 日，最高人民检察院印发《人民检察院办理网络犯罪案件规定》，自发布之日起施行。该规定对惩治网络犯罪的办案技术融合、一体协作办案等机制建设提出了具体要求。

2021 年 4 月 10 日，国家市场监督管理总局依法对阿里巴巴集团控股有限公司在中国境内网络零售平台服务市场实施"二选一"的垄断行为作出行政处罚。

2021 年 6 月，中共中央、国务院转发《中央宣传部、司法部关于开展法治宣传教育的第八个五年规划（2021—2025 年）》，强调拓展普法网络平台，以互联网思维和全媒体视角深耕智慧普法，创新普法方法手段，建设融"报、网、端、微、屏"于一体的全媒体法治传播体系，使互联网变成普法创新发展的最大增量。

2021 年 6 月 10 日，中华人民共和国第十三届全国人民代表大会常务委员会第二十九次会议通过《中华人民共和国数据安全法》，自 2021 年 9 月 1 日起施行。该法是我国首部数据安全领域的基础性立法，明确建立健全数据分类分级保护、风险监测预警和应急处置、数据安全审查等制度，对支持促进数据安全与发展的措施、推进政务数据安全与开放等作出规定。

2021 年 7 月 30 日，国务院公布《关键信息基础设施安全保护条例》，自 2021 年 9 月 1 日起施行。该条例明确对关键信息基础设施开展重点保护，及时监测、防御、处置来源于境内外的网络安全风险和威胁，保护其免受攻击、侵入、干扰和破坏，并依法惩治有关违法犯罪活动。

2021 年 8 月，中共中央、国务院印发《法治政府建设实施纲要（2021—2025 年）》，确定了法治政府建设的指导思想、主要原则与总体目标，提出健全政府机构职能体系、依法行政制度体系、行政决策制度体系等内容。

2021 年 8 月 16 日，国家互联网信息办公室、国家发展和改革委员会、工业和信息化部、公安部、交通运输部联合发布《汽车数据安全管理若干规定（试行）》，自 2021 年 10 月 1 日起施行。该规定提出开展汽车数据处理活动的原则，明确汽车数据处理者的一般要求、个人信息保护责任、重要数据处理要求等。

2021 年 8 月 20 日，中华人民共和国第十三届全国人民代表大会常务委员会第三十次会议通过《中华人民共和国个人信息保护法》，自 2021 年 11 月 1 日起施行。该法是我国第一部个人信息保护专门法律，细化完善个人信息保护原则和个人信息处理规则，依法规范国家机关处理个人信息的活动，赋予个人信息主体多项权利，强化个人信息处理者义务，健全个人信息保护工作机制，设置严格的法律责任。

2021 年 9 月 29 日，浙江省第十三届人民代表大会常务委员会第三十一次会议通过《浙江省电子商务条例》，自 2022 年 3 月 1 日起施行。该条例是我国具有代表性的电子商务领域地方性法规。

2021 年 10 月 18 日，十九届中央政治局就推动我国数字经济健康发展进行第三十四次集体学习。习近平总书记强调，要站在统筹中华民族伟大复兴战略全局和世界百年未有之大变局的高度，统筹国内国际两个大局、发展安全两件大事，充分发挥海量数据和丰富应用场景优势，促进数字技术与实体经济深度融合，赋能传统产业转型升级，催生新产业新业态新模式，不断做强做优做大我国数字经济。

2021 年 11 月 1 日，中国正式申请加入《数字经济伙伴关系协定》（DEPA）。

2021 年 11 月 19 日，习近平总书记致信祝贺首届中国网络文明大会召开，强调要坚持发展和治理相统一、网上和网下相融合，广泛汇聚向上向善力量。各级党委和政府要担当责任，网络平台、社会组织、广大网民等要发挥积极作用，共同推进文明办网、文明用网、文明上网，以时代新风塑造和净化网络空间，共建网上美好精神家园。

2021 年 12 月，中央网络安全和信息化委员会印发《"十四五"国家信息化规划》，对我国"十四五"时期信息化发展作出部署安排，确定了建设泛在智联的数字基础设施体系、建立高效利用的数据要素资源体系等重大任务，以及全民数字素养与技能提升、企业数字能力提升等优先行动。

2021 年 12 月 3 日，国家宗教事务局、国家互联网信息办公室、工业和信息化部、公安部、国家安全部联合公布《互联网宗教信息服务管理办法》，自 2022 年 3 月 1 日起施行。该办法明确互联网宗教信息服务许可制度、管理制度及法律责任等。

2021 年 12 月 3 日，湖南省第十三届人民代表大会常务委员会第二十七次会议通过《湖南省网络安全和信息化条例》，自 2022 年 1 月 1 日起施行。该条例是我国具有代表性的网络安全和信息化综合性地方性法规。

2021 年 12 月 31 日，国家互联网信息办公室、工业和信息化部、公安部、国家市场监督管理总局联合公布《互联网信息服务算法推荐管理规定》，自 2022 年 3 月 1 日起施行。该规定明确了算法推荐服务提供者的信息服务规范、用户权益保护及相关监督管理制度。

2022 年

2022 年 2 月，全国一体化大数据中心体系完成总体布局设计，"东数西算"工程正式全面启动。

2022 年 6 月 6 日，国务院印发《关于加强数字政府建设的指导意见》。该意见提出数字政府建设工作目标、重点任务，成立数字政府建设工作领导小组。

2022 年 6 月 24 日，中华人民共和国第十三届全国人民代表大会常务委员会第三十五次会议通过《全国人民代表大会常务委员会关于修改〈中华人民共和国反垄断法〉的决定》，自 2022 年 8 月 1 日起施行。该决定明确经营者不得利用数据和算法、技术、资本优势以及平台规则等从事垄断行为。

2022 年 7 月 7 日，国家互联网信息办公室公布《数据出境安全评估办法》，自 2022 年 9 月 1 日起施行。该办法规定了数据出境安全评估的范围、条件和程序，提出数据出境安全评估坚持事前评估和持续监督相结合、风险自评估与安全评估相结合等原则。

2022 年 7 月 12 日，世界互联网大会召开成立大会，正式宣告成为国际组织。国家主席习近平致贺信指出，成立世界互联网大会国际组织，是顺应信息化时代发展潮流、深化网络空间国际交流合作的重要举措。希望世界互联网大会坚持高起点谋划、高标准建设、高水平推进，以对话交流促进共商，以务实合作推动共享，为全球互联网发展治理贡献智慧和力量。

2022 年 7 月 21 日，国家互联网信息办公室依法对滴滴全球股份有限公司及其相关负责人违法收集用户个人信息、严重影响国家安全的数据处理活动等违法行为作出行政处罚。

2022 年 9 月 2 日，中华人民共和国第十三届全国人民代表大会常务委员会第三十六次会议通过《中华人民共和国反电信网络诈骗法》，自 2022 年 12 月 1 日起施行。该法对反电信网络诈骗作出系统规定。

2022 年 9 月 22 日，上海市第十五届人民代表大会常务委员会第四十四次会议通过《上海市促进人工智能产业发展条例》，自 2022 年 10 月 1 日起施行。该条例是我国具有代表性的促进人工智能产业发展的地方性法规。

2022 年 10 月 16—22 日，中国共产党第二十次全国代表大会举行。大会通过的报告《高举中国特色社会主义伟大旗帜 为全面建设社会主义现代化国家而团结奋斗》，将全面依法治国作为专章进行论述和专门部署，提出"全面依法治国是国家治理的一场深刻革命"，"在法治轨道上全面建设社会主义现代化国家"，"坚持走中国特色社会主义法治道路，建设中国特色社会主义法治体系、建设社会主义法治国家，围绕保障和促进社会公平正义，坚持依法治国、依法执政、依法行政共同推进，坚持法治国家、法治政府、法治社会一体建设，全面推进科学立法、严格执法、公正司法、全民守法，全面推进国家各方面工作法治化"。

2022年11月7日，国务院新闻办公室发布《携手构建网络空间命运共同体》白皮书。该白皮书介绍了新时代中国互联网发展和治理理念与实践，分享中国推动构建网络空间命运共同体的积极成果，展望网络空间国际合作前景。

2022年11月25日，国家互联网信息办公室、工业和信息化部、公安部联合发布《互联网信息服务深度合成管理规定》，自2023年1月10日起施行。该规定明确深度合成服务提供者、技术支持者和使用者以及应用程序分发平台等主体应履行的责任义务。

2022年11月26日，河南省第十三届人民代表大会常务委员会第三十六次会议通过《河南省网络安全条例》，自2023年6月1日起施行。该条例是我国具有代表性的网络安全地方性法规。

2022年12月2日，中共中央、国务院印发《关于构建数据基础制度更好发挥数据要素作用的意见》。该意见从数据产权、流通交易、收益分配、安全治理等方面构建数据基础制度，提出20条政策举措。

2023 年

2023 年 2 月，中共中央、国务院印发《数字中国建设整体布局规划》。该规划明确数字中国建设按照"2522"的整体框架进行布局，到 2025 年，基本形成横向打通、纵向贯通、协调有力的一体化推进格局，数字中国建设取得重要进展。

2023 年 2 月 22 日，国家互联网信息办公室公布《个人信息出境标准合同办法》，自 2023 年 6 月 1 日起施行。该办法明确个人信息出境标准合同的适用范围、订立条件和备案要求以及标准合同范本等。

2023 年 3 月 16 日，国务院新闻办公室发布《新时代的中国网络法治建设》白皮书。该白皮书是我国第一部关于网络法治建设的白皮书，全面介绍了新时代的中国网络法治建设情况，分享了中国网络法治建设的经验做法。

2023 年 4 月 18 日，最高人民检察院印发《关于加强新时代检察机关网络法治工作的意见》。该意见从网络立法、执法、司法、普法以及法治研究、队伍建设等方面，对加强新时代检察机关网络法治工作提出具体要求。

2023 年 7 月 10 日，国家互联网信息办公室、国家发展和改革委员会、教育部、科学技术部、工业和信息化部、公安部、国家广播电视总局联合公布《生成式人工智能服务管理暂行办法》，自 2023 年 8 月 15 日起施行。该办法是全球首部生成式人工智能专门立法，明确了促进生成式人工智能技术发展具体措施，规定生成式人工智能服务基本规范。

2023 年 7 月 14—15 日，全国网络安全和信息化工作会议召开。习近平总书记对网络安全和信息化工作作出重要指示，将"坚持依法管网、依法办网、依法上网"明确为"十个坚持"重要原则之一。

2023 年 9 月 1 日，国家互联网信息办公室依法对知网（CNKI）作出网络安全审查相关行政处罚决定。

2023 年 9 月 20 日，最高人民法院、最高人民检察院、公安部联合印发《关于依法惩治网络暴力违法犯罪的指导意见》。该意见明确网络暴力违法行为的处理规则以及惩治网络暴力违法犯罪的政策原则等。

2023 年 10 月 16 日，国务院公布《未成年人网络保护条例》，自 2024 年 1 月 1 日起施行。该条例是我国第一部专门性的未成年人网络保护综合立法，重点规定了促进未成年人网络素养、加强网络信息内容建设、保护未成年人个人信息、防治未成年人沉迷网络等制度。

2024 年

2024 年 2 月 27 日，中华人民共和国第十四届全国人民代表大会常务委员会第八次会议修订通过《中华人民共和国保守国家秘密法》，自 2024 年 5 月 1 日起施行。该法完善了网络信息保密管理制度，明确网络信息的制作、复制、发布、传播等各个环节均应当遵守国家保密规定，新增涉密数据管理及汇聚、关联后涉及国家秘密数据管理的原则规定。

2024 年 3 月 15 日，国务院公布《中华人民共和国消费者权益保护法实施条例》，自 2024 年 7 月 1 日起施行。该条例细化对网络直播营销活动以及直播平台经营行为的监管，完善网络消费相关规定，明确经营者保护消费者个人信息的义务。

2024 年 3 月 22 日，国家互联网信息办公室公布《促进和规范数据跨境流动规定》，自公布之日起施行。该规定对数据出境安全评估、个人信息出境标准合同、个人信息保护认证等数据出境制度作出优化调整。

后 记

　　1994 年至 2024 年的 30 年，是中国全功能接入国际互联网突飞猛进的 30 年，也是中国网络法治建设发展壮大的 30 年。这 30 年，镌刻了中国互联网发展的非凡足迹，也展现了中国网络法治建设的壮阔历程。这一历程既是全面依法治国的精彩缩影，也是网络强国建设的亮眼华章，凝聚着无数互联网发展参与者、网络法治建设者的付出与心血。

　　30 年筚路蓝缕，30 年砥砺前行。今天，站在 30 周年这一历史时点上，编撰一部全景式的《中国网络法治三十年》报告，全面回顾和总结中国网络法治建设取得的成就，对于梳理历史发展脉络、把握内在发展规律、进一步推进网络法治建设，具有重要的意义。我们希望通过本报告的编撰，能为迈向网络法治新征程凝聚接续奋斗力量，为解答时代之问贡献网信智慧，为探索人类数字文明和法治文明新形态提供中国经验。

　　本报告编撰过程中，得到了中央和国家机关有关单位、各省（区、市）网信办和新疆生产建设兵团网信办的大力支持，他们不仅提供了丰富翔实的材料，还提出了许多富有建设性的意见。这些材料和意见，对于本书编撰工作的顺利进行至关重要，在此我们深表谢意。

中央网信办高度重视报告编撰，列入重点工作部署安排。本报告具体编撰工作由中央网信办网络法治局负责，李长喜、尤雪云、唐磊、杨春艳、吴方程、傅宇丹、李民、崔俊飞、张扬、李早、李振山、何思东、武伟珍、李凡、陈柯之、刘学、戴月、汪典、乔磊、许修安、聂晓昕、江腾、潘强等同志参加了编撰工作。中国信息通信研究院余晓晖、王志勤、辛勇飞、肖荣美、何波、石月、赵淑钰、杜安琪、张君蔓、袁纪辉、姬祥、王漪清、王雅蓉、时圣辉等同志组成的工作团队以良好的专业素养、精湛的业务能力为报告的编撰提供了有力的支持。

30 年时光荏苒，我们相信，随着全面依法治国的深入推进，随着网络强国建设的不断深化，未来的中国网络法治建设必将迎来更大的发展，网络法治服务保障经济社会发展的能力必将迈上新的台阶。

编　者

2024 年 6 月

责任编辑：刘敬文　靳康康

图书在版编目（CIP）数据

中国网络法治三十年/中央网络安全和信息化委员会办公室 著. --北京：人民出版社，2024.6. --ISBN 978－7－01－026666－4

Ⅰ. D922.17

中国国家版本馆 CIP 数据核字第 2024HS7595 号

中国网络法治三十年
ZHONGGUO WANGLUO FAZHI SANSHINIAN

中央网络安全和信息化委员会办公室

人民出版社 出版发行
（100706　北京市东城区隆福寺街 99 号）

中煤（北京）印务有限公司印刷　新华书店经销

2024 年 6 月第 1 版　2024 年 6 月北京第 1 次印刷
开本：710 毫米×1000 毫米 1/16　印张：24
字数：276 千字

ISBN 978－7－01－026666－4　定价：46.00 元

邮购地址 100706　北京市东城区隆福寺街 99 号
人民东方图书销售中心　电话（010）65250042　65289539